JN300508

A NEW
ENGLISH COMPOSITION SELF-TAUGHT

新自修英作文

大阪大学教授

毛利可信著

東京 研究社 発行

は　し　が　き

　この本は高校上級生を対象にして、基本文型からはじめて、相当高度の技術を必要とする和文英訳、それに、手紙文、日記文、条件つきの和文英訳（書きかえなど）、そのほか英作文のすべてにわたって解説することを目的としている。

　ここに用いられた英語の単語、熟語については、マイケル・ウエストそのほかの学者の調査による、瀕出語句を参考にし、それらの語句のすべての用法を網羅したものでありたいと考えた。その結果は、巻末の「基本語法索引」が示すとおりの実状であって、この目標は、ほぼ達成し得たのではないかと思う。

　それと同時に、難語や古めかしい語法はつとめて避けるようにした。しかし、本書の問題の大部分が過去の入試問題であるため、この点は思ったようにいかなかった。すなわち、本書では避けるべきだと思われる語句も、書きかえ問題などに瀕出するものについては、やはり一応はとり上げなければならないと考えたためである。

　著者は、今まで、主として英文法の本を書き、英作文の本というのは、これがはじめてであるが、英作文の本を書いてみたい、という念願は以前から持っていた。その動機は三つばかりある。第一は、著者の父が英字新聞の記者であって、そのため、生きた英文を書くという作業を常に見て（あるいは、見せつけられて）いたこと、第二は、著者自身25歳から30歳までの間、通訳官をつとめ、ぼう大な書類を短時間に英訳するという仕事をやって（あるいは、やらされて）きたこと、第三は現代の学問の国際化にともない、日本の文化、学問を世界に紹介するのに、英作文力は不可欠の武器であると痛感したことである。著者は、ここ数年の間に、文学、哲学、地学、電子工学、応用化学そのほか各方面の論文の

英訳のおてつだいをしたことがあるが、そのとき、これからの英語は、英作文力を中心にすべきであると痛感したのである。そして、和文英訳の主眼は単語や文法でなくて、「英語らしい英語を書くための、発想の切りかえ」であると信ずるようになった。本書では、この「発想」を重んじ、「どんな構造の英文にもち込むか」という点を強調したつもりである。

さて、本書で、訳例として示した英文であるが、ここには、ささやかながら、著者の主張が反映しているはずである。それは一言で言うなら、個性的な文を書くということである。誤解のないよう、この点を少しくわしく述べてみたい。

従来、英作文の指導書には、りっぱなものが多数ある。ただ、従来は、その著者が良心的であればあるほど「無難に、無難に」と心がけ、そのため、どちらかというと規格型の、最大公約数的訳例を示す傾向があったと思われる。それはそれとして当然だとも言えるが、本書では、とくに後半の文体篇においては、必ずしもこの慣例に従わず、著者の主観あるいは趣味を多少まじえつつ、自分のスタイルで英文を書くようにつとめた。本文にも記したように、英作文は「創造」である、というのが著者の主張であり、「文は人なり」であるから、その意味で個性がその文に反映するのは、むしろ奨励すべきことであると考える。それが具体的にどういうことであるかは、本文を見ていただければわかる。要するに本書は著者の主張――大げさに言えば英作文哲学――の実践のつもりであるが、それがどの程度に成功しているかについて、読者諸君のご批判を乞うものである。

さいごに、本書の出版について、企画当初から今日までお世話になった、研究社の河野亨雄氏、荒竹三郎氏に心からお礼を申し述べたい。

　　昭和42年初秋

毛利可信

CONTENTS

序章: 英作文はと何か 1

英語による表現 1
単語は「一対一」で対応しない 1
文法構造のちがい 2
文体と慣用語法 2
本書の構成 3

第1部 文 法 編

I. 基本文集 6

基本文集の用い方 6
「〜である」という be 6
「〜が〜にある」という be 7
'have' 7
"S+V" 型 8
"S+V+C" 型 9
"S+V+O" 型 9
"S+V+O+O" 型 10
"S+V+O+C" 型 10
進行形 11
shall と will 12
EXERCISE 1 12
'can', 'may', 'must' 13
'need', 'dare', etc. 14
完了形 14
受動態 15
現在分詞・分詞構文 16

	不定詞	17
	動名詞	17
	仮定	18
	比較	19
	話法	20
	EXERCISE 2	20
II.	文型と語順	22
	文型と主要素	22
	本書における6文型	22
	副要素	23
	I 型："S+V"	23
	II (A) 型："S+V+C"	24
	II (B) 型："S+V+C"	25
	EXERCISE 3	27
	III (A) 型："S+V+O"	27
	III (B) 型："S+V+O"	29
	IV (A) 型："S+V+O_2+O_1"	30
	IV (B) 型："S+V+O_1+O_2"	30
	目的語の転換	31
	EXERCISE 4	32
	V 型："S+V+O+C"	33
	V (A) 型："S+V+O+C"	33
	V (B) 型："S+V+O+C"	35
	V (C) 型："S+V+O+C"	36
	EXERCISE 5	38
III.	基本動詞の運用	40
	動詞の分類	40
	状態動詞の分類	41
	be の用法(意味)	41
	have の用法	42
	状態動詞の応用	44
	種々のあり方	44

CONTENTS

往来・過程を be であらわす場合	45
動作の結果を have であらわす場合	45
take ; receive などの代りの have	45
EXERCISE 6	47
存在と動作	47
On と off	47
語順上の注意	48
EXERCISE 7	49
基本動詞演習	50
EXERCISE 8	52
IV. 時制	**53**
現在形	53
現在形の機能	53
過去形	55
時制のずれ	56
過去の習慣の表現	57
EXERCISE 9	59
未来形	60
be going to ~	60
be to ~	61
進行形と時制	63
EXERCISE 10	65
完了形	65
現在完了の意味	65
現在完了の進行形	66
時制のずれ	66
EXERCISE 11	70
V. 転換 A	**72**
定形と非定形	72
Anomalous Finites (変則定動詞)	72
have について	73
付加疑問文 (Tag-question)	75

疑問詞を主語とする文	75
not によらない否定文	76
EXERCISE 12	78
命令文	79
Root 以外による命令	79
will と may と can	79
依頼文	80
感嘆文	80
省略文 (Ellipsis)	80
きまり文句	81
EXERCISE 13	82
VI. 節と接続詞	84
潜在文	84
接続詞	85
仮定文	86
EXERCISE 14	88
特殊な仮定文	88
時制の一致	89
同時性・時差性	89
仮定文と時制の一致	91
副詞節のいろいろ	93
EXERCISE 15	96
VII. 関係詞	98
関係代名詞	98
「先行詞＋関係代名詞」	99
関係代名詞から関係副詞へ	101
関係代名詞と関係副詞の使いわけ	102
EXERCISE 16	104
VIII. 不定詞・動名詞・分詞	105
不定詞 (Infinitive)	105
(1) 名詞的用法	105
(2) 形容詞的用法	106

CONTENTS

  (3) 副詞的用法 106
 使役動詞・感覚動詞 106
 動名詞と現在分詞 108
 動名詞の用法 108
 現在分詞 109
 不定詞・動名詞・分詞の綜合研究 109
 (α)「前置詞＋動名詞」と (β)「分詞構文」 110
 非定形の時制 112
 EXERCISE 17 112

IX. 転換 B 114
 単文 ↔ 複文 114
 that-clause ↔ to-Infinitive 114
 複文 ↔ 単文 116
 because ↔ because of 116
 although, though ↔ in spite of 116
 Whenever ↔ never ... without 117
 前置詞出没のケース 117
 EXERCISE 18 118
 態 (Voice) 119
 特殊な場合 120
 "have＋O＋p.p." による受動態 121
 EXERCISE 19 123
 話法 124
 基本的な型 125
 EXERCISE 20 127
 その他の書きかえ 127
 「～ するといけないから」 128
 EXERCISE 21 129

X. 前置詞活用法 134
 前置詞の持ち味 134
 躍動的な前置詞 137
 EXERCISE 22 139

熟語の中の前置詞 142
熟語集 142
接触点の表現 145
EXERCISE 23 146

第2部 文 体 編

XI. 主語のきめ方 147
文のデザイン 147
人間：ことがら：抽象名詞 148
無生物主語 (Inanimate subject) 153
EXERCISE 24 157

XII. 述語の構成 159
話者の立場 159
ムードの助動詞 (Modal auxiliaries) 162
EXERCISE 25 163
比較 (Comparison) 163
比較級・最上級 164
注意すべき比較文 164
比較・否定・ムード 166
否定語 not のかかり方 168
EXERCISE 26 171

XIII. 発想 173
表現の角度 173
I wish you were! の場合 174
EXERCISE 27 180

XIV. 分析と図式化 182
分析 182
図式化 182
EXERCISE 28 191

XV. 文のバランス 193
EXERCISE 29 200

CONTENTS   xi

   分析のヒント 201
XVI. 難語のこなし方 202
   逆用を心がける 203
   EXERCISE 30 208
XVII. 吟味 210
   1. 冠詞 210
   2. 代名詞 211
   3. 前置詞 213
   4. 接続詞 215
   5. 語順 (Word-order) 216
   EXERCISE 31 217
XVIII. 応用英作文 219
   条件つき英作文 219
   EXERCISE 32 224
   大意問題 (Summary) 228
   日記文 (Diary) 229
   手紙文 (Letter writing) 231
   EXERCISE 33 235
XIX. 総合演習 237
   EXERCISE 34 249

第3部 事項別・慣用文例集

I. 最重要公式のまとめ 252
   公式運用について 252
   公式20題 252
II. 日常生活のトピック 255
   1. 天候・自然 (Weather・Time) 255
   2. 時間 (Time) 256
   3. 日 (Day) 257
   4. 年・月 (Year・Month) 258
   5. 場所 (Place) 259

CONTENTS

- 6. 地域 (Location) 260
- 7. 身体 (Body) 261
- 8. 精神・感情 (Mind・Feeling) 262
- 9. 日常生活 (Daily Life) 263
- 10. 飲食 (Eating and Drinking) 264
- 11. 衣服 (Clothes) 265
- 12. 住居 (Dwelling) 266
- 13. 学校・学習 (School and Learning) 267
- 14. 教養 (Culture) 268
- 15. スポーツ (Sports) 268
- 16. 交通 (Transformation) 269

III. 公式中心・「関係」の表現 271

- 1. 全体と部分 (The Whole and the Parts) 271
- 2. 原因 (Cause) 272
- 3. 理由 (Reason) (その一) 273
- 4. 理由 (その二) 274
- 5. 結果 (Result) (その一) 275
- 6. 結果 (その二) 276
- 7. 目的 (Purpose) (その一) 276
- 8. 目的 (その二) 277
- 9. 場合 (Occasion) 278
- 10. 対照 (Contrast) 279
- 11. 条件・仮定 (Condition) 280
- 12. 譲歩 (Concession) (その一) 281
- 13. 譲歩 (その二) 281
- 14. 否定 (Negation) 282
- 15. 関連 (Reference) (その一) 283
- 16. 関連 (その二) 284
- 17. 数量 (Number・Quantity) (その一) 284
- 18. 数量 (その二) 285
- 19. 手段・方法 (Ways and Means) (その一) 286
- 20. 手段・方法 (その二) 287

CONTENTS

21. 材料 (Material) 288
22. 強調 (Emphasis) 288

"EXERCISE" 解答 290
事項索引 313
基本語法索引 318

序　章：　英作文とは何か

§1　英語による表現　この本で諸君が何をどのようにして勉強していくのかという点に焦点を合わせて、英作文とは何かの問題をはじめに考えてみよう。英作文とは、ある考え、感情、意見などを英語という一つの道具を使って表現する技術を学ぶことである。

もちろん作文をするのであるから、単語 (Word), 語句 (Phrase), 節 (Clause) を組みあわせて文 (Sentence) を作らねばならない。

このように言ってしまうと、それならば、和英の辞書さえあれば、日本語でこれこれの内容を与えられて、その意味を英語であらわすぐらいは何でもないことだと思われそうである。ところが、英語で（もちろん、適切な英語で）ものを言うことはじつにむずかしい。このことは諸君自身がすでに知っている。では、「日本語ではこれこれの内容だとよくわかること」を英語で言ってみることが、なぜそんなにむずかしいのか、そのわけを説明しよう。

§2　単語は「一対一」で対応しない　外国語であまり苦労したことのない人は、とかく、単語というものは、どの国語でも、「犬＝dog」「猫＝cat」のようなぐあいに、「一対一」で対応しているものと思いがちである。しかし、これは、大へんあいまい見方であって、「ある一つのもの」をどのように表現するかは、その言語において習慣上きまっている。したがって次のような対応がある。

clock / watch	時計	stockings / socks	くつ下	flower / blossom	花	cup / glass	コップ
brother	あに / おとうと	sister	あね / いもうと	way	道 / 方法	bag	カバン / ふくろ

これらは「一対一」でない場合といっても、そのもっとも簡単な場合である。実情は、もっともっと複雑な対応が数多くある。したがって、ごく簡単なことを言うのでも、日本語でこうなら、英語でこうなるというわけにはいかない。日本語の意味を英語で正確にあらわすためにはくふうがいることになる。

§3 文法構造のちがい 次に単語をならべるにはならべ方の規則が必要である。これは、その言語ごとに文法としてきまったことである。英語なら英文法の知識が必要である。さらに文法構造のちがいは、単語のならべ方以前の問題でもある。たとえば、ここに

「おかあさんはどこにいるの?」「台所にいます」

という文があるとする。これを英語で言ってみようとすると、まず「だれのおかあさん」かということを形にあらわさなければならない。もちろん、この問をした人と、答える人が兄弟ででもあれば、単に Mother でもよいが、この問をした人がお客さんであるとしよう。そうすれば当然 your mother としなければならないから、日本語にはない語をここで補わなければならない。そしてそれが英文法によって要求されるのである。

次にこの答の文は、日本語では主語 (Subject) がない。しかし、英語で、主語なしの文は言えないから、主語 she を補う必要がある。そこで、上の文の英訳は

"Where is *your* mother?" "*She* is in the kitchen."

となる。

もちろん文法の規則を知っているから、必ずよい英文が書けるというものではない。しかし、少なくとも基本的な約束は知っていなければ、英文の組み立てはできない。文法の知識は、英作文のための土台であり、基盤である。

§4 文体と慣用語法 前節で言ったことは文法の話であるが、ことばは文法に合致しているからとて必ずしもよい文とは言えな

い。英文法上のまちがいは一つもない文で、しかも英語としておかしな文はいくらでもある。

これはなぜかというと、文法は必要事項を規定しただけで、文法の知識が、英作文のための十分な条件ではないからである。英語には英語特有の言いまわしがある。いわゆる直訳のきかないところをあげてみれば、そのことがよくわかる。たとえば、

| The letter says that Uncle George is coming tomorrow. | 手紙にはジョージおじさんがあす来ると書いてある。 |
| He is a good swimmer. | 彼は泳ぎがじょうずだ。 |

という英文とその訳文とをくらべてみた場合、英語式言いまわしのあり方がよくわかると思う。このように、その言語特有の言いまわしを慣用語法 (Idiom) と言う。

ここでは、文法的なまちがいが問題となるのではない。そんなことを越えたもう一つ高い段階で、文の持ち味、すなわち英語らしさを問題にしているわけである。このように、文法の次元を越えたところで、その言語特有の Idiom を論ずる学問を、文体 (Style) の研究と言う。英作文の練習には、文法の規則をおぼえると同時に、英語らしく磨きをかける技術として文体の研究もあわせて必要であるということになる。

§5 本書の構成 本書は、第1部、第2部、第3部にわかれる。**第1部は、文法の基本を練習する**ことを主眼にしている。すなわちここでは、名詞や動詞をどのように使うか、時制や話法をどのように言いあらわすか、さらに、文の中で、主語・述語・修飾語などをどのように配置するかなどのドリルが主である。この段階では、長たらしい説明や細かい理くつはいっさい不要である。ことばは物まねからはじまる。基本的なことがらはすべて暗記し、**基本文はすべて暗誦し**、くり返し反復練習して、英文の型 (Pattern) を身につけてほしい。

第2部は、やや複雑な、まとまった内容を英文で表現する技術の練習をする部門であり、ここは文体的研究が主になる。ここは、

機械的暗記ばかりではいけないから、発想とか分析とかいう項目を設けて「英語らしさ」に近づくようにいろいろと説明した。これだけの説明ですべてをつくしたとはむろん思わないけれども、ここに書いてあることによって、**英文を作り出す要領**がわかれば、すくなくとも受験程度の和文英訳なら何とかコナせるはずである。

この「コナせる」というのは、日本文を見たら、すぐこれは「これこれの型に持ち込んだらよい、どこを中心にして、これとこれをこのように結合したらよい」というように「構造が頭にひらめく」ことを言う。英作文は、単語のテストではない。単語はむろん知らなければ困るが、重要なのは単語よりも構造である。極端なことを言えば「A が B だから、C は D である」ということが、正確に言えたら、この A, B, C, D は実は何でもよいのである。少なくとも、**特殊な単語をおぼえるのに苦労するのは無意味**であろう。だから、本書では、単語はむしろ第二義的に考え、構造を重視した。そして、この方針にもとづいて、むずかしい単語を何とか平易な表現でおきかえるとか、知らない単語にぶつかったら、構文の方を工夫して、それをカバーするとかいう技術を説明することにした。本書では、これを「**逃げ方**」と呼んでいる。

第3部は、項目別に分類した常用の慣用文を集めた。ただし、第1部、第2部と重複しないように心がけた。

最後に、本書を利用される諸君にお願いしておく。英作文の練習は、受け身の態度ではダメである。英作文の本というものは、読んでわかるというようなものでない。積極的に本書の解説や練習問題ととり組み、汗みどろになって格闘してもらわなければならない。日本文で与えられた内容を、自分の知っているかぎりの英語の力で何とか表現してみせるという意欲こそが、英文を創造させる原動力なのである。まさに「創造」である。諸君がそのペンで書き綴る英文は、小なりと言えども、あるいは、英語はじまって以来、だれも書いたことのない英文であるかもしれない。諸

君が

| I was born in the village of Tanaka on September 27, 1950. | わたしは 1950 年 9 月 27 日に田中村で生まれた。 |

という英文を書いたとすれば、おそらく、その英文は、諸君によって「創造」された英文と言えると思う。英作文の楽しみは、創造の楽しみなのであるが、その楽しみは、基礎からたたき上げて、真剣に努力する人のみに与えられる楽しみなのである。

第1部 文法編

I. 基本文集

§6 基本文集の用い方 ここで 20 項目にわたってあげてあるのは、大部分が中学校のリーダーにある程度の英文であり、ごく一部分が高校初級程度のものである。だから、これらの英文を先に読めば、諸君はただちにその意味がわかるはずである。問題は、必要に応じて、これらの英文が諸君の口から出るかどうかである。

はじめに左欄の日本文を見て、その意味を英語で言うにはどうしたらよいか考える。大部分はきわめて容易であろうから、すぐその英語を右欄の英訳とくらべる。そして、自分のまちがいが発見されたら、それをチェックして正しい英訳を確認する。このようにして、日本文を見たら、ただちにその英訳が頭にうかぶまで暗誦をくり返してほしい。

§7　1.「～である」という be

1. これは辞書です。
2. 彼は生徒です。
3. あなたは医者ですか。
4. 今は秋です。
5. わたしの父が出席し[てい]ました。
6. 彼女たちは幸福でした。

---

1. This is a dictionary.
2. He is a schoolboy.
3. Are you a doctor?
4. It is autumn now.
5. My father was present.
6. They were happy.

7. それはほんとうですか。	7. Is that (*or* it) true?
8. この本はわたしのではない。	8. This book is not mine.
9. きのうは日曜日でした。	9. It was Sunday yesterday.
10. 学校は4時に終わります。	10. School is over at four.

§8　2.「～が～にある」という be

1. 机の上に万年筆がある。	1. There is a fountain-pen on the desk.
2. テーブルの下に箱があります。	2. There is a box under the table.
3. その本はわたしのカバンの中にある。	3. The book is in my bag.
4. その箱の中に何がありますか。	4. What is [there] in the box?
5. ここにわたしのナイフがある。	5. Here is my knife.
6. メアリーはどこにいますか。	6. Where is Mary?
7. 彼女は自分の部屋にいます。	7. She is in her room.
8. 君の自転車はどこにありますか。	8. Where is your bicycle?
9. 彼の書斎には多くの本がある。	9. There are a lot of* books in his study.

* 肯定文では many はさけて a lot of～ というのが口語的。

§9　3. 'have'

1. わたしは手にボールをもっている。	1. I have a ball in my hand.
2. あなたはポケットに何をもっていますか。	2. What have you in your pocket?
3. 彼女は大きな本を左手にもっている。	3. She has a big book in her left hand.
4. 君は背中に何を背負っているのか。	4. What have you on your back?

5. 彼女は7時に朝食をとります。	5. She has breakfast at seven.
6. あなたは何時に夕食をとりましたか。	6. What time did you have supper?*
7. 君たちは週何時間英語の授業がありますか。	7. How many English lessons do you have* in a week (*or* each week)?
8. きょうは楽しい一日だった。	8. I have had a good time today.

* 'have' が 'take, receive, etc.' の意味のときは、否定文、疑問文に do を用いる。

§10　　4. "S+V" 型*

1. 雨が降る。	1. It rains.
2. 小鳥たちが楽しそうにないている。	2. Birds are singing merrily.
3. 彼は朝から晩まで勉強する。	3. He works (*or* studies) from morning till night.
4. われわれの学校は丘の上に立っている(=ある)。	4. Our school stands** on a hill.
5. あなたは京都に住んでいますか。	5. Do you live in Kyoto?
6. 彼は昨日学校へ行かなかった。	6. He did not go to school yesterday.
7. 彼女は明日どこへ行くのですか。	7. Where will she go tomorrow?
8. 君のお父さんはいつアメリカから帰りましたか。	8. When did your father come back from America?
9. 君は外国へ行くつもりですか。	9. Are you going*** abroad?
10. 彼女はなんてはやく走るんだろう。	10. How fast she runs!

* S=主語 (Subject)、V=動詞 (Verb)
** is standing としないこと。なお、この文、本書での扱いについては §42, §44 参照。
*** be going to go としない。

§11 5. "S+V+C" 型*

1. 彼は勤勉な男です。
2. 彼女は金持のようだ。
3. わたしの計画は役に立たないことがわかった。
4. あなたは顔色がよくない。
5. 木の葉が紅葉した。
6. 彼女はずっとだまっていた。
7. わたしは腹がすいた(＝空腹です)。
8. 彼は貧乏になった。
9. わたしの母は病気になりました。
10. わたしはテレビのスターになりたい。

1. He is a hard-working man.
2. She seems to be rich.
3. My plan proved useless.
4. You look pale.
5. The leaves [have] turned red.
6. She kept silent all the time.
7. I feel hungry.
8. He became poor.
9. My mother has fallen sick (*or* has become ill).
10. I want to be a TV star.**

* C＝補語 (Complement)
** この文の to be a～ の部分が 'V+C' の型にあたる。TV＝television.

§12 6. "S+V+O" 型*

1. わたしは彼女を知っています。
2. あなたは英語を話しますか。
3. 彼はその犬がすきでない。
4. 彼女の両親は彼女を愛した。
5. 彼は野球をするのがきらいです。
6. 彼女は泳ぎ[方]を知らない。
7. だれがこの窓をこわしたのか。

1. I know her.
2. Do you speak English?
3. He does not like the dog.
4. Her parents loved her.
5. He does not like to play baseball.
6. She does not know how to swim.
7. Who broke this window?

8. 彼は新しい自動車を買った。	8. He bought a new car.
9. 彼の父は自殺した。	9. His father killed himself.
10. 彼女は幸福な生活を送った。	10. She lived a happy life.**

* O=目的語 (Object)
** この文では目的語の life と動詞 live とが同じ意味をあらわす。よってこの life を同族目的語という。

§13　7. "S+V+O+O" 型

1. 彼はわたしにこの本をくれた。	1. He gave me this book.
2. 君の自動車を貸してください。	2. Please lend me your car.
3. わたしは彼女におくりものをした。	3. I sent her a present.
4. 教会へ行く道を教えてください。	4. Please show me the way to the church.
5. 彼はわたしにむずかしい質問をした。	5. He asked me a hard question.
6. わたしは彼に自転車を買ってやった。	6. I bought him a bicycle.
7. きみは彼に電報を打ったか。	7. Did you send him a telegram?
8. 彼はわたしに自動車の運転を教えてくれた。	8. He showed me how to drive [a car].
9. 彼女の母は彼女にきれいな人形を作ってやった。	9. Her mother made her a pretty doll.

§14　8. "S+V+O+C" 型

1. 我々は彼女をメリーと呼ぶ。	1. We call her Mary.
2. わたしは彼を正直だと思う。	2. I think him honest.
3. 彼は息子を商人にした。	3. He made his son a merchant.
4. その本を読んでみたら面白かった。	4. I found the book interesting.

5. 彼女は彼を待たせておいた。	5. She kept him waiting.
6. 彼らはあなたを議長に選ぶでしょう。	6. They will elect you chairman*.
7. 誰が窓をあけ放しにしておいたのか。	7. Who left the window open?
8. わたしはいっぴきの狼がやってくるのを見た。	8. I saw a wolf coming.
9. 君は部屋をいつもきれいにしておきますか。	9. Do you always keep your room clean?

* *a* chairman としないこと。ここは chairman の「役目」を意味するから、これに冠詞をつけない。

§15　9. 進　行　形

1. 彼は今手紙をかいています。	1. He is writing a letter now.
2. 君は何を見ているのですか。	2. What are you looking at?*
3. 彼女の母が死にそうです。	3. Her mother is dying.
4. わたしは明日大阪へいきます。	4. I am going to Osaka tomorrow.
5. 君はいつ日本をたつのか。	5. When are you leaving Japan?
6. 彼はじきもどるでしょうか。	6. Is he coming back soon?
7. 彼らはいつもけんかばかりしている。	7. They are always quarreling.
8. わたしの母はいつもこぼしてばかりいる。	8. My mother is always complaining.
9. 彼女がきたとき、わたしは小説を読んでいた。	9. When she came here, I was reading a novel.
10. そのとき彼は何をしていましたか。	10. What was he doing at that time?

* ...are you seeing? としないこと。

§16　　10. shall と will

1. わたしは来年18歳になります。
2. 窓をあけましょうか。
3. 彼はまもなく着くでしょうか。
4. 君にこのペンをあげよう。
5. あなたはいつ会いにきてくれますか。
6. 明日彼をこさせましょうか。
7. 水を1杯くれませんか。
8. 「これでいいですか」「よろしい」
9. 事故というものは起こるものだ。
10. 君は約束を守るべきだ。
11. 彼はよくわたしのところへ遊びにきたものだ。
12. 馬はどうしても動こうとしなかった。

1. I shall be eighteen years old next year.
2. Shall I open the window?
3. Will he arrive soon?
4. You shall have this pen.*
5. When will you come to see me?
6. Shall he come tomorrow?
7. Will you give me a glass of water?
8. Will this do?　Yes, it will [do].**
9. Accidents will happen.
10. You should keep your promise.
11. He would often come to see me.
12. The horse would not move.

* will を使っていえば I will give you this pen. となる。
** 品物を届けて、あるいは書類などを完成してみてもらうときの会話。

§17　　　　EXERCISE　1

1. これは箱です。あれはカバンです。
2. きょうは水曜日です。
3. 彼らはたいへん強かった。
4. この鉛筆はあなたのですか。
5. 庭にはたくさん花がある。
6. 彼の<u>おじさん</u>[1]は、今どこにいますか。　　　　[1] uncle

7. あなたは、火曜日には何時間授業があります か。
8. きみのおばさん[2]はなんとゆっくり[3]歩くのだ ろう。   [2] aunt [3] slowly
9. きみの娘[4]さんは幸福そうに見える。   [4] daughter
10. わたしは、だまっていることはできない。
11. ディックとジャックとがこの窓をこわしまし た。
12. あなたは田中さんを知っていますか。
13. 田中先生がわたしたちに数学[5]を教えます。   [5] mathematics
14. われわれはその日をクリスマスと呼ぶ。
15. わたしは自動車[複数]の走るのがきこえた。
16. ジョンとメアリーとはいつもけんかばかりし ていた。
17. なぜ泣[6]いていらっしゃるの。   [6] cry
18. コーヒーを1杯くれませんか。
19. あなたはもっと早く起きるべきだ。
20. 窓をしめましょうか。

§18　11. 'can', 'may', 'must'

1. わたしは英語は話せるがフランス語は話せない。
1. I can speak English, but I can't speak French.

2. それは本当だろうか。いや本当のはずがない。
2. Can it be true? No, it cannot be true.

3. 彼がそんなことをいったはずがない。
3. He cannot have said that.

4. 質問していいですか。
4. May I ask you a question?

5. はい、よろしい。
　いいえ、いけません。
5. Yes, you may.
   No, you must not.

6. 彼はきょう来ないかもしれない。
6. He may not come today.

7. わたしはすぐ行かねばなりませんか。
7. Must I go at once?

8. はい、行かねばなりません。
　いいえ、その必要はありません(=行かなくてもよい)。
8. Yes, you must.
   No, you need not.

9. わたしは彼と行かねばならなかった。 | 9. I had to go with him.
10. それは本当にちがいない。 | 10. It must be true.
11. 彼は金持だったにちがいない。 | 11. He must have been rich.

§19　12. 'need', 'dare', etc.

1. 彼は行く必要がありますか。 | 1. Need he go?
2. 彼女はそんなことをする必要はない。 | 2. She need not do such a thing.
3. あなたはうそを言う必要はなかったのに。 | 3. You need not have told a lie.
4. 彼はあえてそれをしない。 | 4. He dare not do it.
5. よくも君はわたしにそんなことがいえるな。 | 5. How dare you say such a thing to me?
6. 彼女はあえてこなかった。 | 6. She dared not come.
7. われわれは両親に従うべきだ。 | 7. We ought to obey our parents.
8. 君はそれをすべきでなかったのに。 | 8. You ought not to have done it.
9. わたしは彼女といっしょによく学校へ通ったものだ。 | 9. I used to go to school with her.
10. 彼はいつもどう言っていましたか。 | 10. What used he to say?*

* What did he use to say? でもよい。その方が口語的。

§20　13. 完　了　形

1. わたしはちょうど今その仕事を終えたところだ。 | 1. I have just finished the work.
2. 冬が去って春がきた。 | 2. Winter has gone and spring has come.

3. 彼はアメリカへ行っ[てしまっ]た。	3. He has gone to America.
4. 君はフランスへ行ったことがあるか。	4. Have you ever been to France?
5. いいえ、一度も行ったことがありません。	5. No, I have never been there.
6. いつから(＝どのくらいの間)彼を知っていますか。	6. How long have you known* him?
7. わたしは3年間英語をやっている。	7. I have been studying English** these three years.
8. 君は[今まで]何をしていたのか。	8. What have you been doing?
9. わたしはラジオをきいていました。	9. I have been listening to the radio.
10. ことしは雪が多かった。	10. We have had much snow this year.

* have you been knowing としないこと。
** I have studied English としない。

§21　14. 受　動　態

1. 彼は皆に愛され[てい]る。	1. He is loved by everybody.
2. 戸は婦人によってあけられた。	2. The door was opened by a lady.
3. わたしはおじから時計をもらったのです。	3. I was given a watch by my uncle.
4. この時計は市長からわたしに与えられたのです。	4. This watch was given me by the mayor.
5. 彼女は不幸にされた。	5. She was made unhappy.
6. その犬はジョンとよばれる。	6. The dog is called John.
7. 英語はカナダでも話される。	7. English is spoken in Canada, too.
8. 彼は皆に知られている。	8. He is known to everybody.*

9. その猫は自動車にひかれた。
9. The cat was run over by a car.

10. その子は彼女に世話されねばならぬ。
10. The child must be looked after by her.

11. ラジオは誰によって発明されたか。
11. By whom was the radio invented?

12. それをすぐせよ。(受身で)
12. Let it be done at once.

＊ ...known by としないこと。

§22　15. 分詞・分詞構文

1. これは面白い本です。
1. This is an interesting book.

2. 転がる石にはこけがつかない。[諺]
2. A rolling stone gathers no moss.

3. 鳥が空を飛んでいるのが見える。
3. I see a bird flying in the sky.

4. 彼は犬が凍死しているのを見つけた。
4. He found a dog frozen to death.

5. 右へまがると郵便局が見つかるでしょう。
5. Turning to the right, you'll find the post office.

6. 彼は彼女を見つめて立っていた。
6. He stood staring at her.

7. いなかに住んでいるので、めったに客がない。
7. Living in the country, I rarely have visitors.

8. 一度見れば、決して忘れられない。
8. Once seen, it can never be forgotten.

9. 年の割に彼は利口だ。
9. Considering his age, he is intelligent.

10. 厳密にいうと、それは正しくない。
10. Strictly speaking, it is not correct.

§23　16. 不定詞

1. うそをつくのは悪い。
2. この家は貸家です。
3. 何か飲物をください。
4. 我々は生きるために食べる。
5. 彼は家を出て二度と戻らなかった。
6. お目にかかれてたいへんうれしい。
7. そんなことをするとは、彼はばかにちがいない。
8. 実をいうと、わたしは彼女はきらいです。
9. 彼女は彼が彼女の部屋にはいるのを見た。
10. 彼女は私たちを笑わせた。
11. 君は本当のことをいうべきだったのに。
12. わたしは彼女に会いたいと思っていたのに。

1. It is wrong to tell a lie.
2. This house is to let.
3. Please give me something to drink.
4. We eat to live.
5. He left his house never to return.
6. I am very glad to see you.
7. He must be a fool to do such a thing.
8. To tell the truth, I don't like her.
9. She saw him enter her room.
10. She made us laugh.
11. You ought to have told the truth.
12. I wanted to have seen* her.

* cf. I wanted to see her. (会いたいと思った。[会ったか会わないかはわからない])

§24　17. 動名詞

1. 見ることは信ずることです。[諺]
2. わたしはハイキングがすきだ。
3. 食堂へ行きましょう。
4. 窓をあけてくださいませんか。

1. Seeing is believing.
2. I am fond of hiking.
3. Let's go to the dining-room.
4. Do you mind opening the window?

5. わたしは彼が行くことを主張した。	5. I insisted on his going.
6. わたしは彼女にどこかで会った覚えがある。	6. I remember* seeing her somewhere.
7. みなは彼がそれをやったことを賞賛した。	7. They all admired his having done it.
8. 人の好みは説明できない。[諺]	8. There is no accounting for tastes.
9. こぼれたミルクを嘆いても仕方がない。[諺]	9. It is no use crying over spilt milk.
10. この本は一読する価値がある。	10. This book is worth reading.
11. わたしは泣きたい思いだ。	11. I feel like crying.
12. 彼が汽車にのるや否や、動き出した。	12. On his getting into the train, it began to move.

* cf. Remember *to post* this letter. (忘れないでこの手紙を出してください) [未来]

§25　　　18.　仮　　定

1. 明日天気なら、彼らはピクニックにいく。	1. If it is fine tomorrow, they will go on a picnic.
2. もし翼があったら、あなたのところへとんでいくのだが。	2. If I had wings, I would fly to you.
3. きみがもっと早く走ったら、バスに間に合ったでしょうに。	3. If you had run faster, you would have been in time for the bus.
4. もう一度若くなれればいいのになあ。	4. I wish I could be young again.
5. わたしがあなただったら、それをやっただろうに。	5. If I had been you, I should have done it.
6. もっと熱心に勉強しておいたらなあ。	6. I wish I had studied harder.
7. 彼は何でも知っているかのように話す。	7. He talks as if he knew everything.

8. 君はもう寝る時間だ。 8. It is time you went* to bed.
9. 君はすぐに駅へ行った方がよい。 9. You had better go to the station at once.
10. その星はいわば魔法のランプのようだった。 10. The star was, as it were, a magic lamp.

* you go としないで仮定法過去形を使うのがふつう。

§26　19. 比　較

1. わたしの家はあなたの家と同じくらい大きい。 1. My house is as large as yours.
2. 大阪は東京ほど大きくない。 2. Osaka is not so (*or* as) large as Tokyo.
3. 彼女はわたしより美しい。 3. She is more beautiful than I.
4. わたしは君より速く走ることができる。 4. I can run faster than you.
5. ふたつのうちではこちらの方がよい。 5. This is the better of the two.*
6. 彼はクラスで一番背が高い少年です。 6. He is the tallest boy in his class.
7. 早ければ早いほどよい。 7. The sooner, the better.
8. 日がだんだん短かくなっていく。 8. The days are growing shorter and shorter.
9. 馬が魚でないと同様鯨も魚でない。 9. A whale is no more a fish than a horse is.**
10. 彼女は母親と同様に美しい。 10. She is no less beautiful than her mother.
11. 彼は兄にまさるとも劣らず賢い。 11. He is not less clever than his elder brother.
12. 彼は教師というよりむしろ学者だ。 12. He is not so much a teacher as a scholar.

* the better の 'the' を落さないこと。
** a horse is *not* などとしないこと。

20. 話　法

§27

1. 彼女はわたしに、「わたしはあなたに2年前にあいました。」と言った。（直接、間接両話法で、以下同様）

    She said to me, "I saw you two years ago."
    She told me that she had seen me two years before.

2. 母はわたしに「どこへ行くのですか」ときいた。

    My mother said to me, "Where are you going?"
    My mother asked me where I was going.

3. わたしは彼に「これは君の自動車ですか」と言った。

    I said to him, "Is this your car?"
    I asked him if that was his car.

4. 先生はわれわれに「さわいではいけない。」といった。

    The teacher said to us, "Don't make a noise."
    The teacher told us not to make a noise.

5. 彼女はわたしに「どうかこのペンを貸してください。」と言った。

    She said to me, "Please lend me this pen."
    She asked me to lend her that pen.

6. 彼は「この町が気にいった。ここに滞在します。」と言った。

    He said, "I like this town. I will stay here."
    He said that he liked that town and that* he would stay there.

* 'and *that*' の that を落さないこと。

EXERCISE 2

§28　(A)
1. 外出してもよいでしょうか。
2. 彼が<u>在宅</u>[1]のはずがない。
3. 彼はいつもそのように言っていた。

[1] be at home

4. あなたが、それを<u>もう一度</u>[2]言う必要はない。　　[2] once more
5. スイスへ行ったことがありますか。
6. 彼はもう3時間もピアノを弾いている。
7. 戸は先生によって開けられた。
8. <u>スイス</u>[3]ではフランス語が話されますか。　　[3] Switzerland
9. その日はクリスマスと呼ばれる。
10. <u>左へまがると</u><u>銀行</u>[4]が見えるでしょう。　　[4] bank
11. 大きな都市に住んでいるので、わたしはいつもいそがしい。
12. 厳密に言うと、AはBに<u>等しく</u>[5]ない。　　[5] be equal to
13. 彼らに何か食べるものをやれ。
14. それを聞いてわたしはたいへん残念です。
15. 朝早く起きるのは、すてきだ。
16. 本当のことを言うと、わたしは彼より年が上です。
17. それをどこかで読んだ<u>おぼえがある</u>[6]。　　[6] remember
18. これらのことばは記憶する価値がある。
19. 彼はまるで先生であるかのように話す。
20. 日本で一番高い山は何ですか。

§29 (B) 次の問に英語で答えよ。(Answer the following questions in English.)

1. What is your name?
2. How old are you?
3. What time does your school begin?
4. Do you read newspapers every morning?
5. Are you fond of music?
6. Which do you like better, English or mathematics?
7. Have you an English-Japanese dictionary?
8. What is the capital of the U.S.A.?
9. When did you buy this book: Mōri's *English Composition*?
10. What page of the book are you reading now?

II. 文型と語順

§30 この章で学ぶこと 英語の文は、その文を構成する要素のあらわれ方にしたがって、いくつかの型 (Pattern) にわけることができる。これを、文型 (Sentence pattern) と呼ぶ。各型について、その代表的な文例がどんな形をしているかを学び、その応用として基本的な文を即席に作る要領をおぼえていこう。

§31 文型と主要素 英語の文を、その要素の組み合わせによって、5文型にわけることは、よく知られているが、本書では、通常の5文型のあとへ、"There is..." のような型の文を第6文型として入れて、6文型として英文の構造を研究する。

まず文の主要素の説明をする。文型は主要素だけで決まる。

  S=Subject (主語)
  V=Predicate verb (述語動詞)
  C=Complement (補語)
  O=Object (目的語)
  O_1=Direct object (直接目的語)
  O_2=Indirect object (間接目的語)

§32 本書における6文型

I. S+V   Birds fly.

II. S+V+C $\begin{cases}\text{(A) John is a schoolboy.} \\ \text{(B) John is in the garden.}\end{cases}$

III. S+V+O $\begin{cases}\text{(A) He killed the dog.} \\ \text{(B) He wanted to come.}\end{cases}$

IV. $\begin{cases}\text{(A) S+V+}O_2\text{+}O_1 & \text{He gave me a book.} \\ \text{(B) S+V+}O_1\text{+}O_2 & \text{He gave a book to my father.}\end{cases}$

V. S+V+O+C
- (A) He made her happy.
- (B) He thinks me honest.
- (C) He saw her walking there.

VI. "There is" 型　　There is a book on the table.

§33　副要素　文には、このほかに副要素がある。これを次のように分類する。

M=Modifier (修飾語)
- M_1 (形容詞的修飾語)「どんな」をあらわす。
- M_2 (副詞的修飾語)「どんなふうに」をあらわす。

たとえば This is a big book. の big は book に対する M_1 であり、He walked slowly. の slowly は walked に対する M_2 である。

N.B. 品詞の名称と文の要素の名称とを混同してはならない。たとえば big という語は、単語としてみれば、形容詞である。これは品詞の名称である。しかし、文中に用いられたとき、He is big. では C (補語) であり、He is a big boy. では M_1 (形容詞的修飾語) である。この C, M_1 は文の要素の名称である。

I 型: "S+V"

§34

> 例題 1　太陽は東からのぼる。太陽は西にしずむ。

〔研究〕「東から」「西に」はいずれも、in を用いてあらわす。「のぼる」は rise で rise, rose, risen と変化、「しずむ」は set で無変化の動詞である。rise, set はともに自動詞 (Intransitive verb) で、このように第 I 文型の V (動詞) はみな自動詞である。これらの動詞に対して、in the east; in the west は、「どういうふうに → どうする」というような意味をつけくわえるから M_2 (副詞的修飾語) である。

〔訳〕　The sun rises in the east.　The sun sets in the west.

〔注〕　この文を1文にして The sun rises in the east, and sets in the west. としてもよい。

§35

> **例題 2** 彼は去った。彼女は立ちあがって庭に出た。

〔研究〕「去る」は go away；「出る」は go out で、この away と out は go に対する M_2（副詞的修飾語）であるが、go out に対してはさらに「庭に」into the garden という M_2 を用いる。

〔訳〕 He went away. She stood up, and went out into the garden.

§36

> **例題 3** わたしは毎朝6時におきる。しかし、けさは7時におきた。

〔研究〕 get up を用いて第Ⅰ文型、というところはもはや問題はないだろう。ここは、every morning, at six, this morning, at seven などの M_2（副詞的修飾語）の位置、すなわち語順に注意を要する。次の訳例は、毎朝（原則）とけさ（特例）との対照をよくあらわすように、M_2 の位置をくふうしてある。

〔訳〕 I get up at six every morning, but this morning I got up at seven.

§37

> **例題 4** その美しい婦人はやさしくほほえんだ。

〔研究〕「やさしく」は gently がよい。主語は the (*or* that) beautiful lady とする。このとき beautiful は、lady が<u>どんな</u> lady かをあらわす語で M_1（形容詞的修飾語）となる。

〔訳〕 The beautiful lady smiled gently.

〔注〕 この文は、The beautiful lady smiled a gentle smile. としてもよい。この場合は a gentle smile を同族目的語という。

Ⅱ (A) 型： "S+V+C"

§38 このⅡ (A) は、いわゆる "A is B" (A は B である) が基本であり、ここに用いられる動詞は be が基本で、そのほか become, seem, get, grow なども用いられる。

§39

> 例題 5 アメリカは民主国家である。

〔研究〕 この文型の代表ともいうべき、"A is B" の型では A という主語には、特定のもの、すなわち、はっきり限定されたものを用い、B という補語は、A を描写し、説明するのであるから、不特定なもの、たとえば「a+名詞」の形とか、形容詞を用いる。この型の be は補語を用いるから不完全動詞である。「アメリカ」は、正式には the United States of America であるが、ふつうには the U.S.A. でよい。「民主国家」は country に M_1 (形容詞的修飾語) として democratic をつけて用いる。

〔訳〕 The U.S.A. is a democratic country.

§40

> 例題 6 彼らの店はわれわれのよりも大きい。

〔研究〕 これは補語に形容詞がきて、それを比較級に用いる例:すなわち larger than... となる例である。したがって than 以下は larger に対する M_2 (副詞的修飾語) となる。われわれの〔それ(店)〕、という部分を正確に ours とすること。

〔訳〕 Their store (*or* shop) is larger than ours.

§41

> 例題 7 今は冬です。夜はだんだんと長くなっていきます。

〔研究〕 この「なる」は become, get, grow のいずれでもよいが、このような文脈では grow がもっともふつう。grow longer となるわけだが、「なりつつある」のだから進行形にし、longer を2度かさねるのがよい。なお「夜」は the nights と複数にするのがよい。もちろん It is winter. の部分も "S+V+C" である。

〔訳〕 It is winter now. The nights are growing longer and longer.

II (B) 型: "S+V+C"

§42 この II (B) という型は前の II (A) とほとんどちがわないが、ただ C (補語) のところに、場所をあらわす語句がきて He is *in the garden.* (彼は庭にいる) のようになる。ゆえに、この

II (B) の型においては

(1) be は「〔どこそこに〕いる」という意味をあらわす。

(2) in the garden は M_2 (副詞的修飾語) ではない。

の2点に注意する。

(1) $\begin{cases} \text{He } is \text{ a boy.} 「である」\\ \text{He } is \text{ in the garden.} 「にいる」\end{cases}$

(2) $\begin{cases} \text{He walks in the garden.} 第1文型: この in the garden は M_2.\\ \text{He } is \text{ in the garden.} 第 II (B) 文型: この in the garden は C.\end{cases}$

さて、この II (B) の be は「〔どこそこに〕いる、ある」を示すのであって、これの同類としては、stand, lie などがある。なお、このように、これこれの動詞はこの型で用いるという説明のしかたは、いつも「そういう使い方もできる」という意味であって、「その型の使い方しかない」という意味ではない。この点、誤解のないように。

§43

例題 8　その写真は テーブルの上にあり、その画は壁にかかっている。

〔研究〕 このような場合、日本語では「かかっている」というが、英語では、単に、II (B) の型で場所をあらわせばよいのである。

cf. Some blood was *on his hands*. (血がすこし彼の手についていた) / The shirts are *on the line*. (ワイシャツは、洗濯物のつなにほしてある)

〔訳〕 The photograph is on the table, and the picture is on the wall.

§44

例題 9　城は小さな丘の上にある。

〔研究〕 この場合、この文の聞き手は、「どの丘」ということは わかっていないのであろうから a small hill とする。これを the ~ とすると「聞き手にもわかっているその丘」というつもりで言ったことになる。

〔訳〕 The castle stands on a small hill.

§45

> 例題 10　市場はわたしの家から歩いて 10 分以内のところにある。

〔研究〕 「歩いて 10 分の距離」を ten minutes' walk とする要領をおぼえる。ten minute's ではなく ten minutes' である。「...以内」は within を用いてあらわす。

〔訳〕 The market is within ten minutes' walk from my house.

〔注〕 cf. The key was within my reach. (カギはわたしの手のとどくところにあった) / The key was beyond (or out of) my reach. (カギはわたしの手のとどかない所にあった)

§46　　　　EXERCISE　3

1. わたしのおばはそのイスに<u>のびのび</u>[1]とすわった。
2. 彼は毎晩 10 時に寝る。しかし、昨晩は 11 時に寝た。
3. 地球、<u>火星</u>[2]、<u>木星</u>[3]、<u>などの</u>[4]遊星は太陽のまわりをまわる。
4. 月は地球の<u>衛星</u>[5]である。
5. われわれは彼らよりもずっと若い。
6. カギはみな<u>引き出し</u>[6]の中にある。
7. 彼の家は町の郊外にある。
8. ジョージは大へんりこうな少年であった。
9. 民主主義はアメリカのバックボーンである。
10. 飛行機は午後 4 時に着いた。それは ジェット機であった。

[1] comfortably
[2] Mars
[3] Jupiter
[4] such as
[5] satellite
[6] drawer

III (A) 型：　"S+V+O"

§47

> 例題 11　彼はクツふきでクツをふいて、戸を開けた。

〔研究〕 「クツふき」は mat. これは door mat ともいうが、この文の中ではほかの mat とまちがえるおそれがないから、単に mat でよい。こ

この「で」は on を用いる。また、目的語をとる動詞は他動詞と呼ぶ。

cf. He dried his hands *on* a towel. (彼はタオルで手をふいた) / Marmalade tastes nice *on* bread. (マーマレードはパンにつけて食べるとうまい)

〔訳〕 He wiped his shoes on the mat, and opened the door.

〔注〕 クツなどは1足が単位であるから、たとえば「きのうわたしは新しいクツを買った」などの場合は I bought *a new pair of shoes* yesterday. としなければならない。上記例題は a pair of shoes とする必要がない、いわば特例である。

§48

例題 12　彼は最善をつくしたが、報告書にいくつかのまちがいをした。

〔研究〕 "S+V+O" という形は「何を何する」という言い方が中心になるが、日本語の「する」と英語の do とが必ずしも一対一で対応しないところがむずかしい。たとえば、同じ「...する」でも、「まちがいをする」*make* a mistake；「散歩をする」*take* a walk, *go for* a walk；「昼食をする」*have* lunch のように動詞を使いわけるし、一方、英語の *do* one's best は、日本語では「最善を<u>つくす</u>」と表現する。このような基本的約束を知らないと、なんでもないような日常語がうまく訳せない。

さて、「いくつかの」が、4ないし7つぐらいの気持なら several であらわす。a few とすれば 2 ないし 3 つとなる。

〔訳〕 He did his best, but he made several mistakes in his report.

§49

例題 13　わたしには、おばがふたりありますが、ふたりとも音楽がすきです。

〔研究〕 "S+V+O" という型は英語の代表的な文型であって、いわば、英語は、この型をとくに愛好すると言える。したがって、日本語で「...を...する」の形にならないものでも、英訳すると "S+V+O" の型となるものが多い。「...がある」を have を用いて訳し、「...がすき」を like を用いて訳したりするのはそのよい例である。

次に、「おばがふたり」は two aunts となる。日本語では「リンゴを3つ買う」とか「こどもが3人あそんでいた」とかいうが、このような場合、英語では、数詞を M_1 (形容詞的修飾語) として直接名詞につけて three apples, three children のような形に圧縮するのがよい。

最後に「ありますが」の「が」は、日本語によくある「つなぎ」の文句であり、ここではけっして、前後の対照 (逆接) を意味していないから but ではいけない。and でつなぐか、あるいはここで文を切る。

〔訳〕 I have two aunts. Both of them like music.

III (B) 型："S+V+O"

§50 この III (B) という型は、O のところが、一つの名詞でまとまった語句でなくて、「to＋動詞 (Root)」〔この形を to-infinitive と呼ぶ〕や「動詞 -ing (動名詞：Gerund)」の型などが来る場合である。

参考例： O の部分を斜体とする。

He began *to sing*.	彼は歌いはじめた。
He began *singing*.	
He likes *to swim* in this pond.	彼はこの池で泳ぎたがる。〔主として現在の気持〕
He likes *swimming* in the pool.	彼はプールで泳ぐのがすきだ。〔本人の趣味〕
He tried *to go out*.	彼は外に出ようとした。
He wishes *to come*.	彼は来ることを望んでいる。
He wanted *to buy some butter*.	彼はバターを買いたいと思った。

これらにおいて O に to-infinitive がくるか、Gerund がくるかは、その V によってちがう。また、begin, like のように、どちらをも O として用いることのできる動詞にあっても、この二つの場合で、意味に多少のちがいがあることもある。

§51

> **例題 14** わたしは、あなたを助けたい。しかし、わたしの時間をムダにするのはかなわない。

〔研究〕 この文は、たとえば、年末のいそがしい時に、「ちょっと手を貸してくれ」と頼まれた人が言いそうなことばであって、その意味を分析して考えるならば、文末の「かなわない」は「...することを好まない」とするくふうができよう。すなわち、一見して、I want to..., but I don't like... の形に持ち込むことを考える。「時間をムダにする」は waste time.

〔訳〕 I want to help you, but I don't like to waste my time.

〔注〕 この文の文尾に waste に対する M_2 として because of you (あなたのために) とか in doing so 〔=in helping you〕(そうすることによって) とかを補うことができたらなおよい。...I don't like to waste my time because of you. / ...I don't like to waste my time in doing so.

§52

> **例題 15** わたしは読書はすきだが、いわゆる本の虫にはなりたくない。

〔研究〕 この「読書」は reading と Gerund にするのがよい。「本の虫」は、book-worm として、日本語と同じ「読書狂」のような意味をあらわせる。こういうときの「なる」は be がよい。cf. I want *to be* a TV star.
「いわゆる」はその名詞の前に what we call をつける。what we call an upstart (いわゆる成り上がりもの); what we call a melodrama (いわゆるメロドラマ)

〔訳〕 I like reading, but I don't want to be what we call a book-worm.

IV (A) 型: "S+V+O_2+O_1"

IV (B) 型: "S+V+O_1+O_2"

§53 この IV (A) の型は、He gave me a book 〔わたしに本を〕のように、「間接目的語 O_2+直接目的語 O_1」の順序を持つものであり、この間接目的語 O_2 というのはこの文の me のように多くは代名詞 me, you, him, her, us, them などである。これらの代名詞が名詞でおきかえられた場合、それはたいていの場合「前置詞+名詞」の形となって、直接目的語 O_1 の後におかれ、それが IV (B) の型となる。IV (B) において「前置詞+名詞」の形を O_2 としてあらわすのは、諸君の英文法の常識からいうとおかしいかもしれないが、IV (A) → IV (B) の移りかわりを考え合わすならば、この取り扱いは合理的であり、英作文のためには、むしろ便利である。つまり、He gave me a book. と He gave a book to my father. の両型を一括して論ずるのが合理的であり、この2文を別型として論ずるのがかえっておかしいのである。

§54 目的語の転換 さて、この IV の (A), (B) の転換は上の me : to my father のように前置詞 to を用いるかと言えば必ずしもそうではない。tell (話す), ask (質問する) などの授与動詞 (Dative verb)、ならびに、授与動詞としても用いられる動詞 make, buy を例にとって (A), (B) の比較を試みよう。

He told me a long story.	彼はわたしに長い話をした。
He told a long story *to* the master of the house.	彼はその家の主人に長い話をした。
He asked me a question.	彼はわたしに質問をした。
He asked a question *of* that young lady.	彼はその若い婦人に質問をした。
I will make you a model plane.	きみに模型飛行機を作ってやろう。
I will make a model plane *for* your brother.	きみの弟に模型飛行機を作ってやろう。
She bought me a fine picture book.	彼女はわたしにすてきな絵本を買ってくれた。
She bought a fine picture book *for* her cousin.	彼女はいとこに、すてきな絵本を買ってやった。

なお、It took me five minutes to read the letter. (〔わたしが〕その手紙を読むのに5分かかった) の take も授与動詞と同じように使われているが、これなどは (A) → (B) の転換がきかない例である。このように、(A) → (B) の転換については個々の動詞についておぼえなければならない。

§55

> 例題 16　駅までの道を教えてくださいませんか。

〔研究〕こういう場合の「教える」は teach ではない。show である。「くださいませんか」という依頼は、公式として Will you please ... ? が用いられる。「くださいませんか」であっても Will you? という肯定文でよいのである。ただ、この文では、依頼というより、相手がその道を知っているかどうかも確かでなくて、「教えることができるか」という問いも

含んでいるようであるから、その気持で Can you...? とする方がよいであろう。この時は please を用いない方が自然である。

〔訳〕（依頼の場合）

Will you please show me the way to the station?

（問いかけの場合）

Can you show me the way to the station?

§56

> 例題 17　すみませんが父の切符を買いにいってくれませんか。タクシーを呼んできますから。

〔研究〕「父の切符」を my father's tickets とするのは不適当。父が旅行にでかけるので、かわりに駅へ行って、父のために切符を買うというつもりで訳す。この文の「買う」「呼ぶ」いずれも get を用いるのがよい。なお文末の「...から」は日本語的な言い方であるが、英語では、2文を並列すればそれですむ。しいて、前半と後半との脈絡をつけるなら、2文の間いに（:）をおくぐらいでよいが、ここは前文が（?）でおわるからそれも考えられない。この「から」を because とか as とかを用いるのは、英語としてはオーバーな表現となる。

〔訳〕 Will you please go and get the tickets for my father? I will get you a taxi.

§57　　　　　EXERCISE 4

1. わたしは、きのう日本歴史の本を買った。今それを読みたい。
2. 本の 15 ページをあけなさい。そのページの最初の文を読みなさい。
3. 彼には強い意志がある。
4. 彼の父は国道を[1]歩きはじめた。
5. あの子は、そのソファで眠るのがすきです。
6. 先生は黒板ふき[2]で、黒板をふいた。
7. もっと砂糖を買ってきなさい。
8. わたしはきのう彼に電報を打った。
9. あなたは、おとと、彼女に千円貸した。
10. 日曜日の午後はうちにいたい。

[1] along the national highway

[2] eraser

Ⅴ 型: "S+V+O+C"

§58 この型は、従来一括して扱われているが、実は、種々雑多な構造の文を総称している。本書ではこれを (A), (B), (C) 3つの下位区分にわける。この型に用いられる動詞はみな不完全他動詞であるが、それを分けて、(A) 使役動詞、(B) 思考動詞、(C) 感覚動詞とする。すなわち

(A) He *made* her happy. 　　彼は彼女を幸福にした。〔使役動詞〕
(B) He *thinks* me honest. 　　彼はわたしを正直と思う。〔思考動詞〕
(C) He *saw* her walking there. 　　彼は彼女がそこを歩いているのを見た。〔感覚動詞〕

この型の文の "O+C" の部分は、いずれも「O を C という状態に」という意味で、その部分だけ独立させるとすれば、「O が C である」わけである。ゆえに、これらの文で O となっている語を、その C に対して、意味上の主語 (Sense-subject) と言う。そうして、その O すなわち意味上の主語を、本当の主語にして文を作れば、

(A)′ She was happy. 　　彼女は幸福だ。
(B)′ I am honest. 　　わたしは正直だ。
(C)′ She was walking there. 　　彼女はそこを歩いていた。

となる。これらの文を上の (A), (B), (C) の文の潜在文と言う。意味上の主語と潜在文のことは後でくわしく述べる。→§180, §220.

Ⅴ (A) 型: "S+V+O+C"

§59 この型に用いる動詞、すなわち使役動詞は、make, let, help; have, get; keep; cause, advise, tell, ask, want などで、「...させる、命ずる」の意味を中心とする。ただし、これらの動詞の間に

① 使役の意味の強い、弱いの差は相当にある。
② C として従え得る語の種類がいろいろある。

という点に注意を要する。

比較：〔 〕の中に、その文の C の種類を記す。

He made her *happy*.	彼は彼女を幸福にした。〔形容詞〕
He made her *his servant*.	彼は彼女を自分の召使いにした。〔名詞〕
He made her *go*.	彼は彼女を行かせた(強制)。〔Root〕
I will let you *go*.	あなたを行かせよう(許可)〔同上〕
I helped him [to] *carry* the basket.	わたしは彼がカゴを運ぶのを手つだった。〔Root または to-infinitive〕
I will have someone *clear* the table.	だれかに食卓をかたづけさせよう。〔Root〕
I will get someone *to clear* the table.	同上。〔to-infinitive〕
I kept him *waiting*.	わたしは彼を待たせた。〔現在分詞〕
They kept the soup *hot*.	彼らはスープをさめないようにしていた。〔形容詞〕
*What caused her *to kill* herself?	何が彼女をして自殺させたか。〔to-infinitive〕
They advised me *to come*.	彼らはわたしに来たらどうかとすすめた。〔同上〕
They told me *to wait*.	彼らはわたしに待っておれと命じた。〔同上〕
They asked me *to wait*.	彼らはわたしに待ってくれとたのんだ。〔同上〕
They wanted me *to wait*.	彼らはわたしに待っていてほしいと言った。〔同上〕

* この文の主語はいわゆる「無生物主語」である。→§311

個々の動詞については注意すべきことが多いが、今ここで列挙してもたいして意味はない。例題をやりながらだんだんにおぼえていきたい。なお、"S+V+O+C" と "S+V+O₂+O₁" の両型はしばしば紛わしいが、§58 で述べた "O+C" の構造分析が "O₂+O₁" についてはあてはまらない点に注意せよ。

§60

例題 18 われわれは、ジョンを会長に選んだ。われわれは、彼が最善をつくすことを期待した。

〔研究〕 「選ぶ」は elect を用いる。これは C として名詞を従える。「会長」は President がよい。このようなある役目をあらわす語を C として用いるときには、無冠詞。「期待する」は expect+O として to-infinitive をとる。「彼が」とあっても、expect him to... の型に入れることは言うまでもない。

〔訳〕 We elected John President. We expected him to do his best.

§61

例題 19 田中さんはわたしにすぐ来るようにと言った。しかし、わたしは彼を長く待たせた。

〔研究〕 「すぐ」at once；「長く」a long time；これを M_2 として用いる。

〔訳〕 Mr. Tanaka told me to come at once, but I kept him waiting a long time.

§62

例題 20 ひとりで行かせてください。ジョンは、ひとりで来るようにとわたしにたのんだのです。

〔研究〕 はじめは命令文であるから Let... と文をはじめる。「ひとりで」=alone.

〔訳〕 Let me go alone. John asked me to come alone.

V (B) 型： "S+V+O+C"

§63 この型の動詞「思考動詞」は大きくわけて2種類になる。
  (i) think, believe, suppose, consider
  (ii) regard; take (consider)

この (i) 型は O と C の間に to-infinitive, 多くの場合 to be

を介在させる。すなわち「to be＋名詞（形容詞）」全体が C である。ただし think は to be を略すことが多い。

(ii) 型は、たとえば regard A as B (A を B とみなす); take A for B (A を B と〔まちがえて〕思う) のように使う。すなわち「前置詞＋名詞（まれには形容詞）」全体が C である。

I believe him to be honest.	彼を正直だと信じる。
I supposed him to be at home.	彼が家にいるとわたしは思った。
We regard this as a challenge.	ぼくらはこれを挑戦とみなす。
He took me for John.	彼はわたしをジョンだと思った。

§64

例題 21　きみは彼を英雄と思うのか。バカものを英雄とまちがえるな。

〔研究〕　前半は think him a hero の型を疑問文にする。後半は "take A for B" の型の A に a fool; B に a hero を入れる。

〔訳〕　Do you think him a hero? Don't take a fool for a hero!

〔注〕　(?) と (!) の使い方に注意せよ。

§65

例題 22　わたしは彼をセールスマンだと信じていた。

〔研究〕　"believe＋O＋C" の形にして O と C との間に to be をおく。

〔訳〕　I believed him to be a salesman.

V (C) 型： "S＋V＋O＋C"

§66　この型の動詞「感覚動詞」の代表は see と hear である。これには C として、Root が来る場合と現在分詞が来る場合とがある。現在分詞とは -ing のついた形で動名詞と同じ形であるが、そのはたらきは異なる。この点については §§230–233 で述べる。

(i)　Then I saw him *go out*.　　それからわたしは彼が外出するのを見た。

I heard her *sing* a jazz-song once.	わたしは彼女がジャズ・ソングを歌うのを一度きいたことがある。
(ii) I saw him *walking* alone.	わたしは彼がひとりで歩いているのを見た。
I heard her *singing* a jazz-song last night.	わたしは昨晩彼女がジャズ・ソングを歌っているのをきいた。

上の例文中 (i) では C に Root が、(ii) では C に現在分詞が来ている。この (i), (ii) のちがいは、訳文からもわかるように、

(i) では、一つの事実があったとかなかったとかいうように事実に言及する。すなわち、それぞれ「彼の外出」、「彼女がジャズ・ソングを歌う」ということは「たしかに存在した」という意味であり、

(ii) では、ある一定の時に視点を移して、その時の O の動作を、ありのままに描写することが主である。

さて、感覚動詞には、ほかに know, find などがあって、使い方が複雑である。ここでは find は C として、現在分詞、過去分詞、形容詞のいずれも従え得るということだけ例示しておこう。なお、"S+V+O+C" の構文における find は「発見する」という意味でなく「行ってみると…だとわかる」というような意味になる。

I *found* them crying.	見ると彼らは泣いていた。
I *found* him killed.	見ると彼は殺されていた。
I *found* him dead.	見ると彼は死んでいた。

§67

例題 23 わたしは、次のへやで、ジョンとメァリとが、話をして笑っているのがきこえた。

〔研究〕 「話をする」talk；「笑う」laugh. ここは描写であるから、C としては、これらの動詞の現在分詞を用いる。

〔訳〕 I heard John and Mary talking and laughing in the next room.

§68

> 例題 24　わたしは、田中さんが、封筒をとりあげ、手紙を引っぱり出すのを見ました。

〔研究〕 「封筒」 envelope；「引っぱり出す」 pull out. これは証言的な言い方で、事実を伝えるのが主であるから、Root を C とする。

〔訳〕 I saw Mr. Tanaka take up the envelope, and pull out the letter.

§69

> 例題 25　ジョンの車が、国道を走って行くのが見えますか。

〔研究〕 ここでは「見える」を「見ることができる」と解し can see とする。これを疑問文にする。「道を歩く」「道を走る」などは英語では along を用いる。すなわち walk (or run) *along* the road の形式になる。

〔誤〕 Can you see John's car running along the national highway?

EXERCISE 5

§70 (A)

1. わたしの妻が2階へあがってくるのがきこえますか。
2. 行ってみると、犬はまだ生きていた。
3. わたしの母は、わたしに、だまっているようにと忠告した。
4. その家の主人は、わたしをまずしい労働者[1]であると信じた。

    [1] labourer
5. わたしにその手紙をもう一度読ませてください。
6. 彼らは田中さんを座長[2]にえらんだ。彼らはその問題を論じ[3]はじめた。

    [2] chairman
    [3] discuss（他動詞として用いる）
7. わたしは、ジョンがそのカバンをとり上げ、金を盗むのを見たのです。
8. 他人[4]を待たせるのは、常によくないことです。

    [4] others（無冠詞で用いる）
9. わたしは、あなたを、より幸福に、より美し

くしてあげましょう。
10. 彼は、これを、一種の成功とみなした。

§71 (B) 誤りがあれば直せ。(Correct errors, if any.)

1. He taked me for a fool.
2. He wanted me go alone.
3. I heard the clock struck twelve.
4. Who did break the window?
5. A dog is useful animal.
6. My aunt have two daughter.
7. He is strong than me.
8. The party begins from eight o'clock.
9. He has money very much.
10. What is that tower's name?

III. 基本動詞の運用

§72 この章で学ぶこと 基本的な動詞については、しばしば文型のワクを越えて、その運用法を研究する。すなわち一つの動詞がいくつかの文型にまたがって用いられるし、また一方、The book is on the table. と I put the book on the table. の is と put とは対照して その用法を まとめて おぼえるのが便利である。このような 立場から基本動詞の種々の相をみたい。さらに発展して、go out, put out, leave off, set in などの形の動詞を使いこなしたい。

§73 動詞の分類 動詞は次のように分類される。

> 本動詞 (Principal verb)　一般の動詞。
> 助動詞 (Auxiliary verb)　can, may, must, shall, will, etc. ‖ be, have が本動詞以外のはたらきをするとき。

本動詞は、そのはたらきによって次のように分類される。

> 自動詞 (Intransitive verb)　目的語をとらない動詞、文型 I, II, VI の動詞。
> 他動詞 (Transitive verb)　目的語をとる動詞、文型 III, IV, V の動詞。

助動詞は、そのあとに、不定詞(多くは Root) または分詞を従える。

 can *go* may *come* ought *to go*
 I am *going.* He was *killed.* I have *come.*

さらに、本動詞はその意味によって次のように分類される。

1) **状態動詞**　その動詞自身の力で「～である」、「～している」という状態をあらわす。
2) **動作動詞**　そのたびごとに完結する動作をあらわす動詞。

たとえば、live は「生きている」「住んでいる」という状態をあらわすから状態動詞であり、kick (蹴る) は、一つのまとまった動作をあらわすから動作動詞である。stand は「立っている」の意味のとき状態動詞であり、「立つ、立ちあがる」という意味のとき動作動詞である。また be は常に状態動詞であるが、have は「持っている」という意味のとき状態動詞であり、*have* lunch (昼食を食べる) のときは動作動詞である。love, like など心の状態をあらわすものも状態動詞である。

英作文という立場から見て、最も重要な分類はこの状態動詞と動作動詞との区別である。たとえばある動詞を進行形にするかしないかというようなことは、すべてこの分類にもとづいて考えていかなければならないのである。すなわち、eat は動作動詞であるから、「彼は食べ<u>ている</u>」は He *is eating*. と進行形になるが、love は状態動詞であるから「わたしはあなたを愛し<u>ている</u>」は I love you. であって、I *am loving* you. とはしない。

§74 状態動詞の分類

1) 連結動詞 「A は B である」という意味をあらわす動詞。He *is* a boy.
2) 存在動詞 (a) 「本がある」のように、ものの存在を知らせる動詞 There *is* a book. / There *was* a king.
3) 存在動詞 (b) 「本は(が)机の上にある」のように、あり場所を知らせる動詞。The book *is* on the table. / He *is* in the garden.
4) 感情動詞 *love, like, hate* (きらう、にくむ) など**心の状態・感情**をあらわす動詞。

今までの分類を頭において、be, have の意味、用法を整理してみよう。be と have とが、場合によって同じ意味をあらわし得るところにとくに注意してほしい。

§75 be の用法 (意味)

(1) 連結動詞として：

He *is* a boy. 　　　　　　　　彼は少年である。

(2) 存在動詞 (a) として：

There *is* a book on the desk.　　机の上に本がある。

　　存在動詞 (b) として：

The book *is* on the desk.　　本は、机の上にある。

(3) 助動詞として：$\begin{cases} \text{be}+\text{現在分詞}=\text{進行形} \rightarrow \S 133 \\ \text{be}+\text{過去分詞}=\text{受動態} \rightarrow \S 252 \end{cases}$

(1), (2) については §§38–45 でひととおり学んだが少し補説を加えてみる。

存在動詞 (a) というのは「～がある」という場合で "There is" 構文すなわち第 VI 文型に用いられる。「～がある」というとき、～は未知のものであって、その文中ではじめて「紹介」されるものであるから、*a* book, *some* books など、不定のものが～の所にくる。

There *are* some stores by the lake.　　湖のそばに〔いくつかの〕店がある。

Is there any mistake in his report?　　彼の報告書にまちがいがあるか。

What *is* there behind the curtain?　　カーテンのうしろには何があるか。

存在動詞 (b) というのは「～は、どこそこにある」という意味であるから、(a) の場合とは異なり、the book, that key, those books, the teachers など、はっきりそれとわかる特定のものが主語にくる。

The boy (*or* He) is in the garden.　　少年は庭にいる。

§76　**have** の用法　have は動作動詞ともなる。したがってその用法は次のようである。

(1) 存在動詞 (a) として：

I *have* two brothers.　　わたしには二人の兄弟がいる。

　　存在動詞 (b) として：

I *have* the key in my pocket.　　その鍵はわたしのポケットにある。

(2) 動作動詞として：

We *had* lunch at one o'clock.	われわれは1時に昼食をとった。
How many lessons *do you have* in a week?	週に何時間授業がありますか？

助動詞として：「have＋過去分詞」〔完了形〕→§139.

この have についての存在動詞 (a), (b) というのはそれぞれ be の場合の存在動詞 (a), (b) と、意味が非常に近いことがわかる。すなわち「〜が(は)〔どこそこに〕ある」という場合に、その〜の「持主」を主語に持ってくることにより、動詞が be から have に転換されることがある。→§§77–78.

§77

> 例題 1　1週間は7日で、1日は24時間である。
> (i) be を用いる文、(ii) have を用いる文の2様に訳せ。

〔研究〕 これは存在動詞 (a) の場合であるから (i) では There are . . . とし、(ii) では a week, a day を主語にすることを考える。

〔訳〕 (i) There are seven days in a week, and〔there are〕twenty-four hours in a day.

(ii) A week has seven days, and a day〔has〕twenty four hours.

〔注〕 ふつうの日常文では（すなわち数学の論文など以外の文では）7 days；24 hours などとしないで、訳例のように英語の単語として綴りで書くのがよい。

§78

> 例題 2　この図書館には非常に多くの本がある。
> (i) be を用いる文、(ii) have を用いる文、の2様に訳せ。

〔研究〕「非常に多くの本」は a large number of books とする。(ii) は This library has〜 でよさそうであるが、前題と異なり、library というのはひとつの具体物であるから、そういうときは文尾に in it と補うのがよい。これは have を存在動詞に使うときの重要な注意事項。

〔訳〕 (i) There are a large number of books in this library.

(ii) This library has a large number of books in it.

§79

> 例題 3　カリフォルニアでは気候が大へん温和だ。

〔研究〕 毎日の「天気」は weather であるが「風土」という意味のときは climate の方がよい。「温和」は mild. さて構文は？ The climate of California is very mild. でも一応よいが、ここでは California を主語にして、have を用いてみよう。

〔訳〕 California has a very mild climate.

〔注〕 この文を There is ～ in California とするわけにはいかない。be と have の転換が常に可能とは限らない。

§80

> 例題 4　トムはわきの下に何をかかえていますか。

〔研究〕 §9 (1), (2) および §43 の文例と比較すれば、この「かかえる」にこだわる必要がないことがわかる。「わきの下」under his arm.

〔訳〕 What has Tom under his arm?

§81 状態動詞の応用　すでに The picture is on the wall. / What has Tom under his arm? の文をそれぞれ「かかっている」「かかえている」と訳したとき、存在動詞 be, have は単に「ある」という意味だけでなく「どんなあり方」をするかという意味まであらわし得ることを知った。前述のとおり存在動詞は状態動詞の中の一種である。

このように、種々のあり方や、時には「あるようになる(する)」という過程まで be, have であらわせる。

§82 種々なあり方　上の文では is は hang; have は hold のような意味をあらわしている。そのほか §43 参照。

ただし、be や have の示す「あり方」を特定の動詞で言いかえることもできる。その特定の動詞 stand, live, lie, etc.; keep, see, hear, etc. もこれらの場合は存在動詞である。すべて、ものが持続的に存在する状態をあらわす動詞を存在動詞と呼ぶのである。stand は「立っている」の意味のとき「存在動詞」であり stand (up)

「立ちあがる」となるとき「動作動詞」と考える。

be, have を用いて	**一般動詞を用いて**
The castle *is* on a hill. （城は丘の上にある）	The castle *stands* on a hill.
Once there *was* a king. （むかし王様がいた）	Once there *lived* a king.
There *is* a plain. （平野がある）	There *lies* a plain.
He *has* a dog. （彼はいぬを飼っている）	He *keeps* a dog.
There *is* (*or* They *have*) a nice garden here. （ここに美しい庭がある）	We *see* a nice garden here.
There *was* a noise. （音がきこえた）	I *heard* a noise.

§83 往来・過程を be であらわす場合　「行く」「来る」「なる」などの意味であっても、その結果に重点があるとき英語では be を用いるのがふつう。

I'll *be* there in a moment.	すぐに行きますよ。
Now we *were* in the castle.	われわれは城内に入っていた。
Soon he *was* fast asleep.	じきに彼は熟睡した。
I want to *be* a TV star.	テレビのスターになりたい。
He will *be* back by six.	彼は6時までに帰るでしょう。
Now we *are* ready.	さあ、用意ができました（この文の時制については§86参照）。

§84 動作の結果を have であらわす場合

Now you *have* the model plane.	さあ、これで模型飛行機ができました。
Now we *have* the whole thing.	さあ、これですっかりわかった。

§85 take; receive などの代りの have　これは動作を示す動作動詞 have の例。この場合、疑問文・否定文を作るには、ふつうの動詞なみに助動詞 do を用いる。右欄に、存在動詞としての have を示す。比較せよ。

How many lessons *do you have* on Tuesday.

Do you have any icecream?
〔食堂で店の人にきく〕

How many brothers *have you?*

Have you a fountain-pen?

I *have* no money.

§86 N.B. すべて、日本語で動作的に言うことを英語では結果に注目して状態的に言うことが多いことが、だんだんわかってきた。ある時期(現在なら現在)に A という状態があるということは、それ以前に A ならしめるような動作が起こったということである。そこで、動作的表現と状態的表現との間で時制がずれる。§§83-84 および §§113-114 参照。

§87

例題 5　兄は今東京に行っていますが、来週には帰宅するでしょう。

〔研究〕「行っている」は「東京にいる」、「帰宅する」は「帰宅している」というふうに状態を述べるのが主であるから be を用いる。be back =be home.

〔訳〕 My elder brother is now in Tokyo, but he will be home next week.

§88

例題 6　あなたは1日に何回食事をしますか。

〔研究〕「食事」は meal.「食事をする」のするは have で、例によって do you have...? という形になる。さて「何回食事をするか」を How many times do you have meals? とするのはまずい。I have three meals. (3回食事をする)から考える。

〔訳〕 How many meals do you have each day?

§89

例題 7　「いいことを思いついたわ」「どういうこと?」「あなたが王女をやるのよ、そしてわたしが女中になるの」

〔研究〕 第一の文は have a good idea という熟語を用いる。「思いついた」という動作の結果をあらわすのだから have のまま。第三の文は、劇の配役の話だから the princess, the maid と定冠詞を用いる。

〔訳〕 "I have a good idea!" "What is it?" "You will be the princess, and I will be the maid."

§90　　　　　　EXERCISE 6

1. その高校は町の東部にあります。
2. その証明[1]は53ページにあります。　　　[1] proof
3. わたしは外交官[2]になりたい。　　　　　[2] diplomat
4. 今までのところで[3]質問がありますか。　　[3] so far
5. きのうは楽しかったですか。
6. その案に対して異議はありません[4]。　　[4] have no objection
7. そのポケットに何を入れているの。
8. 今晩は何もすることがない。
9. なぜそんなにいそいでいる[5]のか。　　　[5] be in a hurry
10. 田中さんは今、勤務中[6]です。　　　　　[6] on duty
11. ぼくは、金の持ち合わせ[7]がない。　　　[7] have～with me
12. 小銭[8](細かい金)をお持ちではありませんか。　[8] small change

§91　存在と動作

| He is in. | He came in.
He came into the room. | {Take
　Put} him into the room. |
| He is out. | He went out [of the room]. | Take him out [of the room]. |

上の文を比較すると、in (中); out (外) はある状態をあらわしている。これが be と結合すると「主語がその状態にある」ことを意味し、come, go と結合すると「主語が自主的にその状態になる」ことを意味し、take, put と結合すると、その目的語 (ここでは him) を、「だれかがその状態にする」ことを意味する。そうすると、(i) be と (ii) come, go, (iii) take, put との関係は、(i)「ある」という存在の状態と (ii)「なる」、(iii)「する」という動作との関係であることがわかる。

§92 On と off
次に「あかりがついている」、「消えている」でやってみよう。スイッチについては on, off が対照語であるが、日常語では on と out の方が多く用いられる。

The light is on. (あかりがついて いる)	The light came on. (あかりがついた)	He {turned on / switched on} the light. (あかりをつけた)
The light is out. (あかりが消えて いる)	The light went out. (あかりが消えた)	He {put out / switched off} the light. (あかりを消した)

次に on は「身につけている」、off は「身からはなれている」状態をあらわす。したがって He *has* a coat *on*. は、「彼は上衣を着ている」という状態をあらわす。「着る」という動作の方は put on である。このときは put on と熟語化する。以下比較：

He has a coat on. 　　(彼は上衣を着ている)	He put on a coat. 　　(彼は上衣を着た)
He has no coat on. 　　(彼は上衣を着ていない)	He took off the coat. 　　(彼は上衣をぬいだ)

§93　語順上の注意　put on; take out などの熟語〔上表の右欄〕にあっては、その目的語が代名詞であるときは put it on; take him out のような語順となり、また目的語が名詞であるときは put on a coat; take out his daughter の語順となる。

§94

> **例題 8**　「ストーヴにもっと石炭を入れなさい」「でも、ごらん、火が消えていますよ」

〔研究〕　come *in* (はいる) と come *into* a room (へやに入る) との対照から考えると put more coal *into* the stove が考えられるが、この場合は、... *in* the stove の方がふつう。「消えている」状態はむろん out であらわす。

〔訳〕　" Put more coal in the stove." " But, look, the fire is out."

§95

> **例題 9**　彼女は電燈をつけ、それからゆっくり新しい上衣を着た。

〔研究〕 「それから」and then;「つける」は switch を動詞に使い switch on がよい。

〔訳〕 She switched on the electric light, and then put on her new coat slowly.

§96

> 例題 10 わたしは、へやを飛び出し、階段を走って降りた。下は暗かった。

〔研究〕 「飛び出す」は go out のかわりに jump out とする。「走っておりる」も go down のかわりに rush down を用いる。「下」=「階下」= downstairs.

〔訳〕 I jumped out of the room, and rushed down the staircase. It was dark downstairs.

§97

> 例題 11 バラがもう咲いています。この赤いのと、その黄色いのとは、きのう咲きました。

〔研究〕 「花が咲いている」状態も out であらわす。したがって、咲いているという状態は be out, 咲くという動作は come out を用いる。

〔訳〕 Roses are out now. This red one and that yellow one came out yesterday.

〔注〕「咲いている」ことを be in bloom ともいう。「満開」は be in [full] bloom. この熟語をさらに応用すれば、The plum blossoms are now out of bloom. (梅の花はもう盛りをすぎた) のようにもつかえる。

§98　　　　EXERCISE 7

1. そのネコが家の中にいる。すぐ連れ出しなさい。
2. 早く[1]、ぼうしをぬぎなさい。　　　　　[1] quickly
3. そのとき、へやのあかりは、ついていましたか。
4. そのあかりはだれがつけたのですか。
5. 母は外出中です。30分[2]もすれば[3]もどるでしょう。　　　　　　　　　　　　　　　[2] half an hour
　　　　　　　　　　　　　　　　　　　　[3] in

6. 傷口⁴にもっと綿をあてなさい。　　　　　　⁴ wound
7. その鳥は今、桜⁵の木の枝にとまっている。　　⁵ cherry
8. 桃⁶の花はもう盛りをすぎましたが、桜の花は今満開です。　⁶ peach
9. この箱はじゃまだ⁷。そこのテーブルの下においけ。　　⁷ be in the way
10. 船が見えて⁸きた。――まだ見えている――もう見えない。　⁸ この文で sight を用いる工夫をせよ。

§99 基本動詞演習　ここでは、基本動詞に in, out, off などをつけた熟語の用法の実態を示す。ここで注意すべきは in, out などいわゆる副詞の形で切れている場合も、これらを into the room, out of the room などと「前置詞＋名詞」の形に引きのばした場合も、英作文的には同一のものと考えることである。

(i) He came in.　　　　　　He went up.
(ii) He came into the room.　He went up the hill.

すなわち (i) では「中へ」、「上へ」と漠然とした意味を示す in, up が、(ii) では「何の中へ」、「何の上へ」という特殊化を伴ってあらわれているだけのちがいである。語句のはたらきとしては in と into the room; up と up the hill とは、等しく動詞に結びついて、一つの熟語を成しているのである。

§100 用 例：

carry out / find out / make out / point out / pick up / turn up / shut up / keep off / take off / leave off / show off / put off / see off / show~in / show~out / set in

You must *carry out* the plan.	君はその案を実行せよ。
He *found out* the truth by himself.	彼はひとりで真相をつきとめた。
I cannot *make out* what it is.	それが何であるかわからない。
Mr. Tanaka *has pointed out* that this is the only way.	田中氏は、これがただ一つの方法であると指摘した。
She *picked up* some flowers.	彼女は、花をいくつか、つみとった。
He is sure to *turn up*.	彼はきっとあらわれる。

Shut up!	だまれ！
Keep off the grass.	芝生に立ち入るな。
The plane *took off* at eight from Haneda.	飛行機は8時に羽田から出発した。
We shall *leave off* here.	ここまででやめましょう。
Let's begin where we *left off* yesterday.	きのうやめたところからやりましょう。
He always *shows off* his knowledge of French.	彼はいつも、自分のフランス語の知識をみせびらかす。
Must we *put off* the meeting till tomorrow?	会合をあすまで延期しなければなりませんか。
I went to the station to *see* him *off*.	わたしは彼を見送りに駅へ行った。
I went to the airport to *see* Mr. Tanaka *off*.	わたしは田中さんを見送りに空港へ行った。
"Mr. Tanaka has arrived." "*Show* him *in*."	「田中さんがお着きになりました」「お通しなさい」
Show him *into* the drawing room.	彼を応接間へご案内しなさい。
Show him *out*.	お帰りをお送りしなさい（戸口まで）。
The rainy season *has* already *set in*.	雨期がもうはじまった。

§101

> 例題 12　運動会は、二、三日延期されるでしょう。

〔研究〕「運動会」は sports-day がよい。athletic meet[ing] とすると、専門の「競技会」になる。「でしょう」は will を使う。文頭に I'm afraid とおいてもよい。つまり、いやなことを思うときは I'm afraid となる。

〔訳〕 The sports-day will be put off for two or three days.

§102

> 例題 13　わたしが重大なまちがいをしたと、主人が指摘した。

〔研究〕 こういう時の「重大」は serious がよい。「まちがいをした」「指摘した」はいずれも現在完了がよい。

〔訳〕 My master has pointed out that I have made some serious mistakes.

§103

> 例題 14　ここでだれを見送ろうというのですか。

〔研究〕 ここでは see him off などの him にあたるものが疑問詞になるわけで、Whom として文頭に。「というのですか」は字句にこだわらずに、be going to で近接未来をあらわすようにする。→§126.

〔訳〕 Whom are you going to see off here?

§104

> 例題 15　近く何かいいことがありそうに思える。

〔研究〕 「何かいいこと」something nice；ここの「ある」に turn up を用いる。もちろん happen でもよい。「思える」は I think [that]... でよいが、I feel as if ... とすればなおよい。

〔訳〕 I feel as if something nice will turn up very soon.

〔注〕 as if の次に現実とは反対のことを書けば、その時制が問題になるが (→§189)、ここのような場合は問題ない。

§105　　EXERCISE 8

1. その飛行機はいつ大阪空港を出発しましたか。
2. <u>残念だ</u>[1]が<u>もう時間です</u>[2]。ここまででやめましょう。　　　　　　　　　　　　　　　　[1] I am sorry
　　　　　　　　　　　　　　　　　　　　　　　　　　[2] time is up
3. <u>機関室</u>[3]に近よらないこと。　　　　　　　　　[3] engine-room
4. それは一つの影だった。しかし、わたしにはそれが何であるかわからなかった。
5. とうとう彼はわたしの秘密をかぎつけた。
6. 田中さんをわたしの書斎へお通しなさい。
7. だれも彼女を見送りに来なかった。
8. きみは、きみの<u>才能</u>[4]を見せびらかす必要はない。　　　　　　　　　　　　　　　　　　　　[4] talent
9. <u>要点</u>[5]を二つ三つ拾い上げた方がよい。　　　[5] point
10. 金なしではその計画を実行することができません。

IV. 時　　　制

§106　この章で学ぶこと　この章では、時制 (Tense) の研究をする。現在・過去・未来の三つの基本形はもとより、完了形・進行形の正確な用法に習熟していきたい。

とくに大せつなことは、すでに何回もとりあげた状態動詞と動作動詞との区別である。この二つの動詞はその時制の表現の仕方に大きなちがいがあり、ここを正しく認識しないと英語らしい英語が書けるようにはならない。

§107　現在形　「現在目の前で起こっていることを現在形で表現する」というのは、状態動詞だけにあてはまる。例: be, have; see, hear; keep; stand, live, lie; like, love, feel, etc.

　　He *lives* in Kobe.　　　　　　彼は神戸に住んでいる。
　　He *keeps* a dog.　　　　　　　彼は犬を飼っている。
　　I *love* tulips.　　　　　　　　わたしはチューリップが好きです。

動作動詞については、現在起こっている事実は現在進行形を用いてあらわす。

以上のことから現在形は何も現在起こっていることを記述するのがおもなはたらきではないことがわかると思う。ゆえに動作動詞の現在形は現在の起こっていること以外のいろいろな意味をあらわすわけである。

§108　現在形の機能　では、現在形の本当のはたらきは何かというと、それは次のようにまとめることができる。すなわち、すべての動詞について、

（A）　真理をあらわす場合

　　Two and two is (*or* are) four.　　2+2は4だ。

(B) 習慣をあらわす場合

He goes to his office every day.　　彼は毎日事務所に行く。

(C) 特定の時制と無関係な場合

(i) 新聞などの見出し (Headlines)

Premier Sato visits the U.S.A.　　佐藤首相訪米〔日本語の名詞どめに通ずる〕

(ii) 劇(ドラマ)などのトガキ (Stage-direction) の場合

He stands up. Then he goes to the door.　　(彼は)立ち上がり、戸口へ行く。

(D) 過去・未来のことであっても、現在のこととして言う場合

(i) 引用する場合

Franklin says that...　　フランクリン曰く...
The newspapers say that...　　新聞によれば...

(ii) 予定事項を客観的に言う場合

She leaves here tomorrow.　　彼女はあす、ここを出発する。

〔注〕「出発する」(旅行など) は leave である。start としない。

§109

> 例題 1　田中夫人は、毎晩夜学で2時間英語を教え、9時ごろ帰宅する。

〔研究〕「夜学で」at the night school.「毎晩」「夜学で」「2時間」など M_2 が重なるときその配列に注意を要する。

〔訳〕 Mrs. Tanaka teaches English for two hours at the night school every night, and comes home at about nine o'clock.

〔注〕「田中夫人」は Mrs. Tanaka でよいが、その夫人を英語で正式に言うときには、夫の名に Mrs. をつけて呼ぶ。たとえばこの人が田中一郎という人の妻であれば、この女性は Mrs. Ichiro Tanaka と呼ぶのが正しい。

§110

> 例題 2　ぼくは試験はきらいだ、試験は一種の必要悪だと思う。

〔研究〕「きらう」hate は love の反対語で感情動詞であるから現在形でよい。think も同様に現在形。「必要悪」は necessary evil という英語から生まれた日本語である。「いやなことだけれどもどうしてもやらねばならぬこと」の意。たとえば、手続きなどがきらいな人があるとする、自分の希望を達成するために何かめんどうな手続きをしなければならない——こんな場合その手続きは、その人にとって a necessary evil である。

〔訳〕 I hate examinations. I think they are a kind of necessary evil.

〔注〕 このような場合 examinations と無冠詞の複数にすること、ならびに次の文でそれを they で受ける要領を記憶せよ。

§111

例題 3　田中博士は地球の表面の気温は 500 年の周期で変わると報告している。

〔研究〕 これは引用であるから Dr. Tanaka reports that... というわくを最初に作ってしまう。「変わる」というのは真理または習慣であるから changes と現在形。「表面」surface；「気温」temperature；「周期」は cycle であるから、「500 年の周期」では with a cycle of five hundred years という M_2 を文尾に用いる。

〔訳〕 Dr. Tanaka reports that the temperature on the surface of the earth changes with a cycle of five hundred years.

〔注〕 *of* the surface でなく *on* the surface とするところに注意。

§112

例題 4　みかん 3 個があなたに十分なビタミン C を与えます。

〔研究〕「十分な～」を a sufficient amount of ～（～の十分な量）とすると口調がよい。

〔訳〕 Three Japanese oranges [will] give you a sufficient amount of vitamin C.

§113　過去形　過去のできごとを事件の報告の気持で、あるいは物語ふうに記述するとき過去形を用いる。

比較　(i)　He is dead.　　　　　　彼は死んだ、今はもう、いない。
　　　(ii)　He died last year.　　　彼は昨年死んだ。
　　　(iii)　He was dead.　　　　　彼は死んでいた。

　これらの文で日本語ではいずれも「死ぬ」の過去であるが、(i)では、現在の状態に重点があり、(ii)では彼が死んだということを事件の報告として記述している。だから(ii)では He died で切ることはむしろ異常で、いつ、どこで、などの M_2 が要求されることが多い。この文ではそれが last year なのである。(iii)では過去形であるのが be という連結動詞であるから、過去における状態をあらわしているのである。

§114　時制のずれ　さらに大せつなことは、(iii) が言えるとき、die という動作は、それ以前におこったのであるから、たとえば (iii)′ He had died the day before.（彼はその前の日に死んだのだった）となる。してみると、(iii) は be 動詞だから過去形でよく (iii)′ は die という動作動詞だから had died と過去完了になるわけである。この点を混同して、(iii) を言うべきときに He had been dead. とするのは行きすぎであって誤りとなる。→§142.

§115

例題 5　彼女は立ちどまって、その看板を見た。それは古本屋であった。

〔研究〕「看板」signboard;「古本屋」second-hand book shop;「看板を見る」の「見る」は see ではない。わざわざ見るのであるから look at ～ という動作動詞を用いる。

　〔訳〕　She stopped and looked at the signboard. It was a
　　　　second-hand book shop.

〔注〕　She stopped to look at... とするのもよい。

§116

例題 6　引力の法則を発見したのはだれか。そして、望遠鏡を発明したのはだれか。

〔研究〕「したのはだれか」はみな who を主語にして「だれがしたか」という形で考える。「引力」gravitation;「望遠鏡」telescope.

〔訳〕 Who discovered the Law of Gravitation? And who invented the telescope?

§117

> 例題 7 その日、わたしははじめて学校におくれた。

〔研究〕「学校におくれる」be late for school,「間に合う」be in time for～;「はじめて」for the first time. これを「はじめは」first, at first と混同せぬこと。

〔訳〕 On that day I was late for school for the first time.

§118

> 例題 8 わたしは疲れていたので、入浴しないですぐ寝た。
> (学習院大)

〔研究〕 前半と後半を As I was..., I... と結合してもよい。so～that の構文も適当。「入浴する」have a bath であるから without having a bath の構造にする。

〔訳〕 I was so tired that I went to bed without having a bath.

§119

> 例題 9 この前の日曜日は来客のため、どこへも行けなかった。
> (青山大)

〔研究〕「来客があった、そして」と考える。「来客がある」have visitors;「この前の日曜」last Sunday. このように last がついた形は前置詞なしで M_2 となる。next Sunday, this morning, every morning なども同じ。本題では last Sunday を文頭に、「どこへも行けなかった」は not... anywhere か nowhere を用いる。なお go だけよりも go out とする方がよい。

〔訳〕 Last Sunday I had a visitor (*or* some visitors), and so I could not go out anywhere.

§120 過去の習慣の表現　「いつも、よく～したものだ」など過去の習慣をあらわすには

(i) used+to-infinitive

He used to say so. 彼はよくそう言ったものだ。

(ii) would+Root

He would often come to see me. 彼はよくわたしに会いに来たものだ。

を用いる。この二つの形は意味が異なる。

(i) の方は、現在と対照して、むかしはこうだったという気持で用いる。この場合の過去とは、いつからいつまでとはっきり言わないことが多い。すなわち、漠然とした過去をあらわす。したがって上の (i) の文は、むかしはそのように言ったものだが、今は変わったという気持ちを含む。

(ii) の方は、主語であるもの、ここでは he の意志に重点をおいて、その主語の習性を(オーバーに言えば、「生態」を)描写する気持で用いる。

だから、この (ii) の用法で would の次に来る動詞は動作動詞に限る。

§121

> **例題 10** この道を友とともに歩きながら、わたしたちはよく将来を語りあったものだ。　　　　　　　　　　　(青山大)

〔研究〕 Walking... として分詞構文にする。後半に used to を用いる。この問題文は、「わたしたち」の中に「友」を含むようにもとれ、ちょっとあいまいだが、その点に深入りしない。

〔訳〕 Walking along this road with some friends, we used to talk about our future.

§122

> **例題 11** 彼は、よく、会話の途中で立ちあがり、へやの中をあるきまわったりした。

〔研究〕 これは「彼」の習性を言っているので would を用いる。「〜の途中で」in the middle of 〜;「あるきまわる」walk about.

〔訳〕 He would often stand up in the middle of a conversation and walk about in the room.

EXERCISE 9

§123 (A)

1. 8の3倍[1]は24だ。
2. ぼくは英語よりドイツ語の方がすきだ。
3. 少年達はフランス語を学校で習うのが常だった。
4. その大木は大音響とともに[2]たおれた。
5. だれが、さいしょに[3]、これをみつけたか。
6. 土曜日は半休日である。
7. わたしは腕時計[4]をみた。3時15分だった。
8. 彼は神戸の近くに住んでいる。
9. 顔色が悪いね。どうしたんだ[5]。
10. 第2次世界大戦は約5年つづいた。

[1] three times
[2] with a great noise
[3] first だけの形で用いる
[4] [wrist-]watch
[5] What's the matter with you?

§124 (B)

1. 彼の友人たちは彼に高校卒業のお祝いを述べ[1]た。 (慶応大)
2. その二人の兄弟は互いに[2]その問題を論じあった。 (慶応大)
3. 近頃はいそがしいので、山を[3]歩くことはめったにない[4]が、以前のわたしの山歩きといえば、木や花と対話するためだった。 (大阪女子大)
4. あなた方はご兄弟の間がらですか。よく似て[5]いらっしゃるようですが。 (日大)
5. わたしたちは大の仲良し[6]です。昨晩もいっしょに映画を見に行きました。
6. 彼女も彼女の父もその会に出席しなかった。 (学習院大)
7. 「この町に大火があった[7]ときあなたはいくつでしたか」「13才でちょうどわたしが中学[8]に入った年でした」 (新潟大)
8. 彼は2月23日に29回目の誕生日を祝いました。〔数字は文字で書くこと〕 (小樽商大)
9. うるう年[9]は400年に97回ある。うるう年は366日ある。〔同上〕

[1] 「congratulate＋人＋on＋こと」
[2] between them
[3] among the hills
[4] seldom
[5] look alike
[6] great friends
[7] "A fire breaks out." から考える。
[8] 〔旧制〕middle school
[9] leap year

10. 毎年、京都には多数の[10]観光客がおとずれる。　　[10] thousands of
　　京都には名所・旧跡[11]が多い。　　　　　　　　　　[11] noted places

§125 未来形
未来をあらわすには、原則としては "will+Root" という形を用いる。

ただし、次の場合だけは will の代わりに shall を用いる。

(A) 主語が一人称であって、無意志の場合。

　I' *shall* be eight years old next year.　　わたしは来年で 18 歳になる。
　We *shall* be at home tomorrow.　　明日、わたしたちは家にいる。

(B) 主語が一人称であって、相手のつごうをたずねる文。

　Shall I open the window?　　窓をあけましょうか。
　Shall we wait here?　　ここで待っておりましょうか。

(C) 主語が二人称である疑問文で、上の (A) の形を答えとして予期する文。

　Shall you be at home tomorrow?　　明日ご在宅ですか。

(D) 主語が二人称・三人称であって、話者の意志をあらわす文。
　You *shall* have it.　　それをきみにあげよう。
　He *shall* come at once.　　彼をすぐ来させよう。

§126 be going to ～
この形は未来をあらわすのであるが、無条件に shall, will の代わりをするのでもない。

　(1) I *am going to* be ill.　　この調子ならきっと病気になる。
　(2) I *am going to* tell him.　　彼に話してやる (みていろという気持)。

(1) はある徴候をみていて、この調子でいけばという判断を下したことをあらわし、(2) はさらに「きっと」というつもりが加わって意志をあらわしている。したがって

　(3) It's *going to* be another hot day.　　きょうもきっとあつい日だろう。

というのは、朝起きて空の工合から判断したことを示す。will be ではただの想像になる。

また、Are you going...? はしばしば上の (2) の立場を逆にした文であり、つまり答える方が I am going... となるはずであるから、その気持を反映している。

(4) Whom *are you going to* see off?　(cf. §103) 〔決心を問う〕。代わりに will を用いて、たとえば Will you see him off? とすれば依頼の文になる。

なお往来をあらわす動詞などでは going to go; going to come の形よりも、単に going; coming とする方が自然である。

§127　be to ～　これは予定・可能などの意味をあらわすが、この形は、ある時点からみて、未来のことを運命的に言う時に用いる。たとえば

| Then I was taken to a house where I *was to live* for ten years. | わたしが 10 年も住むことになった、一軒の家へ連れていかれた。 |

というのは、回想の文で、連れて行かれた時点では、そこに10年住むということは分かっていなかったが、今からふりかえってみれば、実際そこに10年住んだのは事実なのである。だから、結果的にみれば連れて行かれた時点で、そういう運命にあったと言える。このように be to～ というのは立場を問題にしているので

| How *am I to* understand it? | それをどのように理解したらよいのでしょう。 |

は、「自分としては理解できない」という可能の意味も含みうる。

このように "be to～" の文は微妙であるから、諸君はこの形を乱用してはならない。

§128

> **例題 12**　あなたのスーツは、6時までにはできているでしょう。

〔研究〕　スーツ a suit [of clothes]。なお「旅行カバン」は日本語で「トランク」というが、それは suitcase という。

〔訳〕　Your suit will be ready by six o'clock.

§129

> **例題 13** わたしはその文を黒板に書きましょう。あなたがたに、よくわかるように。

〔研究〕 前半と後半とを so that you may... の形に入れて目的をあらわす副詞節を作る。「よく」の部分を比較級にする。understand～better となる。

〔訳〕 I will write the sentence on the blackboard so that you may understand it better.

§130

> **例題 14** あす天気がよかったら、上野公園に行って美術展覧会を見てこよう。 (中央大)

〔研究〕「行って...見てこよう」は go...and see でもよいし、go to see と目的をあらわすように to-infinitive を使ってもよい。「美術展覧会」Art Exhibition；参考：「博物館」museum；「水族館」aquarium. この未来は I think I will とするとよい。このような文で I am going to～ は使えない。そのわけはすでに説明した。

〔訳〕 If it is fine tomorrow, I think I will go to Ueno Park to see the Art Exhibition.

§131

> **例題 15** 「あしたの朝何時にここへ来ましょうか。」「そうですね、おいでにならなくてもいいです。8時に電話してくれませんか。」

〔研究〕「ええと、そうですね...」などと考える気持は [well], let me see などであらわす。「電話で人を呼び出す」ことを ring～up on the telephone または call～on the phone という。

〔訳〕 "What time shall I come here tomorrow morning?"
"Well, let me see. You needn't come. Will you ring me up at eight?"

§132

> **例題 16** 「この店でそれを買いましょうか」「いいえ」「どうして」「ここはもう閉店するところですもの」

〔研究〕 ここの「それ」は難物である。a book, a dish などの代わりであろうから one とする。it というとこのふたりが知っている特定のものを指しそのものはこの店で売っていない(同種のものはあるだろうが)。次に No. のあとの「どうして」は Why *not*? とすることが必要。

〔訳〕 " Shall we buy one at this shop?" " No." " Why not? " " Because they are going to close the shop now."

§133 進行形 「be＋現在分詞」、すなわち is walking; are swimming; was singing などの形を進行形という。このときこの現在分詞の形となって進行形として用いられる動詞は動作動詞に限る。すなわち、状態動詞には進行形はない(ただし、動作動詞として転用された場合を除く)。

進行形の be は現在形・過去形・未来形のいずれともなり得るが、進行形は、いずれもその時起こっている事実を描写する。

He is writing a letter to his father.	〔現在〕彼は父に手紙をかいています。
I stopped and listened. She was playing the piano.	〔過去〕わたしは立ちどまって耳をかたむけた。彼女はピアノを弾いていた。
Go and look. He will be reading his favourite book.	〔未来〕行ってみてごらん、彼は愛読書を読んでいるでしょう〔よ〕。

§134 進行形と時制 上の3文を読みくらべると、現在進行形は問題ないとして、過去進行形と未来進行形は、特殊な文脈に使われることがわかる。I stopped and listened という過去形で与えられた動作がある時点を示す。それにつづく次の文が She was playing... となって、その時点における動作の流れを示すのである。未来の方も同様である。すなわち、過去進行形と未来進行形とは、その文の前後に、時点を示すための動作が進行形以

外の形で与えられていなければならない。だから、She was playing the piano. だけで、ほかに何もない文というのは、文法的には可能だが、英作文としては異様な文である。これをたとえばWhen I reached there, she was playing the piano. とでもすれば、あきらかに時点を示す動作が M_2 として付加されたから、これは正しい英文である。

§135

例題 17　この絵をごらんなさい。母はストーブのそばであみものをしています。娘はピアノを弾いています。

〔研究〕「自然に目にはいる、耳に入る」のは see, hear でこれらは状態動詞、「わざわざみる、きく」のは look at ~, listen to ~ でこれは動作動詞。「編む」knit.

〔訳〕　Look at this picture! The mother is knitting beside the stove. The daughter is playing the piano.

〔注〕　比較 {play baseball, play tennis.
play *the* piano, play *the* violin.

§136

例題 18　日本の経済力は急激に伸びつつある。

〔研究〕「経済力」economic power；同じ形容詞でも economical は、「徳用の、節約になる」の意。つまり後者は「ガスと電気とどっちが経済的か」などにあたる。「伸びる」grow；「急激に」rapidly.

〔訳〕　The economic power of Japan is growing rapidly.

§137

例題 19　彼は立ちあがって窓のそとを見た。そとは雨が降っていた。

〔研究〕　前半は、後半（進行形）にたいして「時点」を与える文。「窓のそとを」out of the window；「そとは雨...」の「そと」outside.

〔訳〕　He stood up and looked out of the window. It was raining outside.

§138　EXERCISE 10

1. もっと石炭を<u>とって来</u>[1]てあげましょうか。　　　[1] fetch
2. 彼らは<u>今後は</u>[2]幸福になるであろう。　　　[2] hereafter
3. これから、田中さんに電話をかけるところだ。
4. 早く行きなさい。彼女は待っているでしょう。
5. 彼は東を向いた。月が<u>地平線</u>[3]上にのぼりつつあった。　　　[3] horizon
6. この飛行機は今、時速400キロで飛んでおります。
7. 「彼は今何をしているのか」「今、<u>金をかぞえ</u>[4]ているところですよ」　　　[4] count
8. その時彼は甲子園球場で野球の試合を<u>見て</u>[5]いた。　　　[5] watch
9. 次の土曜日にパーティを<u>やります</u>[6]。午後7時においでくだされば幸いです。　　　[6] We are having...
10. 今ごろ何をしているのですか。バスはもう出るところですよ。

§139　完了形　「have＋過去分詞」の形を完了形という。過去分詞 (Past participle) を以下 p.p. と記す。have が現在形、過去形、未来形のいずれかであるにしたがって、現在完了形、過去完了形、未来完了形という。

完了形の意味（用法）は現在完了だけについて十分習熟すれば、ほかのものは類推でわかる。すなわち、次に述べる現在完了の意味を、必要に応じて、過去・未来のある時点を基準として考えれば、それが、そのまま過去完了・未来完了の意味となる。

§140　現在完了の意味　原則的な意味は、過去において起こった動作・ことがらを、現在の立場に重点をおいて述べることにある。

(i) I *have lost* my pen.　　I *have received* your letter.
(ii) I *lost* my pen yesterday.　　I *received* your letter yesterday.

これらを比較すると、(i) の方は、今の状態〔ペンはもうない、手紙は受けとりずみ〕を主に言っているが、(ii) の過去形の方は、事件の報告であるから、どうしても、「いつ」、「どこで」などの M_2

がないと文が落ちつかない。現在完了の文に M_2 を用いるときは now, just など現在を示す M_2 を用いて、けっして過去をあらわす yesterday, last Sunday などを用いない。

さて、個々の動詞についていうと、現在完了は、次のように用いられる。

1. 動作動詞については、動作の完了、またはその結果を示す。

   I have received your letter.　　あなたの手紙を受け取った。
   I have lost my pen.　　　　　　ペンをなくした。

2. 状態動詞については、状態の継続(現在も未完了)を示す。

   I have been ill since yesterday afternoon.　　きのうの午後から病気です。

3. すべての動詞について経験を示す。

   I have never been ill.　　わたしは病気になったことはない。

§141 現在完了の進行形　上の 1. 2. から当然出てくることとして、動作動詞について状態の継続(未完了)をあらわすにはどうすればよいかの問題がある。このときは、「現在完了の進行形」 "have+been+〜ing" とする。

   I *have been studying English* for five years.　　わたしは5年間英語を勉強しています。

この文を I *have studied* English... 〔have+p.p.〕とすると、これは、完了をあらわすから、「英語の勉強はもう打ちきってしまった」のようにとれる。

なお、live は存在動詞、すなわち状態動詞の一つであるが、未完了を強調するときには、やはり上の文と同様、完了の進行形にする。

   We *have been living here* for five years.　　わたしたちは5年間ここに住んでいる。

§142 時制のずれ　動作動詞の完了形は、存在動詞のふつうの形で言いかえることができる。§86, §114 参照。

I have received your letter. = I have your letter now.

I have lost my pen. = I have no pen now.

I had finished my homework. = I was through with my homework.

They had come there. = They were there.

§143

> **例題 20** 彼女はもう2時間以上も 泣いています。 彼女は、家と土地を失ったのです。

〔研究〕 「泣いています」は過去から現在にわたる未完了の動作で、これを動作動詞 cry であらわすから has been crying となる。後半の「失った」が現在完了になることはもちろんである。

〔訳〕 She has been crying for more than two hours. She has lost her house and land.

§144

> **例題 21** 彼は5年かかってためた金を1ヵ月のヨーロッパ旅行ですっかり使ってしまった。 （小樽商大）

〔研究〕 「ためる」save; この動詞を過去完了にする。「使う」spend; spend money on～ という形で使い、この方は現在完了にする。「ためた金」というところは関係代名詞 that を用いる。なお「1ヵ月のヨーロッパ旅行」を one-month trip in Europe と簡潔に言うことをおぼえたい。

〔訳〕 He has spent the money that he had saved in five years on a one-month trip in Europe.

〔注〕 この文は "S+V+O" の構文である。O の部分が長いけれども、それにまどわされないように。なお a one-month trip の a は trip にかかるもので、これを落さぬよう。またこのような文で his money, his trip とやたらに his などの代名詞を使いたがる人があるが、一般的には、これは好ましくない。

§145

> **例題 22** いとこの花子に はじめて 会ったのはわたしが15歳のときでした。 でもいつもうちで話題にのぼっていた人でしたから、ちっとも初対面のような気がしませんでした。
> （津田塾大）

〔研究〕 この文をここの例題にとりあげるわけは、むろん「いつも話題にのぼっていた」という部分が過去完了になるというところにある。「初対面」という時点では、「話題にのぼる」という事実は完了し、それは結果(あるいは経験)として把握されているのである。「話題にのぼる」be talked about. さて、はじめの文は強調構文 (→ §§ 306-307) とも考えられるが「会ったときにわたしは 15 才だった」と言えば十分。後半の文は、その会合を it で受けて、それは「初対面のようでなかった」と考え、これを先に言うほうがよい。「初対面」first meeting. この文の「でも」は however でつなぐ。

〔訳〕 I was fifteen years old when I saw my cousin Hanako for the first time.　However, it was not like a first meeting at all, because she had been always talked about in our family.

〔注〕 強い否定 not...at all をひとまとめにして前に出し、また however の位置を because の前に持ってくると、口調がずっとよくなる。これでやると第二の文は It was not at all like a first-meeting, however; because... となる。

§146

> 例題 23　ことし成人になった人は戦争のはじまったころに生まれた。終戦の時はまだ四つぐらいだった。　　(電気通信大)

〔研究〕「ことし成人になった」というところを現在完了に。あとは過去形。「成人になる」come of age;「終戦の時」when the War was over. この「戦争」は、ていねいに言えば the World War II (two と読む) だが、単に War で大文字にするだけで十分。「人々」を一般的に言うには those を用いる。

〔訳〕 Those who have come of age this year were born around the beginning of the War.　When the War was over, they were only about four years old.

§147

> 例題 24　あなたが来年日本へおいでになるご意向だと井上君から知らせてきましたが、これはわたしたちにとってうれしい便りです。
> 　　(明治学院大)

〔研究〕「知らせてきた」という部分が現在完了になる。Mr. Inoue has told me; Mr. Inoue has written to me など。また I を主語にすれば I have heard from Mr. Inoue; I have learned from Mr. Inoue であるが、この場合は、特例として I hear...; I learn という現在形でもよい。なお近い未来は be going to~ だが ~ が go, come であるときは、be going to go, be going to come の形を避けて、単に be going, be coming を用いる。「ご意向」は無理に訳出しなくても be coming の中に主語の決意を含む。→§126. ここは be coming over とするのがよい。

〔訳〕 Mr. Inoue has written to me that you are coming over to Japan next year. This is certainly happy news for us.

〔注〕「きましたが」の「が」を but とするようではダメ。後半の certainly は口調をよくするために入れた。

§148

> 例題 25 三郎君、かぜはどうかね？ スキー・シーズンに寝こんだそうで残念だったね。ぼくは田中君と蔵王に行ってきたよ。前よりだいぶ上達したよ。　　　（立教大）

〔研究〕 そろそろ長文がでてきた。少していねいに語句をあたってみよう。「三郎君」これは手紙の文であろうから Dear Saburo. もし、電話のことばならむろん Saburo と呼びすてにする。「かぜ」cold;「かぜをひく」catch cold.「わたしはかぜをひいている」は I have a cold. という。「残念だった」は自分の気持だけなら I am sorry to hear... でよいが、ここは相手の気持も入っている。漠然と It was a pity that... とする。「スキー・シーズン」skiing-season;「寝こむ」be kept in bed. 最後の部分は「ぼくのスキーは上達した」でよく、この「上達する」は improve (よくなる) を用いる。最後の「よ」は無視してもよいが let me tell you と添えたい。

〔訳〕 Dear Saburo: How is your cold? It was a pity that you were kept to bed in this skiing-season. I have been to Zaō, with Tanaka. My skiing has much improved, let me tell you.

〔注〕 ...has much improved の much を very としてはいけない。動詞を直接 very で修飾することはできない。

N.B. 手紙文については §§421-425 参照。

§149

> **例題 26** 世の中には、まったくの悪人というものはないと思う。幸いなことにわたしは今まで、信用していた人から、うら切られた経験を持っていない。これからも人の善意を信じて生きて行きたい。　　　　　　　　　（早大）

〔研究〕「悪人」villain; ここを bad men とやってもよいが、「まったくの」を表現しにくい。「まったくの」は real を用いて real villain などでよい。「幸いなことに」は文修飾副詞として fortunately とする。happily, luckily でもよい。「うら切る」betray;「信用していた人」は「わたしがその人びとを信用していた」のだから those whom I trusted とする。ここで believe は不適。believe は「あることがらを信ずる」のである。「人の善意」goodwill of others.「善意を信じて」は trusting... と分詞構文にできる。もし、ここを live in the faith of human goodwill（人の善意への信念に生きる）と書けたら上々のでき。

〔訳〕 I think there are no real villains in this world. Fortunately I have never been betrayed by those whom I trusted, and so hereafter I want to continue to live trusting good will of others (*or* to live in the faith of human goodwill).

§150　　　　　EXERCISE 11

1. 先月はじめに彼に手紙を出しましたが、まだ何の返事もありません[1]。　　　　（小樽商大）

    [1] hear from~（~からしらせがある）から考える。

2. 話し相手もなかったので、買ってきた新聞を読んでその晩をすごした。　　　　（明大）

3. 青森には朝の8時に着いた。田中さんが駅に迎えに来ていた。わたしが前もって[2]手紙で知らせておいたのである。　　　　（阪大）

    [2] previously

4. 「もうだいぶ外国を旅行[3]なさいましたか」「うん、だいぶ歩いた。きょ年の夏は2ヵ月米国をまわった。こんどはインドに出かける。次のお正月[4]はインドで迎えることになろう」「わた

    [3] travel (*v.*)

    [4] New Year's Day

しも卒業⁵したら、いつか外国に出かけたいものです」　　　　　　　　　　　　　　　(熊本大)

⁵ graduation from a university

5. けさ6時に起きたとき、雨が降っていたが、さいわい10時ごろ⁶[まで]に晴天となった⁷。さあ、早速みんなでハイキングに出かけましょう。　　　　　　　　　　　　　　　(大阪工大)

⁶ around ten
⁷ clear up

6. ラオス (Laos) の首都に、こんど、日本の技術援助により水道⁸が完成⁹した。　(阪大)

⁸ water pipes
⁹ lay (設備する)

7. 以前は¹⁰、この町の人びとは、近くに大河メコン (Mekong) をひかえていながら¹¹、ひどい水不足¹²になやんだものだ。　(阪大)

¹⁰ formerly
¹¹ although
¹² shortage

8. 日本は雨の多い¹³国¹⁴である。ひじょうに雨の少ないといわれているギリシァあたりにくらべて20倍も降る。　　　　　(早大)

¹³ rainy
¹⁴ 「国」は country だが、第二の文の英訳中に「日本」を代名詞で指すとき she とする。

V. 転　　換　　A

§151 この章で学ぶこと　転換 (Transformation) とは、一つの基本となる文に手を加えて、変形し、新しい文を作り出すことを言う。すでに be を用いた文を have を用いて書きかえることをやった。これも一種の転換である。この章では、「何が何である」というような、肯定の平叙文を転換して、否定文、疑問文、感嘆文、命令文を作り出す練習をする。もちろん、否定疑問文とか否定命令文の場合も、あるいは疑問文の形で命令の意味をあらわすような場合も含む。

§152 定形と非定形　文の主語を受けて、直接その主語につづく動詞形を定形動詞 (Finite verb) と言う（ただし、助動詞も含む）。He *is* a boy. にあっては is が、また I *can* swim. にあっては can だけが定形である。このように、述語動詞（文の要素としての V）が1語であればそれがそのまま定形であり、2語以上のときは、そのさいしょのものが定形である。定形以外の動詞形を非定形 (Non-finite) と呼ぶ。I can swim. という文では swim が非定形であり、これは Root である。非定形とは、Root, to-infinitive、現在分詞、過去分詞、動名詞の総称であり、これらについては VIII 章で述べる。

§153 〔練習〕　次の文中の定形動詞を指摘せよ。
(1) He wanted to come.　(2) He is singing a song.
(3) He was going to sing.　(4) I have been reading.
(5) His father saw her walking in the garden.
(6) I do not know.

〔答〕 (1) wanted　(2) is　(3) was　(4) have　(5) saw　(6) do

§154 Anomalous Finites (変則定動詞)　われわれは、否

定文、疑問文を作る仕方に2通りあることを知っている。

	平叙肯定文	否定文	疑問文
第1型	He is a boy. I can swim.	He is not a boy. I cannot swim.	Is he a boy? Can I swim?
第2型	He swims. You smiled.	He does not swim. You did not smile.	Does he swim? Did you smile?

この第1型の定動詞は、do のせわにならずに疑問文、否定文、を作るし、第2型の定動詞は do (does, did) を用いて疑問文、否定文を作る。

英語の動詞はほとんどすべてが第2型である。do 自身も、「...する」という本動詞のときは第2型であって What *did* you do? のように助動詞 do (斜体) のせわになる。

第1型に属する定動詞は次の24個である。これらは He is not ... のように直接 not と結合できるから、変則定動詞 (Anomalous finites) と呼び、24 friends of 'not' とも呼ぶ。

---

am, are, is, was, were / have, has, had / do, does, did / shall, should / will, would / can, could / may, might / must / ought / need / dare / used

---

この表にある do, does, did はむろん助動詞としての do である。さいごの used は、used to... の形で過去の習慣をあらわす場合の used である。

§155 have について have が Anomalous finite として用いられるのは、(1) 存在動詞であってしかも**現在形のとき**と、(2) **完了の助動詞のとき**に限る。

(1) You have a brother. → {You have not a brother.
You have no brother.}
→ Have you a brother?

この例の場合は You have not~ と言ってよいわけであるが、じっさいには、not を避けて You have no~ の形で使う。

(2) You have seen. → You have not seen. → Have you seen?

そのほかの have は第2型に従う。第2型のような (do のせわになる) 使い方を Non-anomalous な用法という。have は、次の場合には Non-anomalous である。

(1) 過去: He had some money. などの場合

Did he have any money? 彼はいくらか金を持っているか。
He didn't have any money. 彼は金を持っていない。
(ただし He had no money.)

(2) must＝have to の場合

Did he have to go there? 彼は行かねばならなかったか。
He did not have to go there. 彼はそこへ行かなくてもよかった。

(3) 「させる」「される」"have＋O＋p.p." の場合

Did you have your hair cut? 散髪したか。
I did not have my hair cut. わたしは散髪しなかった。

(4) 「have＋抽象名詞」で一つの動作を示すとき: have a swim; have a good time など。

Did you have a swim? 泳ぎましたか。

(5) 動作的 have の場合、すなわち have＝take, receive などのとき。→§76, §85.

§156 〔練習〕 次の各文を否定文・疑問文に転換せよ。

1. They were born in 1957.
2. You had a very good time yesterday.
3. Mr. Tanaka has lunch here evey day.
4. You saw some people walking in the park.
5. He had to write it himself.
6. School will be over at three.
7. He could read it very easily.
8. John will be very angry for this.
9. The little bird is going to die.
10. That's all.

〔答〕〔否定文〕 1. They were not born in 1957.　2. You didn't have a very good time yesterday. (あまり楽しくなかった)　3. Mr. Tanaka does not have lunch here every day. (毎日は食べない)　4. You didn't see **any** people walking in the park. 〔You saw no people...〕　5. He didn't have to write it himself. (書くには及ばなかった)　6. School will not be over at three.　7.　He could not read it very easily.　8.　John will not be very angry for this.　9.　The little bird is not going to die.　10.　That's not all. That isn't all. (それですべてではない)

〔疑問文〕 1.　Were they born in 1957?　2.　Did you have a good time yesterday?　3.　Does Mr. Tanaka have lunch here every day?　4.　Did you see **any** people walking in the park?　5.　Did he have to write it himself?　6.　Will school be over at three?　7.　Could he write it very easily?　8.　Will John be very angry for this?　9.　Is the little bird going to die?　10.　Is that all?

§157 疑問文・否定文
一般の疑問文・否定文についてはとくに説明することもないから、それぞれ、とくに注意すべきものだけあげる。

§158 付加疑問文 (**Tag-question**)
It's fine today, *isn't it*? (きょうはいい天気ですね) というように文尾に付加する疑問文を付加疑問という。付加疑問の部分の作り方は

(1) その文の本体を疑問文に転換する。もちろん Anomalous, Non-anomalous の区別を守る。

(2) ただし、その部分の主語は代名詞でおきかえる。

(3) 本体が肯定文なら、付加疑問文は否定文、本体が否定文なら、付加疑問文は肯定文とする。

(4) 付加疑問文が否定文のとき is it not?→isn't it? can he not→can't he のように簡略体を用いる。

You can read it, *can't you*?	あなたはそれが読めますね?
He cannot read it, *can he*?	彼にはそれが読めませんね?
You are a schoolboy, *aren't you*?	あなたは学生ですね?
He lives near here, *doesn't he*?	彼はこの近くに住んでいますね?
He had a swim here, *didn't he**?	彼はここで泳いだのですね?
He has two brothers, *hasn't he*?	彼は兄弟がふたりあるんですね?
You should not say such a thing, *should you*?	きみはこんなことを言うべきでありませんね?

* この文の have は Non-anomalous であるから hadn't he? でなく didn't he? となる。

§159 疑問詞を主語とする文
たとえば He lives here. の

he の部分を問う疑問文は ☐ lives here. としてみて、空白に who を入れて Who lives here? とする。したがって Who does live here? は誤りである。このように、疑問詞を主語とする文は、平叙文の構造に従う。→ §116.

Who said so?	だれがそう言ったのか。
What is there*?	そこに何があるか。
What has become of him?	彼はどうなったか。〔この文は重要〕
Which comes first?	どれが先か。
Which lady loves you?	どちらの婦人がきみを愛しているか。
cf. Which lady do you love?	どちらの婦人<u>を</u>きみ<u>は</u>愛しているか。

* この there は「そこに」という場所の there である。

§160 not によらない否定文 否定文は §154 に述べたことのほかに、not によらない方法もある。すなわち no, never, neither などの否定詞、および hardly, scarcely, seldom, little, few など、否定詞に準ずるものを用いて否定の意味をあらわすことができる。後者については、日本語でも、「それは、むずかしい」と言えば、実質的には「それはできない」というのと同値であることと比較できる。

He had *no* friends.	彼には友人がない。
He *never* smiled.	彼は決して微笑しなかった。
He doesn't like tennis. *Neither* do I.	彼はテニスを好まない。わたしも好まない。
Neither he *nor* his brother came.	彼も彼の兄も来なかった。
Nobody has thought of it.	だれもそれを考えなかった。〔Anybody has not... という文は誤り〕
That's *none* of your business.	それは君の口出しすることじゃない。(きみは関係ない、だまっていなさい)
I could *hardly* understand him.	わたしは、ほとんど彼のいうことを理解できなかった。

I *little* dreamed of such a thing.	わたしはそんなこと思いもよらなかった。
He *seldom* goes out.	彼はめったに外出しない。
I have *very little* work to do.	わたしは仕事がほとんどない。

§161 N.B. Someone said so. (だれかがそう言った) の疑問文は Did anyone say so? で否定文は No one said so. である。ただし、Did *someone* say so? とすれば「だれかがそう言ったというが、それは本当か」のような意味になる。そのほか次例を比較せよ。なお §170 参照。

Does he live *anywhere* near Kobe?	彼は神戸の近くに住んでいるのか？
Does he live *somewhere* near Kobe?	彼がどこか神戸の近くに住んでいるというのですか？
I don't need *any* of these stamps.	これらの切手は、どれもいらない。
I don't need *some* of these stamps.	これらの切手の中にはいらないものもある。

§162

> 例題 1　田中さんはフランス語の先生なんですね。彼は、この一節を和訳できるんですね。

〔研究〕 「フランス語の先生」French teacher；「一節」passage.

〔訳〕 Mr. Tanaka is a French teacher, isn't he? He can translate this passage into Japanese, can't he?

§163

> 例題 2　「あすは学校は休みです」「それでハイキングに行こうというわけなんでしょう？」

〔研究〕 「学校が休み」は have を用いて have no school. 後半は徴候から判断した文であるから、be going to を用いてよい。「ハイキングに行く」go on a hike.

〔訳〕 Tomorrow we [shall] have no school. And so you are going on a hike, aren't you?

§164

> 例題 3　健康ほど貴重なものはない。

〔研究〕 「貴重な」valuable. 日本語で「ほど」とあると、とかく、not so〜as と言う人が多く、それでもよいが、「〜ほど〜なものはない」の構文には比較級を用いる方が英語らしくなる。

〔訳〕 Nothing is more valuable than health.

§165

> 例題 4　「前の水曜日、わたしのるすの間にだれかわたしをたずねてきましたか」「いいえ、だれもきませんでした」

〔研究〕 「だれか来たか」Did anyone come? cf.「だれが来たか」Who came? これらを混同しないこと。「わたしのるすの間に」during my absence.

〔訳〕 "Did anyone come to see me during my absence last Wednesday?" "No, nobody did."

§166　　　　　EXERCISE 12

1. わたしにはその問題[1]は解け[2]ない。
2. そのとき、あなたはラジオをきいていらっしゃったのですか。
3. なぜあなたは彼に来るように言わなかったのですか。
4. だれがこの戸にペンキをぬった[3]のですか。
5. 「だれがこのプランをきめた[4]のだ」「わたしは知りません」
6. 近ごろは万年筆はあまり[5]高価[6]ではありません[5]。
7. この本には誤植がほとんどない。
8. テニスがきらいな少年もある。
9. すると、彼がこの本の著者[7]だというわけですね？
10. 彼が実験に成功する見込みはほとんどない[8]。

[1] problem
[2] solve
[3] paint (v.)
[4] decide
[5] not very
[6] expensive
[7] author
[8] 「ほとんど成功しないだろう」と考える。succeed in 〜 と experiment とを用いる。

§167 命令文 命令文は、文頭に Root をおいて作る、否定命令文(禁止をあらわす)は Don't[Do not]+Root をおく。この場合 be であっても、同様に Don't be a fool. (バカなまねはやめろ)のようになる。この原則による命令文は、じっさいには(日常語としてふつうには)使うことが少ない。じっさいには must, will (→§169) などを用いてその意味をあらわす。

You *must* go at once.	きみはすぐ行かねばならない。
You *must* not keep silent.	きみはだまっていてはならない。

§168 Root 以外による命令 「ねばならぬ」という現在形は must と have to と両方使い得るが、命令文として使えるのは must の方だけである。

(1) You *must* play the piano twice every day.	毎日2回ピアノを弾くのですよ。
(2) You *have to* play the piano twice every day.	あなたは毎日2回ピアノを弾かねばならない状態だ。

(1) は話者の意志をあらわすから命令と同値であるのに、(2) は家庭の事情、両親の言いつけによって、弾かねばならないことを意味し、これは命令文と同値ではなく、そういう義務づけられた状態にあることを述べている。

§169 will と may と can

You *will* sit down here.	ここにすわってもらおう。
You *had better* do so.	きみはそうした方がよい。
You *may* go now.	もう行ってよろしい。

これらの文は、さしずする口調である。目上のものに言う口調ではないことを承知の上で使わなければならぬ。ただし、最後のものは You can go now. とすれば多少命令口調が緩和される。

このことから、立場をかえて考えてみて、May I go? の方が Can I go? よりもていねいな形となる。なぜなら、前者は、相手の人が You may go. と言う命令を下し得る人間であるとして、それだけ相手を尊敬していることになるからである。日常会話(親しいもの同志)では Can I go? の方がふつう。

§170 依頼文 命令文を緩和してていねいに言うには Will you please...? を用いて、依頼の気持をあらわす。「Would you mind+動名詞?」とすればもっとていねいになる。

Will you please get some tea?	お茶を買ってくださいませんか。
"Would you mind opening the window?" "No, not at all."	「窓を開けてくださいませんか?」「はい。」

この Will you please...? は形式は疑問文だが実質は依頼、勧誘だから some を用いる。また mind を用いた依頼文に、承諾を与える場合は No. と答えることに注意。

§171 感嘆文 感嘆文は (1) What, (2) How を用いてあらわす。ただし、"S+V"の部分は疑問文のような語順とはならないで、平叙文そのままの語順に従う。What は名詞と結合し、How は形容詞・副詞と結合する。

平 叙 文	感 嘆 文
This is a pretty bird.	*What* a pretty bird this is!
This bird is [very] pretty.	*How* pretty this bird is!
He walks [very] slowly.	*How* slowly he walks!
He is slow walker.	*What* a slow walker he is!
You have a fine collection.	*What* a fine collection you have!
He got [very] angry.	*How* angry he got!

(1) (2) を融合して How pretty a bird this is! という形も文法的には可能であるが、じっさいには用いられることが少ない。

§172 省略文 (Ellipsis) 感嘆文は強い感情の発露であるから、文型的に、文の要素を完備した文よりも、むしろ省略された文を用いることが多い。極端に言えば、Nice! Wonderful! だけでもりっぱな感嘆文である。その例を少しあげる。

What a good idea!	なんとすばらしいアイディアだろう。
How lucky!	なんて運がいいのだろう。
Wonderful, isn't it?	すてきじゃない?
[That's] too bad!	お気の毒に。
What a pity!	困ったことだなぁ。〔気の毒〕

What a bother!	困ったことだなぁ。〔当惑〕
Poor cat!	その猫、かわいそうに。
Look out!	気をつけろ。
Never mind!	気にしない！
Good heavens!	オヤ、おどろいた。
Dear me!	オヤオヤ。

§173　きまり文句　そのほか、とくに感嘆文というのではないが、日常のきまり文句、あいさつの文句などに省略文が用いられる。

How do you do?	はじめまして。
How are you?	ごきげんいかがですか。
Thank you very much.	ありがとう。
Not at all.	いえ、どういたしまして。
Don't mention it!	同上。
Congratulations!	おめでとう。
Happy Birthday!	たんじょう日、おめでとう。
Many happy returns 〔of the day〕!	同上。〔このめでたい日が幾度も繰り返されることを祈る〕
Success to you!	ご成功を祈る。
To your health!	ご健康を祝して——乾杯。
Attention, please!	お知らせいたします。（アナウンス）

§174

> 例題 5　「彼はどうしたのですか」「階段から落ちて腕に大ケガをしたのです」「それはいけませんね」

〔研究〕「階段」ここでは staircase がよい。「ケガをする」は be wounded [wúːndid] で「大ケガ」は seriously を M_2 として用いる。

〔訳〕 "What's the matter with him?" "He fell down from the staircase and was seriously wounded." "That's too bad."

§175

> 例題 6　あそこの掲示板をごらん。「禁煙」とありますよ。

〔研究〕「あそこ」over there;「掲示板」notice board;「...とある」は There is ではまずい。「あなたは読む」と You を主語にして言うと英語らしくなる。最後の「よ」は無視する。

〔訳〕 Look at the notice board over there. You read, " No Smoking."

§176

> 例題 7 われわれは、できるだけ早く病院へ行かなくてはならないのだ。じゃまをしないでくれ。

〔研究〕「できるだけ早く」as soon as possible; 類句 as strongly as possible (できるだけ強く), as quietly as possible (できるだけ静かに).「じゃまをする」stand in one's way.「病院」は「建物」を指すから go to *the* hospital. cf. go to hospital (通院する)

〔訳〕 We must go to the hospital as soon as possible. Don't stand in our way.

§177

> 例題 8 「2段目にあるあの本をとってくれませんか」「これですか」「はい、どうもありがとう」「どういたしまして」

〔研究〕「棚(タナ)」shelf.「2段目にある」on the second shelf.「これ」は this *one* と one を用いる方がよい。

〔訳〕 " Will you take down that book on the second shelf? " " This one? " " Yes. Thank you very much. " " Not at all."

§178　　　　EXERCISE　13

1. 来年は<u>日記をつけ</u>[1]なければいけませんよ。　　　[1] keep a diary
2. 何といういい考えだ！ そのことを日記に書いておきなさい。
3. あなたは、なんとたくさんの本をお持ちなんでしょう！ <u>さぞ</u>[2]ご幸福でしょう[2]ね。　　　[2] must be
4. このへやは、なんと暗いこと！

5. 「わたしはなんというバカだったのだろう」
「そんなことを言ってはいけない。<u>もう一度</u>[3]やりなさい」。 [3] over again

6. <u>おからだに気をつけ</u>[4]てね、成功を祈ります、さよなら。 [4] take care of

7. これはなんという美しいカーテンだろう。

8. きみは少し<u>横になった</u>[5]方がいいよ。 [5] lie down

9. コーヒーがほしい。少し、湯をわかしてくれ。

10. <u>かさ</u>[6]を持って行きなさい、午後には雨かもしれないよ。それから、忘れないで、<u>途中で</u>[7]この手紙を出してね。 [6] umbrella [7] on the way

VI. 節 と 接 続 詞

§179 この章で学ぶこと これからあとは、だんだんに複雑な構造を持った英文を作ることを学ぶ。そのためには、どんな複雑な内容をも、公式化して、どういう表現法に持ち込むかを簡潔にとらえる方法を学ばなければならない。

この章では、一つの文の中に含まれる、文と同値の部分を一つの単位として、必要に応じて /P/, /Q/ などとまとめて表示し、その /P/, /Q/ などの部分をどのように英語で言うか、また、これらを結合して一つの文にまとめあげるにはどのような方法があるかを研究するのである。

§180 潜在文 次のような文は、文の中に、文と同値の部分を含んでいる。これを太字で示す。

(1) He wanted **to come**.　　　　彼は来たがった。
(2) He wanted **me to come**.　　　彼はわたしに来てほしかった。
(3) I saw **her walking**.　　　　私は彼女が歩いてるのを見た。
(4) He says **that he is ill**.　　　彼は自分が病気だという。

各太字の部分は (1)「(彼が)来ること」(2)「わたしが行くこと」(3)「彼女が歩いていること」(4)「彼が病気であること」を意味している。このように、文の一部分をなしていて、「～が～すること」を意味する部分を潜在文と言う。

次に、上にあげた潜在文の構造は (1) to-infinitive (2) 目的語〔意味上の主語〕+to-infinitive (3) 目的語〔意味上の主語〕+現在分詞 (4) 名詞節〔that-clause〕となっている。

こうしてみると、潜在文の表現法は 2 種あることがわかる。(1)—(3) のように非定形を用いるものと (4) のように、he が主語、

is が定動詞というように、"S+V" を中心にした形を用いるもの、すなわち節形式とである。

非定形については §220 で説明することにして、ここでは第一に、潜在文を節形式で書く場合をまずとりあげる。

§181 接続詞 潜在文を節形式で書く場合、2個以上の潜在文を結合するには、接続詞あるいは関係詞を用いるが、まず接続詞の場合を研究する。

潜在文の部分を、以下 /P/, /Q/ などと表示する、この P, Q という文字そのものは実は何でもよいので、ちょうど数学で x の関係を、$F(x)$, $G(x)$, $f_1(x)$, $\varphi(x)$ などと適当に書きわけるのと同じことで、ただ別個のものには別個の記号を用いさえすればよい。

N.B. なお、このような表示というのは、「...が...すること」などと、長たらしくいうのは不便であるから略記するので、ただの略号であるから、これは説明上必要に応じて用いるというだけのことである。そのような表示が文法上の原理にもとづくとか何とかいうのではない。念のためにつけ加えておく。

いくつかの例文を /P/, /Q/ などで表示してみるから、構造分析の要領をおぼえてほしい。文全体は **S** と表示する。

He says *that* he is ill.　　　　　　　**S**=He says that /P/
　（彼は自分は病気だと言う）　　　　　　　/P/=he is ill

He went out, *and* I remained.　　　**S**=/P/ and /Q/
　（彼は外出した、わたしはあと　　　　　　/P/=He went out
　に残った）　　　　　　　　　　　　　　/Q/=I remained

As it was hot, I had to open　　　　**S**=As /P/, /Q/
the window.　　　　　　　　　　　　/P/=it was hot
　（あつかったので、窓を開けね　　　　　　/Q/=I had to open the window
　ばならなかった）

If it is fine tomorrow, I will　　　　**S**=If /P/, /Q/
go on a picnic.　　　　　　　　　　　/P/=it is fine tomorrow
　（あすよい天気ならピクニック　　　　　　/Q/=I will go on a picnic
　に行く）

以上は接続詞による結合の例で、斜体字で示したのが接続詞である。

§182 **仮定文** 仮定文は「もし /P/ ならば、/Q/ である」をあらわすもので、その一般構造は、If /P/, /Q/ である。

事象＼文の部分	/P/	/Q/
① 未　　来	現 在 形	未 来 形
② 現在の事実の反対	過 去 形	should / would / could / might ＋Root
③ 過去の事実の反対	過去完了	should / would / could / might ＋have＋p.p.

§183

> 例題 1　もしあす晴天であれば、わたしは田中さんに会いに行きます。

〔研究〕 /P/ については説明不要。/Q/ は話者の決心を示すから I will ...を用いる。ここの「会いに行く」は go and see がよい。

〔訳〕 If it is fine tomorrow, I will go and see Mr. Tanaka.

§184

> 例題 2　もしわたしにダンスができるのなら、なにもあなたに教えてくれとたのみはしませんよ。

〔研究〕 /P/ には could dance; /Q/ には would not ask you to... を用いる。最後の部分に「ダンスを教える」show...how to dance と補うがよい。

〔訳〕 If I could dance, I would not ask you to show me how to dance.

§185

> 例題 3　わたしがフランス語を話せるなら、あなたがたといっしょにパリへ行きたいのですが。　　　　(学習院大)

〔研究〕 /Q/ は I would like to... となる。この would like to...;
I'd like to... は「...したいもの」という一つの慣用表現ともなっていて、独立文にも用いられる。cf. *I'd like to* have a look at the letter. (その手紙をちょっとみせていただきたいものです〔もしよかったら〕)

〔訳〕 If I could speak French, I'd like to go to Paris with you all.

〔注〕 このさいごの all は複数の「あなたがた」を生かして訳した。

§186

例題 4　もう10分早く来たら、あなたはバスに間に合ったのに。　　　　　　　　　　　　　　　　　　　(学習院大)

〔研究〕 これは「過去の事実の反対」を仮定したので、/P/ は過去完了、/Q/ では "would have+p.p." を用いる。「間に合う」は be in time for であるから、*would have been* in time for の形とならねばならない。

〔訳〕 If you had come ten minutes earlier, you would have been in time for the bus.

〔注〕 earlier (または sooner) と比較にすることを忘れぬよう。

§187

例題 5　もし、あの時飛行機が救助にきてくれなかったら、いまごろ君とこうしてお茶を飲んでいられない。　(神戸商大)

〔研究〕 これは /P/ が「過去の事実の反対」; /Q/ は「現在の事実の反対」となるから、その組み合わせに注意する。「救助に来る」は come to one's rescue であるから、ここはこれを come to my rescue として用いる。また /Q/ では、一人称で、無意志であるから should を用いる。「いられる」は can を be able to とおきかえてこれを should につづける。

〔訳〕 If the airplane had not come to my rescue, then I should not be able to have tea with you like this now.

〔注〕 「いられない」の意味を出そうとして /Q/ を I could not have tea... としてはいけない。そうすると、「お茶をつきあいたいが、事情があってそれができない」というようにきこえる。

なお「いられない」という「可能性」を無視して I should not be having tea... とする方が口語的でスッキリする。

§188 EXERCISE 14

1. もし彼がここにいたら、彼の母は喜ぶことだろうに。　　　　　　　　　　（学習院大）
2. もしも神が彼に力を与えなかったならば、彼はこのような成功をおさめなかったであろう。　　　　　　　　　　　　　　　　　（青山大）
3. 『鳥のように自由に大空を飛びまわれたら、どんなにいいだろう』大昔[1]から、人類[2]はこういう望み[3]を持っていました。　（阪大）
4. 今なら、飛行機にのれば、その夢を実現[4]できます。　　　　　　　　　　　　（阪大）
5. 彼ぐらい英語が話せたら、ぼくもなんとかして留学[5]するんだが。　　　　（小樽商大）
6. その辞書が、そのように高価でなければ、今すぐそれを買うのだが。
7. あのとき、きみがあのバスに間に合っていれば、今ごろは、東京駅に着いているだろうに。
8. わたしが、もしあなただったら、そんなバカなことはしないわ。
9. もっと早く歯医者[6]に行っていたら、今ごろこの歯の痛み[7]で苦しま[8]なくてもよいのに。
10. その仕事のことなら[9]、しようと思えばできないこともなかった。しかし、今年はほかにすることがたくさんあったので、来年に延ばすことにした。　　　　　　　　　　　　（横浜市大）

[1] from the ancient times
[2] mankind
[3] dream (夢)
[4] realize (v.)
[5] 「勉強のために外国に行く」
[6] dentist
[7] toothache
[8] suffer
[9] as for

§189 特殊な仮定文
仮定文の中で特殊なくふうを要するもの、あるいは仮定文の応用構文を研究する。

(1) 「そんなことがあってはならないが、もし、ひょっとしてそうなったら」という場合は §182 の表の ① でも /P/ に should を用いる。/Q/ は ② に準ずる。

If he *should* fail in the examination this time, he would have to go back into the country.
　もし、ひょっとしてこんどの試験に落第したら、彼はいなかに帰らねばならないだろう。〔*to the country* は「国へ」〕

(2) 議論のために仮定するとき、真の仮想ならば were to を /P/ に用いる。

If the sun *were to* rise in the west, what would become of us?	もし太陽が西からあがったら、われわれはどうなるだろう。

(3) /P/ の部分が「～がなかったならば」というように、ものの「非存在」を言うときは、表の ② に応じては If it were not for～；表の ③ に応じては If it had not been for～ を用いる。この二つの形はいずれも But for～ と書きかえることもできる。

If it were not for his timely help, I should have failed.	もし彼が折よく助けてくれなかったら、わたしは失敗したろう。

(4) as if ... の用い方：　この場合の if... は、表の ②,③ の /P/ に準ずる。

He talks *as if* he *were* a teacher.	彼は先生で<u>ある</u>かのように<u>話す</u>。
He talks *as if* he *had been* a teacher.	彼は先生で<u>あった</u>かのように<u>話す</u>。

(5) I wish ... の用い方　　この型は「...であればよいのに」という反対事象に対する仮定であるから、この「...」の部分は表の ②,③ の /Q/ に準ずる。

I wish I were a bird.	鳥であればよいのになあ。
I wish I had done so.	(あのとき)そうしておけばよかったのに。

§190　時制の一致　ある英文 S の中に潜在文 /P/ があって、どちらも S+V の形をしているとき、S 全体の中の V が過去ならば /P/ の中の V も過去形になる。これを「時制の一致」という。

§191　同時性・時差性　「彼」が「ぼくは病気である」と言ったとすれば、それは

1) He said, "I *am* ill."　　(直接話法)
2) He said *that* he *was* ill.　(間接話法)

の2様に書ける。このとき、1) の " " の中はカンヅメ同様であるから、発言どおり I am と現在形になるが 2) の方は、今の話者の時点からみて伝達するのであるから、He said が過去なら、

"he" の病気も過去であるはずだとして、...that he *was* ill となる。こうしてみると

He said that he was ill.
過去(A) ←同時→ 過去(B)

の二つの過去 (A), (B) は、どちらも過去であるがゆえに**同時性**を持っていることになる。同時性とは (B) は (A) の時点からみれば現在、つまり (A) と同時であるということである。日本語では 2) を訳しても「彼は自分が病気であると言った」となるが、これで、同時性をあらわし、英語では、過去 (A) と過去 (B) とがならんでいることによって同時性を示している。

さて、ここで話者が I think... と言って、「...」に過去のことをかけば、think の現在形とは時間的ずれがある。すなわち

I think he said so.　　I think he was ill.
現在(C)　過去(A)　　現在(C)　過去(B)

とすれば

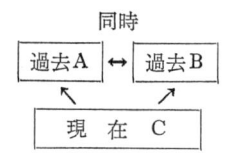

同時
過去A ↔ 過去B
↖　　↗
現　在　C

となり、このななめの矢印は、**時差性**を示している。

では、次に「彼」が「自分は見た」と言ったとしよう。すなわち

 He said, "I have seen." / He said, "I saw."

と言ったとすれば、間接話法では、いずれも

 He said that he *had seen*.

となり、この過去と過去完了形とのちがいが時差性を示す。

以上のことがわかると、

I *think* he *is* ill.	わたしは彼が (今) 病気であると (今) 思う。
I *thought* he *was* ill.	わたしは彼が (その時) 病気であると (その時) 思った。

は、いずれも同時性を示し

I *think* he *saw* it.	わたしは 彼が (その時) 見たと、(今)思う。
I *thought* he *had seen* it.	わたしは 彼が (それ以前に) 見たと、(その時)思った。

はいずれも、時差性を示すことがおわかりであろう。

以上が一般の原則であって、これは /P/ が真理・習慣をいう場合を除き、英語ではこの時制の一致に従わねばならない。このことは、ここでこんなにくどく言わなくてもよくわかっていると思うが、念のため説明した。

§192 仮定文と時制の一致 仮定文においては ②, ③ の形が用いられたとき、すなわち、事実と反対の仮定の表現のときは、上述の時制の一致に従わない。

たとえば「もっと金があったらいいんだがと彼は言った」は

He *said*, "I *would be* glad, if I *had* much money."

He *said that* he *would be* glad if he *had* much money.

のようになり、代名詞はとりかえるが、時制はそのままでよい。

次に

He *talks* as if he *were* a teacher.	(今)先生であるかのように(今)<u>話す</u>。

は、同時性を示しているが、これが He *talked* と過去になっても、同時性の表現であるならば

He *talked* as if he *were* a teacher.	(その時) 先生であるかのように (その時)<u>話した</u>。

となり、were はもとのままとなる。

もし、were → had been とすれば、それは常に時差性を示す。

He *talks* as if he *had been* a teacher.	(以前)先生であったかのように(今)話す。
He *talked* as if he *had been* a teacher.	(それ以前)先生であったかのように(その時)話した。

この同時性、時差性をここでよく理解してもらうと、不定詞、分詞、動名詞の時制関係は実にわかりやすくなるので、以上のことはぜひともここで理解してほしい。

同様に *Were* it not for〜; I wish I *were*〜 は同時性を、また *Had it not been* for〜; I wish I *had been*〜 は時差性を示す。

§193

> 例題 6　あの男は、まるで一流のテレビ演出家であるかのような話し方をする。

〔研究〕「一流の」first-class;「演出家」producer. 同時性に注意。

〔訳〕That man talks as if he were a first-class TV producer.

§194

> 例題 7　もしわたしたちの街に騒音がなかったら、どんなに気持のよいことだろう。　　　　　　　　　　　　(同志社大)

〔研究〕「音の非存在」を言う文であることに注意。「気持ちがよい」comfortable.

〔訳〕But for the noises in the streets around us, how comfortable we should be!

§195

> 例題 8　かりにもしあなたの近所に火事がおこったら、あなたはどうしますか。　　　　　　　　　　　　　(京都女子大)

〔研究〕これは §189 (1) の場合であるから should を用いる。「(火事が)起こる」break out.

〔訳〕If a fire should break out in your neighbourhood, what would you do?

〔注〕これを議論のための仮定とみて If a fire were to break out ... としてもよい。

§196

> 例題 9　電話をかけておけばよかったのに。そうしたら、彼は在宅しただろうに。　　　　　　　　　　　　(長崎大)

〔研究〕一見して I wish ... を用いることはわかるが、その時の /Q/ の部分の時制に注意。「そうしたら」は表の ③ に従って If I had done so と忠実にやってもよいし、これを単に then であらわしてもよい。

〔訳〕 I wish I had telephoned him; then he would have stayed home.

§197

> **例題 10** 今はラジオやテレビで講義もきけるのである。しかし、人間が機械同様に自分のわからぬことを知ろうとしなくなったとしたら、一体どうなるであろうか。　　(大阪外大)

〔研究〕 「今は」today;「講義」lecture;「きける」は we can have でもよいし、be available (利用できる) とすればなおよい。「...同様に」の前後は長いから、that is (すなわち) をうまく使って「知ろうとしなくなったら」すなわち「機械になってしまったら」と考える。「一体」what on earth.

〔訳〕 Today lectures are available on the radio and television. But what on earth would become of us human beings, if we ceased to try to learn what we do not know, that is, if all of us were turned into mere machines?

§198 副詞節のいろいろ 「彼はつかれていたのですぐ寝た」を英訳すれば

(1) *As* he was tired, he went to bed at once.
(2) He was tired, *so* he went to bed at once.
(3) He was *so* tired *that* he went to bed at once.

の3通りにかけるが、文法書のように、主節・従属節をやかましくいうと、(1) では as he was tired が従属節、(2) では前半と後半が対等であって、主節・従属節の区別がない。(3) では that ...の方が従属節となって、意味の方から考えると、(1) と (3) とでは主・従が逆になる。

英作文をするにあたっては、このようなことは大して重要ではない。

(1) as /P/, /Q/
(2) /P/, so /Q/
(3) /P/ (so)+that /Q/

と考えて /P/ /Q/ の表現法だけ考えればそれでよいことである。

さて、(1) の as/P/ は、/Q/ に対する〔弱い〕理由をあらわしていて、文全体については M_2 であるから、このような潜在文は、副詞節 (Adverbial clause) をなしている。この副詞節は、複雑な文の各部分を作るのに重要であるから以下、その主なものを例示しよう。

§199

1) He did *not* go, *because* he was afraid.　　彼はこわいから、行かなかった。

2) He did *not* go *because* he was afraid.　　彼はこわいから行ったというわけでない。〔行くことは行ったが、理由は別にある〕

この 2) にはコンマがない。なお、コンマがなくても because の前で切って読めば前の文と同じ意味。

3) He came, *although* he was afraid. ≒ He was afraid, *but* he came.　　彼はこわいにもかかわらずきた。

4) *When* I reached the station, the train began to move.　　わたしが駅についたとき車はうごき出した。

5) *As soon as* (or *The moment*) I reached the station, the train began to move.　　わたしが駅につくやいなや列車はうごき出した。

6) *No sooner* **had** I reached the station *than* the train began to move.　　（同上）

No sooner...than の代わりに hardly...before; scarcely...when も可。

7) I was just going out, *when* the telephone rang.　　わたしが出かけようとしていたら電話がなった。

動作の中断をあらわす。この場合 when の位置に注意。すなわち When I was ..., the telephone ではない。

8) *While* I was in London, I came to know Mr. Smith.　　ロンドンにいたときにスミスさんと知り合いになった。〔I *became to* know は誤り〕

この文の I was は省略して While in London とも言える。ただし、二つの主語がともに I というように一致している場合に限る。しかも I was の両方を略すか、それとも省略を全然しないかのいずれかである。

節と接続詞

9) I am studying English *in order that* (or *so that*) I *may* learn more about the English people. 　　英国民についてもっと多く知るために英語を勉強している。

10) It was *so* dark (or The darkness was *such*) *that* we had to carry a light. 　　たいへん暗かったのであかりを持っていかなければならなかった。

cf. Read such books as will give you some information. (知識を与えるような本を読め)——この as... は形容詞句であり、as は潜在文における主語を兼ねる関係代名詞である。

§200

例題 11　第4号室は使用中ですから，われわれは図書室を使わなければならないでしょう。

〔研究〕　主眼は「使わなければならないでしょう」である。must の未来であるから We shall have to use... とする。その前に I'm afraid とつければよい。つまり「困ったことだが，そうだろうと思う」のである。その反対に「よいこと」なら I hope という。「第4号室」the Room No. 4. これを逆順にかいては誤り。「使用中」be occupied.

〔訳〕　I am afraid we shall have to use the Library, because the Room No. 4 is now occupied.

§201

例題 12　始発列車に間に合うように、あすのあさ日の出前に起きなさい。

〔研究〕　「日の出」sunrise, 反対は「日の入り」sunset；「始発列車」the first train, 反対は「終列車」the last train；「間に合う」は既習語句のほかに catch でもよい。

〔訳〕　Get up before sunrise tomorrow so that you may catch the first train.

§202

例題 13　自分のへやで着がえをしていたら、ちょうどそのときドアにノックの音がした。

〔研究〕 これは「中断」の場合であるから /P/, when /Q/ であり、/P/ は進行形、/Q/ の方に「ノックの音がした」を入れる。「着がえをする」 change one's dress. 「(ドア)に」on.

〔訳〕 I was changing my dress in my room, when there was a knock on the door.

§203

> 例題 14 25メートルのターンではわたしはトップだったが、決勝点には第3位にはいった。

〔研究〕「ターン」turn,「トップだった」I was at the top.「決勝点」はむろん goal,「第3位に入る」get the third place.

〔訳〕 Although I was at the top at the 25-meter turn, I only got the third place at the goal.

§204　　　　EXERCISE 15

1. 彼女は、まるで何もかも知っているかのように他人を無視する[1]。
   [1] ignore
2. 何か事故があったにちがいない。そうでなければ[2]、かれらはとっくに、ここに着いているはずだ。　(武蔵工大)
   [2] otherwise
3. 外国品が安く[3]たくさん日本へ入ってきたら、日本の産業はどうなるんだろう。　(小樽商大)
   [3] low-priced (*adj.*) をうまく使う。
4. そのとき彼はあいにく[4]るすだった。前もって、彼がいるかどうかを電話で聞いておけばよかったんだがなあ。　(明大商)
   [4] unfortunately
5. オリンピック競技は、第二次大戦がなかったら、ずっと以前に日本で催さ[5]れていたであろう。　(関西学院大)
   [5] hold
6. 学校時代[6]にもっと勉強しておけばよかったのにと思うよ。
   [6] school days
7. [そのとき]その二つのことを同時に[7]やるのは不可能だと思ったから、わたしはこちらを先にやることにきめたのだ。
   [7] at the same time
8. 雨が降りそう[8]だったにかかわらず、彼はカサを持たずに出かけた。
   [8] look like rain

9. 彼は、彼の生徒がついて来られる[9]ように、ゆっくりと話した。　　　　　　　　　　　[9] follow
10. 彼はヨーロッパにいる間に、できるだけ多くの博物館[10]に行ってみようと試みた。　　　[10] museum

VII. 関　係　詞

§205 この章で学ぶこと　関係代名詞 who, which, that, 関係副詞 when, where などを用いて、それらに導かれる形容詞節を作り、有機的に結合された文を作ることを学ぶ。

§206 関係代名詞　実例で示そう。

① これは万年筆です。　　　　　This is a fountain-pen.
② わたしはその万年筆をきの　　I bought the fountain-pen yes-
　う買った。　　　　　　　　　terday.

これの ①, ② を結合するには次のようにやる。

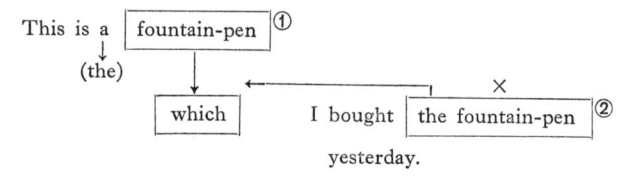

```
This is a │ fountain-pen │①
        ↓
       (the)
         ↓                                    ×
       │ which │ ← I bought │ the fountain-pen │②
                 yesterday.
```

　　　　　　　　　先行詞　　関係代名詞
(結合文) This is the fountain-pen which I bought yesterday.
　　　　　(これは、きのう買った万年筆です)

冠詞 a → the の転換は原則であるが、文脈によっては必ずしも必要ではない。この場合の the fountain-pen を、関係代名詞 which の先行詞 (antecedent) と言う。

which 以下の clause においては、この which がすなわち bought の目的語なのであるから、I bought yesterday だけの部分を見れば、"S+V+O" の構文であるのに O がなくなっている。このように、関係代名詞を用いた節において、関係代名詞以外の部分を見ると、その部分の本来の文型の中から主要素が一つ

なくなる。この点が、関係代名詞と関係副詞の用法のちがいでもっとも重要な点であるから、よく記憶しておいてほしい。

N.B. 1. 関係代名詞がその節内で目的語であるときは省略できる。
the man [whom] I met (わたしが会った人); the pen [which] I lent him (わたしが彼に貸したペン)

2. 関係代名詞 which は、その前の部分全部の内容を 先行詞とすることもある。He suddenly went to Africa, which was a shocking news to us all. (彼は突然アフリカへ行った、それはおどろくべきニュースであった)

§207 「先行詞＋関係代名詞」 この融合形として what がある:

what he says	彼が言うこと
what I gave to him	わたしが彼にやったもの

この what と疑問詞としての what とは、次のような場合に区別があるが、英作文を書く上には何も困難はない。

He asked me what I had bought.	何を買ったのかと...〔疑問詞〕
= He asked me, "What did you buy?"	
He told me what I had already learned from the newspaper.	わたしがすでに新聞でみて知っていたことを...〔関係代名詞〕

§208

> 例題 1　これは、ぼくがきのう教室にわすれたカバンです。

〔研究〕「どこそこにおきわすれる」は leave ～ in... がよい。

〔訳〕 This is the bag which I left in the classroom yesterday.

§209

> 例題 2　きみが今までに 集金した金を ぜんぶわたしに渡しなさい。

〔研究〕「金をぜんぶ」all the money; 先行詞が all, every, first などを含むときの関係代名詞は which よりも that がよい。「今までに」up to now; この場合 already では不適。

〔訳〕 Give me all the money that you have collected up to now.

§210

> 例題 3　われわれは買うことのできないものは、それなしですますべきだ。これは習慣の問題である。　　　(上智大)

〔研究〕 what we cannot buy を目的語に使うように構文を工夫する。「なしですます」do without...; dispense with....「習慣の問題」a question of habit; *the* question としないこと。「習慣の問題」はほかにもあるから、限定してはいけない。「できないものは、それなしで」の気持をもっとよく出すためには as for... を用いて、下の [B] のようにも訳せる。[B] では「買う余裕がある」という気持で afford を用いた。

〔訳〕 [A] We should try to do without what we cannot buy. This is a question of habit.

[B] As for what we cannot afford, we should try to dispense with it. This is a question of habit.

§211

> 例題 4　この習慣の形成に 失敗する人は自分で自分を 不幸にする。　　　(上智大)

〔研究〕「する人」という「一般的な人」は those who... であらわす。「失敗する」fail; 不定詞を用いて fail to... または(動)名詞を用いて fail in 〜.「形成する」form (*v.*).「自分で自分を不幸にする」は make themselves unhappy でよいわけであるが、「自分で自分を」という気持をよくあらわすのには themselves の代わりに their own lives (彼等自身の生活を)とする方がよい。

〔訳〕 Those who fail in the formation of this habit make their own lives miserable.

〔注〕 文の後半を口調をよくするには tend+to-inf. (...しがち)を用い、make miserable を darken (暗くする)と他動詞にする: Those who fail in the formation of this habit tend to darken their own lives.

§212

> 例題 5 おもしろくないから自分の本を人々が買ってくれないのだと認めた作家に会ったためしがない。

〔研究〕 これは経験を言うのであるから I have never seen a writer who という構造にする。「認める」admit; admit that... としてそのthat-clause の中へ「彼の本が面白くないから、人々が彼の本を買わない」を入れればよい。「彼の本」his books とそれを受ける they とは、英文中でどちらが先にくるかで使いわける。

〔訳〕 I have never seen a writer who has admitted that people do not buy his books because they are not interesting.

§213

> 例題 6 暴風雨のために延期となった会合は水曜日の午後2時に開催と発表された。　　　　　　　　　(法政大)

〔研究〕 「～のために」because of～;「暴風雨」rainstorm;「発表する」announce. さて「発表された」は It was announced that... のワクを考え「...」のところに発表内容を書けばよいが was announced と過去形だから、当然「時制の一致」に注意する。

〔訳〕 It was announced that the meeting which had been put off because of the rainstorm would be held at two p.m. on Wednesday.

§214 関係代名詞から関係副詞へ　次の対応を考えてみる。

{ I live *in* a house.　　　　　　　わたしは家に住む。
{ the house *in which* I live　　　　わたしの住む家。

このように前置詞の目的語である名詞を先行詞とする関係代名詞には、もとの前置詞をつけて用いる。この in which のような形は、where という関係副詞で書きかえることができる。

　the house where I live

同様に次のような対応を得る。

{ the day *on which* he died
{ 　= the day *when* he died　（彼の死んだ日）

$$\begin{cases} \text{the reason } \textit{for which} \text{ he does so} \\ = \text{the reason } \textit{why} \text{ he does so} \end{cases}$$ （彼がそうする理由）

ただし、「前置詞＋関係代名詞」の形と「関係副詞1語」の形とが、いつでも、相互に書きかえられるとは限らないし、また書きかえ得るとしても、この2通りの表現が同じ価値を持つとも限らない。すなわち多少ニュアンスがちがうということもある。上にあげた3例では the house については in which の方が適当であり、the day, the reason については、the day when..., the reason why... の方が原則である。さらに次のように関係副詞を用いて先行詞を省く例にも注意。

This is *where* he lives. = This is [*the place*] where he lives.	ここが彼が住んでいる所です。〔彼はここに住んでいるのです。〕
This is *why* I said so. = This is [*the reason*] why I said so.	これがわたしがそう言った理由です。〔こういうわけでわたしはそう言ったのです。〕

この種の言い方は関係代名詞 what でも同じ。

This is *what* I found out.	これがわたしが知り得たことです。〔わたしはこれだけのことを知りました。〕

§215 関係代名詞と関係副詞の使いわけ

(1) わたしは、古い寺で有名な奈良へ行った。　　I went to Nara **which** is famous for its old temples.

(2) わたしは、彼が住んでいる奈良へ行った。　　I went to Nara **where** he lives.

この (1) で「奈良」だから場所だと思って where とすれば where is famous となり、関係詞 where を除いた部分に is famous の主語がなくなる。こういうことは関係代名詞の後におこるはずである。→§206. ゆえに (1) は which として、それが is famous の主語になるようにしなければならない。

(2) は、もちろん He lives in Nara から考えれば Nara in which he lives となり、奈良のような大きな場所では in which を where とする方がよいから where としたので、これは正当で

ある。

N.B. 今までやった関係詞の用法は、大体「...である所の～」という強い制限を先行詞に与えるものであったが、もし、関係詞による形容詞節を ',' により他の部分と切り離すと、その関係は、補足的説明となる。

I met Mr. Tanaka, *who* said...＝I met Mr. Tanaka, *and he* said...

§216

例題 7　この間、十年前に住んでいた 郊外の家を見に行った。　　　　　　　　　　　　　　　　　　　　　　　　(明 大)

〔研究〕「十年前に住んでいた」は「家」にかかるのであるが、「郊外の家」the house in the suburbs は切り離せないから、関係代名詞は suburbs のあとにくる。むしろ、the house in the suburbs 全体が先行詞と考えればわかりよい。

〔訳〕 The other day I went to see the house in the suburbs in which I lived ten years ago.

§217

例題 8　それが事故のもようです。そして、そういうわけで汽車がおくれたのです。

〔研究〕 前半は事故のあらましを先に述べたのをうけて、「今言ったのが、事故がどのように起こったかである」という意味。前半は That is how...; 後半は That is why.... 「おくれる」be delayed.

〔訳〕 This is how the accident happened, and that is why the train was delayed.

§218

例題 9　東京と福岡の間を日帰りできる日も近いであろう。

〔研究〕「近い」は「近く来る」と考える。the day when... とすぐつづけずに、the day will soon come when... とした方がよい。「日帰りする」は make a return trip between... の形がよい。return trip は「往復旅行」の意。ここに「1日で」in a single day と添える。

〔訳〕 The day will soon come when we shall be able to make a return trip between Tokyo and Fukuoka in a single day.

§219　EXERCISE 16

1. きのうあなたが送ってくださった本は、わたしが読みたい本ではありません。

2. 日本人であると否とを問わず、「福翁自伝」[1]をおもしろくなかったといったものを、いまだかつてしらない。　　　　　　　　（慶応大）

3. つまらぬ雑誌[2]や安っぽい本を読む人は昔より多くなったが、真の[3]愛書家は次第に少なくなった[4]。　　　　　　　　　　　　　　（関西大）

4. イギリス人は封筒に差出人の住所[5]氏名をかかないが、アメリカ人はかならず[6]書く。人の移動のはげしい[7]アメリカでは返送の必要がしばしば起こるからである。　（名古屋大）

5. ロンドンにいるわたしの友人は、わたしがロンドンについてから住むことになっている家の写真を私に送ってきた。　　　　（学習院大）

6. ロケット[8]で火星へ行ける日が、近く来るでしょうか。

7. その彼が作製した[9]計画には、多くの欠陥[10]があった。そういうわけで、今その地域の人が生活上多くの不便[11]を感じ[12]ている。

8. 自分の思想を正しく[13]英語で言いあらわす[14]ことのできないものは、他人が英語で言いあらわしたことを正しく理解できないと思う。
　　　　　　　　　　　　　　　　　　（早大）

9. 夕方になってその日一日吹いていた風が落ち[15]ましたので、わたしは妹と、お庭のあちこちに散らばっていた落葉[17]を掃き集めて、それに火をつけ[18]ました。　　　　　（長崎大）

10. 人からきいた話、本で読んだ話をそれと気づかずに[19]自分の考えのように人に話した経験はないか。こうきかれて断固として否定できる[20]人は少ない[21]と思う。　　　　　（早大）

[1] Autobiography of Yukichi Fukuzawa
[2] magazine
[3] in the true sense of the word
[4] decrease (v.) 〔反対はincrease〕
[5] address
[6] never fail to
[7] constantly on the move
[8] rocket
[9] draw up
[10] defect
[11] inconvenience
[12] experience
[13] properly
[14] express
[15] wind drops
[16] lie scattered here and there
[17] fallen leaves
[18] begin to burn
[19] carelessly
[20] can give a negative answer
[21] very few people を主語に

VIII. 不定詞・動名詞・分詞

§220 この章で学ぶこと　潜在文を節形式で書くことは VI, VII で練習した。そして節とは文中の文であるから、文のように "S+V" の形をしており、定動詞形を持っている。この章では、その潜在文を、非定形を用いて書くことを練習する。

(1) He insists that he will go.　　彼はどうしても行くと言いはっている。
(2) He insists on going.

(1) は「彼が行くこと」という潜在文を節であらわし、(2) は「前置詞+動名詞」であらわしている。文全体としては (1) は複文 (Complex sentence), (2) は単文 (Simple sentence) である。

つぎに、なぜ (2) の形式を練習するかといえば、英語は、どちらかというと (1) よりも (2) の形式を好むということが考えられるからである。(1)—(2) 間の書きかえは、次章で研究する。

§221 不定詞 (Infinitive)　これは元来、動詞の原形 (Root) のことであるが、本書では、go, come, swim など不定詞だけの形を Root と呼び、to go, to come, to swim など to のついた不定詞を to-infinitive, 略して to-inf. ということにする。

to-inf. の用法

§222　(1)　名詞的用法

To see her is *to love her.*　　彼女を見ることは、すなわち、彼女を愛することだ。

It is necessary for you *to do so**.　　あなたが、そのようにすることが必要です。

He wanted *to come.*　　彼は来たいと言った。

* to inf. を形式主語 it であらわして文頭におき、for you で「意味上の主語」をあらわしている。

§223 (2) 形容詞的用法

something *to eat* （何か食べ〔る〕もの）

a house *to live in*＝a house in which I can live

a pen *to write with*＊＝a pen with which I can write

＊ この with がないと、「ペンを書く」write a pen ということが考えられていることになり不合理。「ペン<u>で</u>書く」の with が最後に残る。

I have nothing *to say* on the subject.	この問題について、何も言うことはありません。
He has a lot of work *to do*.	彼はやらなければならないことがたくさんある。
He is to take the leadership.	彼は指導権をとることになっている。

be to → §127.

§224 (3) 副詞的用法

He went to the U.S.A. *to study* English literature. [to=in order to]	彼は英文学を研究しに米国へ行った。
I am ready *to accept* the offer.	ぼくは、その申し出を受諾する用意がある。
I am too old *to work*.	わたしは年をとりすぎて働けない。
A giraffe is easy *to draw*.	キリンは描きやすい。

こういう結合では easy to draw を一つの単位と考える。

§225 使役動詞・感覚動詞
これらのあとでは、to-inf. の場合、Root の場合、それに、分詞の場合がある。

⎧ He made me *go* bare-footed.	彼はわたしにはだしで行かせた。
⎩ I was made *to go* bare-footed.	わたしははだしで行かされた。
I helped my mother [*to*] *carry* the basket.	わたしは母がカゴを持つのを手つだった。
⎧ I must have someone *do* it.	だれかにそれをさせなければならない。
⎩ I must have it *done* at once.	すぐそれをしてもらわなければならない。
⎧ I must get someone *to do* it.	だれかにそれをさせなければならない。
⎩ I must get it *done* at once.	すぐそれをしてもらわなければならない。

不定詞・動名詞・分詞

⎧ I saw him *cross* the road.	彼が道を横切るのを見た。
⎩ He was seen *to cross* the road.	彼は道を横切るのを見られた。
⎧ I saw him *walking* along the street.	彼が通りを歩いているのを見た。
⎨	
⎩ I saw him *caught* by the policeman. (→§66)	彼が警察官につかまえられるのを見た。

§226

例題 **1** 次の各文を It is ... to〜 の形式を用いて英訳せよ。
(a) 彼を招待することが必要です。 (b) これを記憶することはたいせつです。 (c) あなたが〔あなたには〕完全な休養をとることが必要です。

〔研究〕 It is... のところの形容詞と to〜 の動詞をとりかえるだけですぐできる。「招待する」invite；「記憶する」remember；「完全な休養」complete rest.

〔訳〕 (a) It is necessary to invite him. (b) It is important to remember this. (c) It is necessary for you to take a complete rest.

§227

例題 **2** 次の各文を、それぞれ something, anything, nothing を用いて英訳せよ。 (a) わたしは何かこのカンを開けるものがほしい。 (b) 何か申告するものがありますか。〔税関の役人が問うことば〕 (c) これを入れて運ぶもの〔容器〕が何もない。

〔研究〕 (a) まず open this can with〜 という構文から考える。(b)「申告する」declare. (c) これも carry this in〜 という構文から考える。つまり (a) と (c) では前置詞をおとさないことがキメ手となる。

〔訳〕 (a) I want something to open this can with. (b) Have you anything to declare? (c) I have nothing to carry this in.

§228

> 例題 3　われわれは生きるために食うのであって、食うために生きるのではない。平和に生きたいと思うし、そうする権利はだれもが持っている。

〔研究〕　ここの to-inf. の用法はたいへん容易である。「生きたいと思う」の「思う」にこだわらぬこと。つまり want 1 語が「〜したいと思う；〜したいと言う」にあたるわけ。「権利」right. 最後の部分は everyone を主語にして everyone has the right to... という構造にしたい。このように every... が主語のときはこれを 3 人称単数として扱う。

〔訳〕　We eat to live, and we do not live to eat. We want to live in peace, and everyone has the right to do so.

§229　動名詞と現在分詞

動名詞 (Gerund)・現在分詞 (Present participle) はいずれも going, coming, swimming など -ing の形をしているが、その用法は異なる。

§230　動名詞の用法

これは「〜すること」という名詞的意味を持つ。動名詞は場合によって building (建物), his writings (彼の書いたもの) のように純然たる名詞になり切っている場合は名詞と同じ扱いになる。その用法を除いて主な用法：

Seeing is *believing*.	見ることは信ずることだ〔実さいに見れば信ずるようになる〕。〔諺〕
What do you say to *going* on a picnic tomorrow?	あすピクニックに行くことについて意見はどうですか。〔この to は前置詞〕
The secret of *living* in peace is in the spirit of *helping* each other.	平和に生きることの要訣はおたがいに助け合うという精神にある。
On *arriving* there, he found the following notice.	そこについたとき(すぐ)、彼は次の掲示をみつけた。〔on がなければ分詞構文となる〕
My mother goes *shopping** every afternoon.	母は毎日午後買いものに行く。

*　「go＋動名詞」の型：go *swimming* (水泳に行く); go *fishing* (魚つりに行く) など。

不定詞・動名詞・分詞

§231 現在分詞　進行形に用いるほかに次の用法がある。

(1) A man *living* (＝who lives) in peace will never complain. 　平和にくらしている人は決して不平を言わないものだ。〔この will は習慣をあらわす〕
(2) He is a *hard-working* man. 　彼は勤勉な男だ。
(3) *Going* northwards, he came to a green wood. 　北へ行くと彼は緑の森に出た。

この (3) は分詞構文 (Participial construction) と言い、分詞を含む節で、時間、理由等をあらわすことができる。going の意味上の主語が、文全体の主語 he と一致していることに注意。これが一致しない英文もあり得るが、われわれの段階でそういう形式の文を書こうとすべきではない。ただし strictly speaking (厳密に言えば); generally speaking (一般的に言えば) のように熟語化している場合はよろしい。

次に過去分詞 (Past participle) は受動態・完了形に用いるほかに次の用法がある。次の (1)′, (2)′, (3)′ は、それぞれ上の現在分詞の (1), (2), (3) に対応する。

(1′) These are the textbooks *published* (＝which were published) by Kenkyu-sha.* 　これらは研究社発行の教科書です。
(2′) This is a *well-written* composition. 　これはよくできた作文です。〔… よく書かれた …〕
(3′) *Written* in easy style, this book is recommendable to everybody.** 　やさしい文体で書かれているのでこの本はすべての人に推せんできる。

* cf. a book *to be published* by ～ (～ から、こんど発行されるはずの本)
** 文頭に Being と補えば分詞構文ということがよくわかる。ただし、文頭の being はとくに理由をあらわすとき以外は書かないのが正しい。

§232　不定詞・動名詞・分詞の綜合研究

I like *to swim*. 　泳ぎたい(今)。
I like *swimming*. 　泳ぎがすきだ(水泳というものがすき)。

{He stopped *to think* it over.	彼は立ちどまって、それを考えた。
He stopped *eating*.	彼は食事をやめた。
He is busy *preparing* for the examination.	彼は試験の準備にいそがしい。
We often speak of good people *going* to heaven.	よい人々が天国に行くということを、われわれはよく言う。〔この of の訳し方に注意〕
{a *surprising* news	驚くべきニュース〔ニュースが人を驚かす〕。
a *surprised** look	驚いたような目つき〔驚かされたような〕。

* cf. I *was surprised at* the news. (ニュースをきいておどろいた)。そのほか、「おどろく」は be astonished; be frightened などみな "be+p.p." の形をとる。これらの p.p. は実質的には形容詞である。

§233 (α)「前置詞＋動名詞」と (β)「分詞構文」 この二つは類似しているが、次のように両形が可能のときは、「前置詞＋動名詞」の方が細かい点を強調している。

(α)$_1$	*On arriving* there, he started his inquiry.	そこへつくとすぐに、彼は調査をはじめた。
(β)$_1$	*Arriving* there, he started his inquiry.	そこへついて、彼は調査をはじめた。
(α)$_2$	*By comparing* the data, he came to a conclusion.	資料を比較検討することによって彼は結論を得た。
(β)$_2$	*Comparing* the data, he came to a conclusion.	資料を比較して彼は結論を得た。

〔注〕 (α$_1$) は「そこに着くや否や」=as soon as he arrived there ということを意味する。(α$_2$) は「資料の比較」が、はっきり「手段」であったということを強調する。

§234

例題 4　駅につくと彼はおじに電報を打とうと考えた。

〔研究〕 文頭は On arriving...「打とうと考えた」は「打つことを思いつく」ということで think of のあとへ動名詞。「電報を打つ」send a telegram.

不定詞・動名詞・分詞

〔訳〕 On arriving at the station, he thought of sending a telegram to his uncle.

〔注〕 he *thought to send* という形は誤りである。

§235

> 例題 5　人間は自分の持たないものを他人から受けいれ、消化することによってはじめて進歩する。　　　　(早　大)

〔研究〕　「...することによって」は「受けいれる」方へもかかる。したがって原文を「受け入れ」で切って考えてはいけない。主語は one にして、あとの「自分の持たないもの」を what one has not とする。「進歩する」make progress;「受け入れる」take;「消化する」digest. 従って by taking...and digesting となる。「はじめて」は only であらわす。たとえば One makes progress *only* by thinking. (人は、思考によってはじめて進歩する)――この形をうまく応用しよう。

〔訳〕 One makes progress only by taking from others what one has not and then digesting it.

〔注〕 take は「品物をとる」ようにもきこえるので learn の方がよい。また、it で終わる文はおちつきが悪いから、what one has not を文尾に持ってくるよう工夫すると、...only by learning from others, and digesting, what one has not got yet. のようにもできる。いずれにしても from others の位置に注意。

§236

> 例題 6　九州の出身だから、彼は、はじめは、話を通ずるのにかなりの困難を感じた。

〔研究〕　一見して文頭に分詞構文を、また「～に困難を感ずる」の「～」に動名詞を使うべきことがわかる。「話しを通ずる＝コトバを言って、相手に分かってもらう」ことを make oneself understood と言う。「かなりの困難を感ずる」は have much difficulty として、そのあと in... とつづければよい。

〔訳〕 Coming from Kyushu, he at first had much difficulty in making himself understood.

〔注〕　この Coming を Having come とするのは行きすぎ。「あなたはどこの出身ですか」は Where *do* you *come* from? と現在形できく。こ

のとき Where *have* you *come* from? としないことからも、この Tense の関係はわかる。

§237 非定形の時制 Root, to-inf. と現在分詞・動名詞には完了形がある。

ふつうの形　come; to come; coming

完了形　　have come; to have come; having come
　　　　　　　　　　　　　　p.p.　　　　　　p.p.

この用法は §§191—192 で述べた 同時性 と 時差性との区別が わかっていれば何でもない。 すなわち、ふつうの形は、その文の V (述語動詞) と同時 (または少しだけ未来) をあらわし、完了形は V よりも以前であるという時差性を示す。

なお、to-inf. の場合は、この時差性は時差そのものよりも、むしろ「〜するべきであったが、じっさいには行なわれなかった」の意味をあらわすことが多い。

You should *have done* so yesterday.	きみはきのう、そうするべきだった(のにしなかった)。
I believed him *to have been* a sailor.	わたしは彼が船のりであったと信じていた。
He intended *to have come*.	彼は来るつもりだった(のに来なかった)。
Having written the letter, he went out.	手紙を書いてしまって彼は外出した。
I am sorry for *having said so*.	そんなこと言ってすまない。
I was sorry for *having said so*.	そんなこと言ってすまなかった。

§238　　　　　　　　**EXERCISE　17**

1. この本は読みやすい、だから、まず、この本を第一に読みたい。

2. 少年はやることがいっぱいある。大人[1]のまねもしてみたいし、自分にどんな力[2]があるかをためしてもみたい。　　　　　　(早大)

   [1] grown-up (*n.*)
   [2] ability

3. 本には精読すべき本と速読すべき本とあるが、その区別[3]は読む人が自分で判断すべきである。　　　　　　　　　　　　　　(早大)

   [3] how to distinguish between A and B の型をうまくつかう。

4. 私は、途中でだれにも会うことなく3時間歩いた。
5. これらのデータを<u>注意深く</u>[4]比較することによって、あなたは、<u>方法</u>[5]を改善する<u>ヒント</u>[6]を得るでしょう。
6. 宿題を終えてしまって、彼はテレビの前にすわった。
7. こんなむずかしい本を読んで<u>何の役に立つ</u>[7]のか。
8. こんなことで時間を浪費して<u>いないで</u>[8]、早く自分のプランというものを<u>立て</u>[9]なければいけませんよ。
9. <u>彼女のいる前で</u>[10]、あなたはそんなことを言うべきでなかった。
10. 彼は、この一節を、スペイン語に訳すのに<u>何の困難もなかった</u>[11]。

[4] carefully
[5] method
[6] hint for ~
[7] what's the use of
[8] instead of ~ing
[9] form
[10] in her presence
[11] have no difficulty in ~ing

IX. 転　　換　　B

§239 **この章で学ぶこと**　英語はいろいろな表現形式を発達させているから、一つのことを言うのに、二つあるいはそれ以上の言い方ができる。それら相互の間の転換をふつう「書きかえ」と呼んでおり、これに習熟することは表現法の多様性に馴れるという意味においてたいせつである。この章では、いくつかの場合にわけて、その基本的な型をおぼえることにする。

§240 **単文 ↔ 複文**　単文 (Simple sentence) とは "S+V" の結合が一つしかない文、複文 (Complex sentence) とは、二つ(以上)の "S+V" を if, as, when, because などの従属接続詞でつないだ文、重文 (Compound sentence) とは、"S+V" を so, and, but, or, for の等位接続詞でつないだ文である。

§241　(i)　that-clause ↔ to-Infinitive

(複) It is necessary *that* he should come.	彼が来ることが必要です。
(単) It is necessary *for him to* come.	
(複) It is important *that* you should remember this.	きみがこれをおぼえることは必要です。
(単) It is important *for you to* remember this.	

N.B.　この書きかえは It is true that..., It is probable that... のような場合には不適。necessary, important の場合は「だれそれが～すること」が 'necessary' であるとも言えるし、「～することがだれそれにとって」'necessary' であるとも言えるからよいが、true の場合このような言いかえがきかない。

(複)	We believed *that* he was dead.	彼は死んでいるとわれわれは信じた。
(単)	We believed *him to* be dead.	
(複)	*It* was believed *that* he had left.	彼は出発したと信じられていた。
(単)	*He* was believed *to* have left.	
(複)	This bag is *so* heavy *that* I cannot carry it.	このカバンは重くてわたしには持てない。
(単)	This bag is *too* heavy for me *to* carry.*	

* 単文の方はさいごに carry *it* としない。

§242

> 例題 1　次の文を it を主語にする文に書きかえよ。
> He seemed hardly to notice her.（彼は彼女に気もつかないように見えた）
> (阪大)

〔研究〕 It seemed that... の構造にはめればよいのであるが、ヤマは、hardly の扱い方にある。原文の hardly は to notice を否定するのであって seemed を否定するのではない（もし seemed の方を否定するなら、He hardly seemed... とあるはず）。ゆえに書きかえた文（複文）にあっては hardly は that-clause の内部に入り noticed（過去形）の前にくる。

〔答〕 It seemed that he hardly noticed her.

§243

> 例題 2　次の文を単文、複文の2とおりに訳せ。
> 彼が試験に合格することはたしかです。

〔研究〕 直訳すれば It is ～ that he... の複文となり、「彼はきっと...」と思って訳せば、He is ～ to... の単文となるが、この場合 sure という同一の形容詞を～のところにはめこめないところがむずかしい。It is *certain* that he...；He is *sure* to... と形容詞をとりかえて訳す。これがもっともふつうの形。ただし certain は両方につかえる。なお複文の that-clause の中は he will pass... と未来形にすることが必要。

〔訳〕 $\begin{cases} (単) \text{ He is sure } (=or \text{ certain}) \text{ to pass the examination.} \\ (複) \text{ It is certain that he will pass the examination.} \end{cases}$

〔注〕 (複)の方で It is sure that... は誤り。しいて言うなら I am sure that... となる。また He *is sure of passing* the examination. とすれば、この文は「彼が試験に合格すると、彼自身が思いこんでいる」という意味になる。

§244

> 例題 3　その時田中さんは、たまたま その街かどに立っていた。——① Mr. Tanaka を主語にして ② It を主語にして訳せ。

〔研究〕 ① は Mr. Tanaka happened to..., ② は It happened that... の構文にする。「立っていた」というところは進行形。

〔訳〕 ①　Mr. Tanaka happened to be standing at that street-corner just then.

②　It happened that Mr. Tanaka was standing at that street-corner just then.

§245　複文 ↔ 単文
(ii) because ↔ because of

$\begin{cases}(複) \text{ He had to stay home } \textit{because} \text{ it rained (} or \\ \quad \text{ because it was raining).} \\ (単) \text{ He had to stay home } \textit{because of} \text{ the rain.}\end{cases}$	雨が降ったので家にいなければならなかった。
$\begin{cases}(複) \text{ He had to work, } \textit{because} \\ \quad \text{ his father had died.} \\ (単) \text{ He had to work } \textit{because} \\ \quad \textit{of} \text{ his father's death.}\end{cases}$	彼の父が死んだので彼は働かねばならなかった。

§246　(iii) although, though ↔ in spite of

$\begin{cases}(複) \text{ He came to the party, } \\ \quad \textit{though} \text{ he was ill.} \\ (単) \text{ He came to the party } \textit{in} \\ \quad \textit{spite of} \text{ his illness.}\end{cases}$	彼は病気だったにもかかわらず、パーティに来た。

〔注〕 he was ill を his illness と名詞化して of へつづける要領がたいせつ。

(複) She rushed out of the house, *although* there was a heavy snowstorm.	ふぶきだったのに彼女は戸外へとび出した。
(単) She rushed out of the house *in spite of* the heavy snowstorm.	

〔注〕 there was *a* snowstorm が in spite of *the* snowstorm と a ↔ the の転換にも注意。「There-is 構文」の方は、あるもの(ふぶき)を導入するのだから a を伴い、in spite of の方は、そのもの(ふぶき)があったことを既定の事実として、「そのときの、そのふぶき」と把握している。

§247 (iv) Whenever ↔ never ... without

(複) *Whenever* they meet, they quarrel.	彼らは会えば必ずけんかする。
(単) They *never* meet *without* quarrelling.	
(複) *Whenever* he makes a speech, he refers to "the good old days."	彼はスピーチをやれば、きっと「楽しかったむかし」に言及する。
(単) He *never* makes a speech *without* referring to "the good old days."	

§248 (v) 前置詞出没のケース

ある種の動詞、または「be＋形容詞」は、名詞または名詞同等の語句へつづくときは前置詞を用い、that-clause へつづくときには、その前置詞が不要となる。

(単) He insisted *on* my writing it.	彼はわたしがそれを書くことを主張した。
(複) He insisted *that* I should write it.	
(単) He is sure *of* his success.	彼は自分が成功すると確信している。
(複) He is sure *that* he will succeed.	

§249

> 例題 4　彼は病弱にもかかわらず、毎朝、はげしい運動を欠かさない。

〔研究〕「病弱」be in bad health;「運動」exercises. さて、この文を単文で書く場合は、in spite of の次へ名詞的なものをおくのであるから in spite of his bad health とすぐつづける。

〔訳〕
- (複) He takes hard exercises every morning, although he is in bad health.
- (単) He takes hard exercises every morning in spite of his bad health.

§250

> 例題 5　彼は、自分が責任者だから自分自身で行くと言いはった。

〔研究〕「言いはった」の方はすぐ 2 通りに書きわけられるであろう。「...だから」の方は、ここでは節にして *because* he was responsible for it の方がよい。*because of* his responsibility for it と言って言えないことはないが、多少オーバーな表現にきこえる。responsibility という抽象名詞が重くひびくのである。*because of* his being responsible ならよい。

〔訳〕
- (複) He insisted that he would go himself, because he was responsible for it.
- (単) He insisted on going himself, because of his being responsible for it.

§251　　EXERCISE 18

次の文を単文・複文 2 様に訳せ。

1. 彼は身分[1]が高いにもかかわらずたいへんけんそん[2]です。
2. あなたが助けてくださったから、わたしの仕事が、うまくはかどった[3]のです。
3. 道路がぬかるみ[4]だったから、わたしは歩きにくかった。

[1] position
[2] modest
[3] go well
[4] muddy

4. わたしは、Kさんがそのへやにいるのに気がついていた[5]。
5. あのうわさ[6]はうそだということだ。
6. 彼は実験に失敗したと言われている[7]。
7. 彼は実験に失敗したと言われていた。
8. あの女中は正直だと信じられていた。
9. A氏とB氏とは会えば必ずいっしょに[8]食事をする[9]。

[5] be aware of ~; be aware that...
[6] rumour
[7] He is said to... の形は能動態にして We say him to... という形にすることができない。
[8] together
[9] have a meal

10. 次の文を指示に従って書き直せ。(大阪市大)
  a) I find it quite natural that they should hate their oppressors. (to-infinitive を用いて)
  b) He repents that his son was idle in his youth. (Gerund を用いて)

§252 態 (**Voice**) 言うまでもなく、能動態 (Active voice) と受動態 (Passive voice) との間の転換である。すなわち「AがBを~する」と「BがAによって~される」との転換である。これには

(Active) Columbus *discovered* America.
(Passive) America *was discovered by* Columbus.

の公式をおぼえて、あとは時制に注意すれば何も問題はない。上の文はいずれも過去形である。

なお受動態の文は、しばしば by ~ の部分を欠く。むしろ by ~ の部分(~によって)という動作主 (Agent) の表現が必要でないから受動態の文を書くという場合が多い。

ここに、「コンマはこのように使う」という日本文があるとする。このとき「使う」を生かせば、「われわれは、コンマをこのように使う」として英訳し、「コンマは」を主語にするならば、「コンマはこのように使われる」として受動態にしなければならない。そのときは by us は不要である。

{ We use commas in this way.
{ Commas are used in this way.

§253

> **例題 6** 次の各文の態を転換せよ。
> a) The book will be published next year. (本は来年出版される)
> b) Someone has broken the door. (だれかが戸をこわした)
> c) Must we wash the plates now? (今そのサラをあらわなければいけませんか)

〔研究〕 a) は they を主語に、b) はとくに時制に注意。c) は疑問文という性質は変えないこと。

〔答〕 a) They will publish the book next year.
    b) The door has been broken [by someone].
    c) Must the plates be washed now?

§254 特殊な場合

laugh at ～ (人をあざわらう); take care of ～ (人のせわをする); make fun of ～ (人をばかにする) などのように、数語集って一個の他動詞として働くものは、一般の他動詞なみに受動態を作り得る。

§255

> **例題 7** 次の文を受動態にせよ。
> Tom may catch sight of that old man in the street. (トムは街でその老人の姿を見かけるかも知れない) (阪大)

〔研究〕 catch sight of を一つの他動詞と考える。by Tom は必要だが、入れる位置を工夫する。

〔答〕 That old man may be caught sight of by Tom in the street.

§256

> **例題 8** わたしは、こんなふうにバカにされるのはこのまない。

〔研究〕 「～をバカにする」make a fool of ～; この原義は「～を材料に

して fool を作る」ということ。「こんなふうに」in this way.

〔訳〕 I don't like to be made a fool of in this way.

§257

> 例題 9　このベッドは寝たあとがない。何もあらされたあとがない。

〔研究〕　さいしょの所に be slept in という受動態をつかう。ただし、これは、このような文脈でのみ認められることで、たとえば、We live in Japan. を Japan *is lived in by us.* とすることはむろん誤り。次に「あらす」はここでは、書類や、品物に手をふれて「いじりまわす」ことであるが、それは次の文から考える。

　　Someone *has been tampering*　　だれかがわたしの時計をいじった
　　　with my watch.　　　　　　　　のだ。

これで tamper with を一つの他動詞とみればよいことがわかる。なお上の例文の進行形は、話者の「いやだなあ」という感情をあらわすもので、ここを has tampered with ではその意味がでない。

〔訳〕 This bed has not been slept in. Nothing has been tampered with.

§258 "**have＋O＋p.p.**" **による受動態**　授与動詞ならば、たとえば He gave me this book. を (1) *This book* was given me by him. とも言えるし、(2) *I* was given this book by him. とも言える。この形は授与動詞に限って可能なのであって、この (2) の形を授与動詞以外の動詞について用いてはならない。

「わたしはさいふを盗まれた」を *I was stolen* my purse. とするのは誤りである。これだと I was stolen だけで「わたし(という人間)が盗まれて行った」ことになり、英文としてこれだけで完結してしまい my purse が浮いてしまう。正しくは *I had* my purse *stolen.* とすべきである。

この "have＋O.＋p.p." の形は、場合によって「人に～させる」ともなる。→§155.

　　I had my hair cut.　　　　　　　わたしは散髪した。

§259

使　役	使役・受動
{*have* someone *do* something {*get* someone *to do* something	{*have* something *done* [by someone] {*get* something *done* [by someone]
（だれかに何かさせる）	（だれかに何かをさせる、される）

I must have* someone write this letter.　　　だれかにこの手紙を書かせねばならない。
= I must have this letter written by someone.

* get を使えば write (Root) を *to* write とする。

§260

> 例題 10　彼はうしろ手にしばられていた。

〔研究〕「彼は手を(うしろで)しばられていた」ととり have his hands tied という形に持ち込む。

〔訳〕　He had his hands tied behind him.

N.B.　この have を with として、付帯状況の表現にすることもできる。「彼はうしろ手にしばられて歩いた」He walked, with his hands tied behind him.

そして付帯状況の場合、*with* his head *on one side*（首をかしげて）; *with* his friends *running after him*（友人にあとを追われて、友人が後を追うという状態で）のように、with＋「もの」のあとには p.p. 以外のものもくるのである。このことから "have＋O.＋p.p." という形も実は「have＋O.＋形容詞相当句」の一つの場合にすぎないことがわかる。

§261

> 例題 11　だれかひとにやらせてもよいことを自分でやらなければ気がすまないのが彼の性分です。　　　（青山大）

〔研究〕「気がすまない」で文を切って、そのあと This is... と改めて言うと楽である。「彼の性分」というところはむずかしい。辞書を引けば、性質のところに nature, personality, character とあって使い方によっては活用できるが、ここは、the way with him「彼のやり方」というのが一番明快で、かつ楽な表現法である。この with は彼におけるという心

持。This is a habit *with him.* (これは彼の習慣となっている)。「気がすまない＝満足しない」be not satisfied；「せざるを得ない」また cannot help ～ing も使える。

〔訳〕 He is never satisfied if he does not do himself (*or* He cannot help doing himself) what he may as well have others do. This is always the way with him.

〔注〕 最後の文：This is quite *characteristic of* him. も可。

§262　　　　　EXERCISE 19

(A)

1. もし時間におくれれば、きみは先生にしかられるでしょう。
2. その戸は内からカギがかかっていた。
3. ベーコンは遅かれ早かれ空中をとぶ機械が発明されるだろうと言った。（東京工大）
4. 彼が想像していたものは、じっさいには300年以上ののちになるまで発明されなかった。（東京工大）
5. さいしょのオリンピック競技は紀元前8世紀にギリシャのオリンピアで開かれたのである。（日本女子大）
6. 少年のころ、瀬戸内海を旅して朝もやの中をつぎからつぎへとあらわれる島々の美しさに心を打たれた。
7. わたしはいくつかのまちがいを先生から指摘された。
8. 戸が閉められた。彼はくらいへやの中にひとり残された。
9. その子はよくめんどうを見てやらねばならない。〔2様に訳せ〕
10. この問題を解くには、定理3を使うべきである。〔2様に訳せ〕

1 scold
2 inside (*adv.*)
3 lock
4 sooner or later
5 imagine
6 actually
7 later
8 century
9 in my boyhood
10 Seto Inland Sea
11 one after another
12 appear
13 was deeply impressed with～
14 theorem

§263　(B)　態を転換せよ。

1. The prisoner was brought before the judge. (罪人は裁判官の前につれてこられた)

2. Butter is sold by[1] the pound. (バターはポンド単位で売られる)
3. By whom was the window broken? (窓はだれによってこわされたか)
4. We must not forget this accident. (われわれはこの事故を忘れてはならない)
5. We cannot tell the story in[2] a few words. (われわれは、その話を数語で話すことはできない)
6. We know[3] the day as "Christmas Day." (われわれはその日をクリスマスデーとよんでいる)
7. The twenty-one words helped[4] him become the most famous physician of his generation. (その 21 語が彼を彼の世代のもっとも有名な医者にするのを助けた)　　　　　(広島大)

[1] 「ポンドを単位として」この by のはたらきは受身のときの動作主をあらわしてはいない。

[2] 前置詞 in の用法は重要。

[3] know...as ~ は「~として 知っている」でなく、その呼び名。

[4] help him become を受動態にするとき to become とする必要がある。

§264 話法 直接話法 (Direct narration) と間接話法 (Indirect narration) との間の書きかえは、「時制」の点を除けば、なんら文法上の問題を含まない。単に常識の問題である。すなわち、直接話法で He said, "..." とあるとき、"..." の部分は、he なる人物(原話者と呼ぶ)が発言したとおりであるが、これを間接話法に直すということは、この He said, "..." の全体を発言する人(すなわち伝達者、わたしがこの文を言うなら、わたしが伝達者である)の立場からみて適合するように、原話者の用語を修正することである。

すなわち、原話者が "..." の中で you という単語を用いたとする。その you が、「伝達者自身」であれば、それは伝達者からみて I, me であり、「原話者の妻」を指していたとするなら、she または his wife となるであろう。

このように、話法転換ということは一定の法則があるのでなく、あくまでその場の状況を、異なった立場からみた場合の表現の工夫が必要であるにすぎない。一般的には、たとえば

　　this ↔ that　　　tomorrow ↔ the next day
　　here ↔ there　　　yesterday ↔ the previous day

のような法則に従うと言われているが、伝達者の立場によっては、転換しないこともあり得るわけである。ただ、話法転換の問題として与えられたときは、ほかに特に条件が示されてなければ、変え得るものはできるだけ変えるというのが原則である。

§265 基本的な型

- (直) He said to me, "I am wiser than you."
- (間) He told me that he was wiser than I.
- (直) He asked me, "Do you come here very often?"
- (間) He asked me if I went there very often.
- (直) He asked me, "What did you buy at this shop?"
- (間) He asked me what I had bought at that shop.〔語順に注意〕
- (直) I said to her, "How can you think of such a thing?"
- (間) I asked her how she could think of such a thing.
- (直) He said to me, "Wait here till I come back."
- (間) He told me to wait there till he came back.

§266

> **例題 12** She said to me, "When will you come again? Shall I be seeing you next week?"　　　　　　　　(慶応大)

〔研究〕 代名詞の転換に応じて shall, will をもとりかえる必要を生ずる。なお、原文の Shall I be seeing... という進行形は「お目にかかる機会があるでしょうか」という未来をあらわすために必要。Shall I see you? では、相手の意見をきく形、すなわち「会いましょうか」となる。

〔答〕 She asked me when I would come again and if she would be seeing me the next week.

§267

> **例題 13** She added that the smell of fat people was intolerable for her.

〔研究〕 add は「つけ加えて言う」であって直接話法にしてもこのまま用いる。intolerable は「がまんできない」という意味。

〔答〕 She added, "The smell of fat people is intolerable for me."

§268

> 例題 14 彼はわたしに、「きょうあなたに よいしらせがあ りますよ。 あなたは田中という、わたしの友人をおぼえてい ますか」と言った。

〔研究〕 前半 I have good news for you. のように have を使うのが よい。「わたしのひとりの友人」の気持で a friend of mine.

〔訳〕 (直) He said to me, "I have good news for you today. Do you remember Tanaka, a friend of mine?"

(間) He told me that he had good news for me and asked me if I remembered Tanaka, a friend of his.

§269

> 例題 15 そのとき、田中夫人はあなたに「ちょっと待って ください、いま、いそがしいから」と言いましたね。

〔研究〕 付加疑問をうまく使いこなす。「から」は直接話法では無視す る。

〔訳〕 (直) At that time Mrs. Tanaka said to you, "Wait a moment. I am busy now," didn't she?

(間) At that time Mrs. Tanaka told you to wait a moment because she was busy then, didn't she?

§270

> 例題 16 京都は一千年以上も日本の首府であったというの は本当ですかと彼はわたしにききました。　　　　(長崎大)

〔研究〕 根本は It is true that... であることをまずつかむ。次に「京 都は首府であった」は 「ききました」よりも 以前であるにちがいない が、これは、歴史的事実をきいているのであるから間接話法でも過去完了 にする必要はない。 ...that Kyoto was the capital of Japan と過去形 が正しいのである。

〔訳〕 (直) He said to me, "Is it true that Kyoto was the capital of Japan for more than one thousand years?"

(間) He asked me if it was true that Kyoto was the capital of Japan for more than one thousand years.

EXERCISE 20

§271 (A) 話法を転換せよ。

1. He said he didn't understand what I meant[1]. (お茶の水大)
2. He advised me to consult[2] the doctor. (お茶の水大)
3. When[3] I met him at Enoshima, he said to me, "Have you been here before?" (横浜国大)
4. The doctor told me that I should be quite all right[4] soon. (津田塾大)
5. He asked me if I had ever been abroad.

[1] mean=「意味する；意図する」
[2] ここの consult は他動詞で「医者にみてもらう」こと。
[3] when... の節は何のためにあるかを考えてみよ。
[4] この all right は「元気」なこと。

§272 (B)

1. 彼はわたしに一週間以上も病気だったと言いました。
2. そのとき、あなたはなぜかれらに、病気だからパーティにはでられ[1]ないと言わなかったのですか。
3. 田中夫人からわたしへの手紙には、「わたくしも近ごろ、あなたと同じようにピアノのけいこにかよって[2]います」とありました。
4. 彼はわたしに「なぜもっとパンフレット[3]をたくさん印刷[4]しておかなかったのか」とたずねた。

[1] attend a party
[2] take lessons in
[3] pamphlet
[4] print (v.)

§273 その他の書きかえ

以上述べてきたほかにも書きかえが要求される場合があるが、それらは、発想のきりかえに注目し、それにしたがって新しく文を作るような作業であるから、法則化は困難である。むしろいろいろな表現法に馴れるということと、どんなきりかえが可能かという常識の線での解決が必要である。

§274

> **例題 17** There is no telling when he will appear.

〔研究〕 これは There is no accounting for tastes.（趣味は説明できない——たでくう虫もすきずき）という諺の意味がわかれば It is impossible to... という書きかえが思いうかぶであろう。要するに「There is no＋動名詞」という構造のなかから「...できない」という能力に関する表現をくみとること。

〔訳〕 It is impossible to tell when he will appear.

§275

> **例題 18** I am sorry that I cannot speak French.
> I wish ではじまる文に書きかえよ。

〔研究〕 これは、「現実」に「～できない」ということを I wish ～ という「仮定」の世界にきりかえよという注文である。ゆえに§189以下を参照して「現実にはできない」を「もしできたらよいなあ」にきりかえる。

〔答〕 I wish I could speak French.

§276　「～するといけないから」　この場合は lest...should ～＝so that...may not～（～するといけないから）という形を用いる。

Look over the papers once more *so that* nothing *may* be omitted. ＝Look over the papers once more *lest* something *should* be omitted.	何か脱落しているといけないからもう一度書類をしらべてごらん。

N.B.　この例は may not の方の否定が nothing に移行しているが、要するに so that...may not という否定を lest...should という肯定形であらわす。この lest...should という形は文語体で古めかしいから英作文を書くときには使わないこと。本書でとりあげたのは、転換の問題としてしばしば出題されているという理由だけによる。

§277

> **例題 19** 次の文を文意を変えずに否定文にせよ。
> This coat is too short for me.

〔研究〕 これは重要な点を含む。ちょっと考えると not を入れて、そのかわりに形容詞を反対にして not too long でよさそうだが、これだと「too long ということはない」=「ちょうどよい長さ」ときこえる。これは誤り。too short を否定形で言えば not long enough「十分長くない」となる。

〔答〕 This coat is not long enough for me.

N.B. この文の応用として、次の文を調べてみる。
「映画はたいへんつまらなかったのでわたしはすぐ外へ出た」
The picture was *not so interesting that* I went out at once.

と訳した人がある。これは誤りである。この英文だと、まず not を除いた文は「映画はたいへんおもしろくてわたしはすぐ外へ出た」となり、not はそれを否定するのであるから、結局『「わたしが外へ出るほどにおもしろい」ということはなかった』となり、りくつにあわない。正解は The picture was so dull that... とあるべきところ。

EXERCISE 21

§278 I. 空欄を補え。(神戸大)

1. He was so foolish that he missed[1] the point. = He was too foolish ( ) ( ) miss the point.
2. She kept silent for fear of[2] betraying[3] the truth. = She kept silent ( ) she ( ) betray the truth.
3. He insists that I should pay the debt[4]. = He insists ( ) my ( ) the debt.
4. It is impossible to tell when he will arrive here. = ( ) is ( ) telling when he will arrive here.
5. There is no one who does not know such a simple matter. = There is no one ( ) ( ) such a simple matter[5].

[1] miss =「わからない、とりそこねる」ここでは「要点がわからない」こと。
[2] for fear of ~ing「~するといけないから」
[3] この betray は「もらす、ばらす」
[4] pay the debt =「借金をはらう」
[5] who [Relative]...not を一語で言えば but.

§279 II. 次の各 (a) の文の下線部分を、各 (b) の文の与えられた語ではじまる節 (Clause) に書き改めよ。解答欄には解答部分のみを記入せよ。 (小樽商大)

(例) (a) I supposed it to be John.
　　 (b) I supposed that *it was John*.

1. (a) <u>Weather permitting</u>, we are going for a boat ride tomorrow.
   (b) If ___, we are going for a boat ride tomorrow.

   1. "S+V"になおすことを考える。「天候が許すなら」

2. (a) I am sure <u>of your success in the coming examination</u>.
   (b) I am sure that ___.

   2. coming=「こんどの」

3. (a) <u>Lost in thought</u>, he did not notice me.
   (b) As ___, he did not notice me.

   3. be lost in thought =「思いにふけっている」

4. (a) He pretended <u>to be learned in the law</u>.
   (b) He pretended as if ___.

   4. be learned in~ = 「~について博識である」learned (*adj.*) [lə́:nid]

5. (a) <u>Having finished my homework</u>, I went out for an evening walk.
   (b) When ___, I went out for an evening walk.

6. (a) The news is too good <u>to be true</u>.
   (b) The news is so good that ___.

   6. 「話がうますぎて夢のよう」

7. (a) I remember <u>seeing him somewhere before</u>.
   (b) I remember that ___.

8. (a) <u>Without air</u>, no land creatures could live.
   (b) Were ___, no land creatures could live.

   8. 空気 (air) の「非存在」を言うところに注目すれば容易。

9. (a) I told him <u>to clean up his desk at once</u>.
   (b) I told him that ___.

10. (a) <u>Brought up in a better family</u>, he would not have gone bad.
    (b) If ___, he would not have gone bad.

    10. bring up=「育てる」 go bad=「不良になる」

III. 次の各組の二つの文が同じ意味になるように、空所に適当な語を補い、それぞれの番号欄に書け。ただし、下線一個に一語をあてること。

(北大)

a {
You were very kind to watch the baby while we were away.
It was very kind __1__ you to look __2__ the baby during __3__ __4__.
}

a. 1 は for ではない。

b {
Helen works so fast that nobody in the office can maintain the same speed.
Helen works __5__ fast for __6__ in the office __7__ __8__ up with her.
}

b. 「仕事に追いついていくこと」を言っている。keep up with ~ を用いる。turn out [to be] fine は結果的によい天気になること。

転　換　B

c {
In spite of signs of rain this morning, it has turned out to be a fine day.
Though it looked __9__ __10__ this morning, it has __11__ up __12__ all.
}

d {
I had scarcely begun to move when he grasped my arm.
Scarcely __13__ __14__ begun to move when he caught __15__ __16__ the arm.
}

d. 後半は §297-6 参照。scarcely, §199 参照。

IV. 次の 1, 2, 3 において、それぞれ (A) 中の下線の語を改めて、同じ意味を表わす (B) の文を完成しなさい。ただし (　) の中には、各一語を入れること。
(早大)

(例) {
(A) I do not know what to answer.
(B) I do not know what (*I*)(*should*) answer.
}

1. {
(A) He was afraid to stir lest he should be discovered.
(B) He was afraid to stir (　) (　) (　) he should be discovered.
}

1. afraid は to~ を「おそれる」の意。stir「動く」. in case [that] it should rain「雨がふるといけないから」から考える。

2. {
(A) In correcting his exercise I found many mistakes.
(B) (　) (　) (　) correcting his exercise I found many mistakes.
}

2. correct his exercise「彼の練習問題を訂正する」

3. {
(A) But for your help, I should be ruined.
(B) (　) (　) (　) (　) for your help, I should be ruined.
}

3. be ruined「破滅する」

V. 次の各組の二つの文が同じ意味になるように、下の文の空所に適当な語を補いなさい。
(早大)

1. {
a. It is impossible that he has done the work for himself.
b. He (　イ　) (　ロ　) (　ハ　) the work for himself.
}

1. for oneself「独力で」

2. {
a. I am sorry that I could not go with them.
b. I wish I (　イ　) (　ロ　) (　ハ　) with them.
}

3. {
a. He died ten years ago.
b. He (　イ　) (　ロ　) (　ハ　) (　ニ　) ten years.
}

3. 形容詞を使って言いかえる。

4.
- a. This is the most touching story that I have ever been told.
- b. I (イ) (ロ) (ハ) (ニ) a more touching story.

5.
- a. To our great surprise, he disappeared suddenly.
- b. His (イ) (ロ) (ハ) us greatly.

5. to one's surprise「おどろいたことには」; b. は sudden disappearance を主語にする (無生物主語)。touching「感動的な」

VI. 次の各組において、下の文の空所にそれぞれ1語を補って、上の文と同じ内容の文にしなさい。　(横浜市大)

1.
- We were too far away to see what was happening.
- We were not ( ) ( ) to see what was happening.

1. §277 参照。

2.
- It is a pity that you don't know how to do it.
- I wish ( ) ( ) how to do it.

3.
- I'm sure you were surprised to hear of his marriage.
- You must ( ) ( ) surprised to hear of his marriage.

4.
- You were very careless to leave your umbrella in the train.
- It was very careless ( ) ( ) to leave your umbrella in the train.

5.
- As he is very fond of travel, he has visited almost all the famous places in the country.
- His great fondness for travel has (a) him to almost (b) place in the country.

5. a は「つれて行く」と考える。b は place と単数だから all ではない。

§280 VII. 次の各文を、( ) 内の指示にしたがい書き改めよ。　(金沢大)

1. She asked the doctor to come to see her son again the next day.　(直接話法に)
2. To my surprise, I found him blind of one eye.　(不定詞を用いて)
3. No food has passed my lips since yesterday.　(I を主語にして)
4. It seems that her beauty gave delight to

2. blind of one eye =「片目がめくら」

all who looked at her.
(her beauty を主語にして)

VIII. 次の (B) 文がそれぞれ (A) 文と同じ意味になるためにカッコ内に入れるべき適当な語または句を書きなさい。 (慶応大)

1. (A) It seems that he saw your uncle.
   (B) He seems to (　) your uncle.
2. (A) You are very kind to show me the way.
   (B) It is very kind (　) you to show me the way.
3. (A) Don't let others find fault with you.
   (B) Don't let (　) be found fault with by others.
4. (A) He said to me, "Do you think it will rain?"
   (B) He asked me (　) thought it would rain.

3. you に対する命令の中で「you 自身」を指すことに注意。find fault with～=「～に文句をつける；こごとを言う」一つの他動詞と考える。

IX. 次の英文を (　) 内の指示に従って書き換えなさい。(長崎大)

1. I said to him, "May I call on you tomorrow?" (間接話法に)
2. She asked him what he had for supper. (直接話法に)
3. We often saw him walk in the park. (受動態に)
4. Having been written in haste, these sentences have some faults. (複文に)

1. 「call on+人」=「～を訪問する」

X. 前置詞活用法

§281 この章で学ぶこと 前置詞すなわち for, in, of, on, to などは形は小さいが、英語らしい英語を書く上に大きな役割を果たすものである。それでとくに一章を設けて、前置詞を使いこなす練習をすることにした。

§282 前置詞の持ち味 前置詞は大体もとの意味は「場所的意味」であったが、ほかの面にも拡大されて用いられるようになり意味が細かくわかれていった。この分化の過程にそってその持ち味を知ることが必要である。たとえば The book is *on* the table. とあれば on は「上」であるが同じ「上」でもこの場合 table に「密着」している。このことから、「表面に密着」「ある主題について」という意味になり、さらに本の重みが table の表面にのしかかるというところから「よりかかる」という意味を生じた。

(表面)	The picture is *on* the wall.	その絵はかべにかかっている。
(主題)	a book *on* English literature.	英文学の本。
(よりかかり)	Success depends *on* your efforts.	成功は君の努力による。〔成功するかしないかは努力次第〕

§283 このような観点から次の諸例を調べたい。

at: ―

(時点)	one *at* a time.	いちどに〔は〕ひとつ。
(値段・割合)	I bought this *at* 100 yen a dozen.	これを1ダース100円で買った。
(目標)	What are you driving	あなたは何を言おうとして

[134]

	*at**?	いるのか？

* drive at を一つの他動詞と考えるために at とその目的語 what とが分離した。

by : —

(近傍)	He is standing *by* the gate.	彼は門のそばに立っている。
(動作主)	The book was written *by* Russell.	その本はラッセルによって書かれた。
(単位)	Butter is sold *by* the pound.	バターはポンドを単位にして売られる。

for : —

(方向)	He left *for* Tokyo.	彼は東京へ出発した。
	This is *for* you.	これはあなたにあげる。
(交換)	He payed 10 dollars *for* the vase.	彼はその花びんに 10 ドル払った。
(理由)	I like him all the better *for* his faults.	彼には欠点があるからなおさらわたしは彼がすきだ。

in : —

(形・服装)	She was *in* a red coat that night.	彼女はその夜赤い上衣を着ていた。
	He thanked me *in* these words.	彼はそういうことばでわたしにお礼を言った。
(時間)	My homework will be finished *in* an hour.	わたしの宿題は一時間もすれば終わります。
(状態)	The car is *in* good order.	車はいい調子です。
	Nero was *in* good voice that night.	ネロはその晩、声の調子がよかった。

of : —

(材料)	What is the coat made *of*?	その上衣は何でできているか。
	I will make a gentleman *of* you.	きみを紳士にしてやろう。
(原因)	He died *of* dysentery.	彼は赤痢で死んだ。
(由来)	He was born *of* an old family.	彼は旧家の生まれだ。
	It is very kind *of* you to say so*.	そのように言ってくださってご親切なことです。

* =You are kind...

to : ―

(到達点)	We came *to* this conclusion.	われわれはこの(=次の)結論に達した。
(結果)	*To* my surprise, I found all my money gone.	おどろいたことに金はみななくなっていた。
(関連)	The interest grows in proportion *to* the capital.	利子は元金に比例してふえる。

with : ―

(受託者)	Leave the baggage *with* me.	その荷物をわたしにあずけなさい。
(関連)	He must have something to do *with* the society.	彼はその会と何か関係があるにちがいない。
(対象)	Don't get angry *with* him.	彼のことを怒っては、いけない。
	He is always finding fault *with* me.	彼はいつもわたしにうるさく小言ばかり言っている。

以上主要な前置詞について、ほかの場所で説明したことと重複しないような点を中心にまとめてみた。このような見方で、平素から前置詞のおもな用法をまとめておくことが必要である。

§284

> 例題 1　あの画家のいるところで音楽の話をしてはいけない。

〔研究〕「だれそれのいるところで」in one's presence を使って in the presence of～ とする。この「話」を story とするようでは困る。ここは talk about～ といきたい。

〔訳〕　You must not talk about music in the presence of that painter.

§285

> 例題 2　あの店はサンドイッチがうまいので有名だ。朝から晩まで若い人びとで満員だ。

〔研究〕「～で有名」be famous for ～;「うまい」delicious; しかし、とくに「うまいので」という必要はない。「～で満員」be crowded with ～;「朝から晩まで」from morning till night. 熟語だから、冠詞を省く。

〔訳〕 That shop is famous for [delicious] sandwiches. It is crowded with young people from morning till night.

〔注〕 シャレたつもりで、この2文を..., where is crowded... などとつなぐのは大ケガのもと。この連結はなぜいけないか？→§215.

§286

> 例題 3　わたしはそのことに何の関係もない。わたしはもともとその種のことに興味を持っていないのだ。

〔研究〕「何の関係もない」は have something to do から変形する。「～に興味を持っている」have an interest (=be interested) in～;「もともと」は、由来を言うなら originally だが、ここは「はじめから」from the first.

〔訳〕 I have nothing to do with that matter. I have no interest in such matters from the first.

§287

> 例題 4　わたしが大そう失望したことに、彼はお礼のことばも言わずに立ちさった。

〔研究〕 to one's～ を文頭に。～はこの文では「失望」disappointment. この語句を強めるにはさらにその前に much をおく。「お礼のことばも言わずに」は without saying... よりも without a word of thanks がよい。

〔訳〕 Much to my disappointment, he left without a word of thanks.

§288　**躍動的な前置詞**　日本語ならば動詞を用いて表現するようなことが英語では前置詞一つで表現できる場合がある。次の例で前置詞の躍動性をみることができる。

I was surprised *at* (=to hear)　　しらせをきいてびっくりした。
the news.

The train slowed down *for* the station.	列車は駅へ入るので速度を落とした。
I am in *for* it.	わたしはそれにまきこまれて、ぬきさしならない状態だ。
Are you *for* or *against* the plan?	きみはその案に賛成なのか反対なのか?
Marmalade tastes nice *on* bread.	マーマレードはパンにつけて食べるとうまい。
He is *above* suspicion.	彼は疑う余地がない。〔いわゆるシロだろう〕
This is all *beyond* me.	これは全くわたしにはわからない。
I went *for* the doctor.	わたしは医者をむかえに行った。
Send *for* the doctor at once.	すぐに医者をよびにやれ。〔Send *someone* for... の略〕
With that, he stood up and left the room.	そう言って、彼は立ちあがりへやを出て行った。
He was sitting there *with* his head on one side.	彼は首をかしげてすわっていた。〔付帯状況〕

§289

例題 5　だれか戸口に来ている。戸をあけて彼を入れてあげなさい。

〔研究〕「来ている」を前置詞で表現して、be at... とする。「彼を入れて」も前置詞で、つまり、「彼を迎え入れるように」を for で表現することができる。

〔訳〕Someone is at the door. Open it for him.

§290

例題 6　目をつぶってどのくらい歩けますか。

〔研究〕一見して「付帯状況」とわかるから with を用いて with your eyes closed (or shut) とする。つまり closed, shut という p.p. を your eyes のあとにつける。「付帯状況」というのはすなわち潜在文 (ただし節形式でない) なのであって、いわば your eyes が「意味上の主語」のはたらきをしている。「どのくらい」は距離と考えて How far...?

〔訳〕 How far can you walk with your eyes closed?

§291

> 例題 7　彼は彼のおじさんの名をとってジョージと名づけられた。

〔研究〕 「～の名をとって」を after で表現する。あとは簡単な受動態。name を動詞に使う。

〔訳〕 He was named George after his uncle.

§292

> 例題 8　本物の真珠と人造の真珠との区別がわかりますか。

〔研究〕 「A と B とを区別する」tell A from B; 論文調では distinguish A from B; distinguish between A and B.「本物の」,「人造の」はそれぞれ genuine, artificial.

〔訳〕 Can you tell genuine pearls from artificial pearls (*or* ones)?

§293

> 例題 9　あるものは輪になっておどった。またあるものは、二、三人ずつかたまって帰っていった。

〔研究〕 「輪になって」in a circle. これは形状の in である。また、その応用として、後半に in twos and threes を用いることを考える。

〔訳〕 Some danced in a circle. Others went away in twos and threes.

EXERCISE 22

§294　(A)　次の文を英訳せよ。ただし、下線の部分は必ず適当な前置詞で表現すること。

1. 「ねこ」にあたる英語は何ですか。
2. この手紙は黒インクで書きなさい。
3. 彼は舞台[1]に立つと、いつもより[2]小さく見えた。

[1] stage
[2] than usual

4. 彼はA氏と、低い声で話しをしていました。
5. その案に、わたしは異論はありません。
6. 彼の赤い毛は、青い上衣と、奇妙な[3]対照をなして[4]いた。
7. あの病院までここから歩いても 10 分以上はかからないでしょう。　　　　　　（慶応大）
8. 学校教育[5]に対するテレビの影響[6]は、一般に考えられるほど悪いものではない。
　　　　　　　　　　　　　　　（日本女子大）
9. 彼は雨の中を街をひとりで歩いた。
10. このわり[7]でいったら、東京の人口はあと数年で 1 千万[8]を越えるだろう。　（新潟大）
11. 日本の船は外国で Maru ships と呼ばれて[9]いる。これは船名が大てい「丸」で終わって[10]いるからであろう[11]。——　　（大阪外大）

[3] curious
[4] make a contrast with
[5] school education
[6] influence of A on B の形を活用せよ。
[7] rate
[8] million は百万だから...
[9] know ~ as (§ 263) を活用せよ。
[10] end を動詞に用いる。
[11] probably (多分) を用いる。

§ 295 (B) I.　次の各文中の "for" の意味を下記の a)―j) の中に求め、それぞれ a, b, c などの文字で答えよ。（青山大）

1. This is a gift for you.
2. It has been raining for the last three hours.
3. I went out for a walk.
4. Use this table for a desk.
5. I'll do it for a friend.
6. He sent to the bookstore a check for twenty dollars.
7. She is going to get a book of stories for children.

a) suited to　　　　b) on account of
c) to the amount of　d) at the price of
e) in favour of　　　f) in place of
g) because of　　　h) with the purpose of
i) during　　　　　j) directed to

a) suited to は「～に適した」
b) on account of=because of
e) favour は「恩恵、ため」
h) purpose は「目的」
j) は「～に向けられた」の意。

II.　次の和文に合うように（　）内に適当な前置詞を入れよ。（大阪府大）

1. 彼は叔父に援助を求めました。
　 He depended on his uncle (　　) support.
2. その船は明日神戸に着港のはずです。
　 The steamer is due (　　) Kobe tomorrow.
3. その劇は興味をもって期待されるでしょう。

That drama will be looked forward (　　) with interest.

4. その人は日本の学生の英作文を見てやっています。

He is helping Japanese students (　　) their English composition.

5. 彼の息はいつもタバコ臭い。

His breath always smells (　　) strong tabacco.

III. 下線部分に入れる適当な前置詞を入れよ。(共立女子大)

1. Are you traveling ＿＿ business or for pleasure?
2. The children are looking forward ＿＿ the holidays.
3. The old man is looked upon ＿＿ her adviser.　　3. look upon ～ as ＝ regard ～ as
4. Don't have anything to do ＿＿ such people.
5. He could not bear being made fun ＿＿.　　5. bear＝「がまんする」

IV. つぎの文の (　) のなかに適当な前置詞を一語ずつ入れなさい。
(慶応大)

1. I am familiar (　　) the author's name.
2. We were well aware (　　) his intentions.
3. She is looking forward (　　) her birthday.
4. What he said and did was only meant (　　) fun.
5. I shall have completed my task (　　) tomorrow evening.

V. 下の各日本文の意味を表わすように、それぞれの英文の各空所に適当な1語を入れよ。(北大)

1. 遠いところをおいで下さってありがとう。

Thank you (　　) your (　　) (　　) the way.

2. 道理で君はいつも浮かぬ顔をしている。

That accounts (　　) (　　) always looking so gloomy.

3. これが彼の性格のなぞを解く唯一のかぎである。

This is the only (　　) (　　) the mysteries of his character.

4. 彼に助けを求めてもむだだった。

They appealed (　) him in vain (　) help.

5. 彼はかなり裕福な家に生れた。

He was (　) (　) fairly well-to-do parents.

VI. 次の英文の趣旨は大体下記の日本文のようであるが、空所に入れるべき語を下にあたえた中からえらべ。（早大）

「現在までの人知の進歩は昔の人にはまるで夢のようであろう。この調子で行けば千年後にはどうなるか、想像に絶するものがある。」

What man knows already of the world (*a*) which he lives would be unbelievable (*b*) his ancestors of a thousand years ago; and in view (*c*) the speed (*d*) which he is acquiring knowledge, there is every reason to think that, if he continues on his present course, what he will know a thousand years (*e*) now will be equally (*f*) what we can imagine.

1. at　　2. about　　3. beyond　4. for
5.から　6. in　　　7. of　　　8. on
9. to　　10. with

§296　熟語の中の前置詞

前置詞の活用は、これまでのところでもよく分かるが、さらに前置詞が動詞や形容詞と結びついて一つの熟語を成す場合には、その力がますます発揮されてくる。われわれは、そういう熟語の中の前置詞を正しく使うことを学ばねばならない。

たとえば、「あなたのご親切を感謝する」を I thank your kindness. とやったのでは英語にならない。thank は「人に」感謝する、すなわち「人」を目的語とする動詞であって、ここは I thank you for your kindness. とならねばならない。

そのような例をいくつかまとめておこう。

§297-1　熟語集

The king *imposed* a new tax　　王は人民に新しい税金を課した。

on the people.	
He *congratulated* me *on* my success.	彼はわたしの成功を祝った。
He *feels pride in* (or *He is proud of*) his good record.	彼は自分の好成績をじまんしている。
He *spends* the evening mostly *in* reading.	彼は、夜の時間を大てい読書につかやす。
She *spends* her salary *on* clothes.	彼女は給料を衣しょう(代)に使う。
He *impressed* me *with* his gentle personality.	彼は、そのやさしい気立てで、わたしに感銘を与えた。
You must *mix* some water *with* the whisky*.	ウイスキーに水をまぜなければならない。〔ウイスキーを水でわる〕
The judge *praised* the farmer *for* his wisdom.	裁判官は、農夫の知恵をほめた。
He *blamed* me *for* my failure.	彼はわたしが失敗したといって非難した。
He *took* me *for* my brother.	彼はわたしを、兄とまちがえた。
Don't *take* it *for granted* that you have a raise.	昇給があるものと決めてかかってはいけない。

* water と whisky とを逆の順序に書かないこと。

§297-2　熟語集――つづき

I am *looking for* my hat.	わたしは、ぼうしを探しています。
He *searched* his pocket *for* the papers.	彼はポケットを書類はないかと探した。
So much for introduction.	前おき(序論)はこれぐらいにしておこう。
But for → §189.	
You shall have it *for nothing*.	ただでそれをきみにやろう。
The rule *applies to* the present case.	その規則は現在の場合あてはまる。
He *applied* some plaster *to* his wound.	彼はキズ口にこう薬をはった。
A previous engagement *prevents* me *from* joining you.	先約があって、ごいっしょに行けません。

You must *distinguish between* public and private matters. 　公的なことと私事とを区別しなければいけない。

§297-3　熟語集——つづき

We *tested* the machine *by* a new standard. 　彼は新しい基準で、機械をテストした。

He *is older* than I *by* three years. 　彼はわたしより三つ年上です。
=He is three years older than I.

I *missed* the train *by* one minute. 　1分のちがいで列車にのりおくれました。

What do you *mean by** 'co-operation'? 　「協力」とはどういう意味ですか。

We *replaced* the machine *by* a new one. 　彼はその機械の代りに新しいのを入れた。

Here we can *substitute* z *for* x^2+y. 　ここで x^2+y の代りに z とおこう。〔代用、置換の意味〕**

I *prefer* summer *to* spring. 　わたしは春より夏の方がよい。

*　mean A by B=「B とは A の意味だ」；ただし、この疑問文は単語の意味をたずねるよりもむしろ、相手の言い方が気に入らぬという気持で使っている。
**　x^2+y の読み方は x square plus y である；square「平方」

§297-4　熟語集——つづき

The cruel man *robbed* me *of* my coat. 　その残こくな男はわたしから上衣を強奪した。

That doctor has *cured* me *of* insomnia. 　あの医者はわたしの不眠症をなおしてくれた。

You will *be relieved of** your responsibility. 　あなたの責任をだれかにかわってもらえるだろう。

They wanted to *get rid of* the mice. 　彼らはねずみを退治してしまいたいと思った。

*　「relieve+人+of+重荷」=「人から重荷をとり除く」

§297-5　熟語集——つづき

He *informed* me of his brother's death.〔単文〕 　彼は彼の兄の死をわたしに知らせてくれた。
=He *informed* me *that* his brother had died.〔複文〕

They *accused* him *of* murder.	彼らは彼を殺人のかどで告訴した。
This *picture reminds* me *of** my schooldays.	この写真を見ると、わたしは学校時代をおもい出す。

* 「remind+人+of+物」=「人に物を思い出させる」

§297-6 接触点の表現

I *took* her *by* the hand.	わたしは彼女の手をひいてやった。
I *patted* her *on* the shoulder.	わたしは彼女の肩を(かるく)たたいた。
He *kicked* me *in* the stomach.	彼はわたしの腹を蹴った。〔stomach=胃〕
He *looked* me *in* the face*.	彼はわたしの顔をまともに見た。

* この構文では looked at me とはならない。

§298

> **例題 10** 彼は老人の手をとって舞台の中央に連れて行き、そこで彼に「ご還暦おめでとうございます」と言った。

〔研究〕 今まで習得した語句を組み合わすだけでよい。「還暦」sixtieth birthday.

〔訳〕 He took the old man by the hand to the centre of the stage, and said to him, " Let me congratulate you on your sixtieth birthday."

§299

> **例題 11** 何のことでわたしを非難なさるのですか。わたしを田中さんとおまちがえのようですね。

〔研究〕「blame+人+for+事由」の事由が what となって文頭に出る。「ようですね」は It seems that..., You seem to～ の2様に書ける。「おまちがえの...」は現在完了がよい。

〔訳〕 What are you blaming me for? It seems that you (*or* You seem to) have taken me for Mr. Tanaka.

§300　EXERCISE 23

1. あなたを貴婦人にしてあげよう。
2. 彼はわたしのペン字[1]のうまいのをほめた。
3. その基準はあなたの場合にはあてはまらない。
4. あの作家は名詞よりも形容詞を好む。
5. すもうとり[2]はみな太っているものと決めてかかるな。
6. アルバイト[3]とは内職[4]の意味[で言っているの]です。
7. この分数[5]をkとおいてもいいでしょうか。
8. この日記帳を見ると、彼が生きていたころのことを思い出す。
9. とつぜん、だれかがうしろからわたしの腕をたたいた。
10. 彼の矢[6]は、3センチだけ的[7]からはずれ[8]た。
11. アメリカ人にしては[9]彼は日本語をよく話しますね。　　　　　　　　　（長崎大）
12. 暮[10]には正月は暖かいだろうと思って[11]いたのだが、この冬は20年ぶりの[12]寒さだそうだ。　　　　　　　　　　　　（慶応大）
13. 石炭の工業化[13]は日本の産業にとって、最も重要な問題の一つである。
14. 煙が健康におよぼす影響は、最近ようやく、わが国でも大きな社会問題[14]としてとりあげられてきた。
15. 米国からの帰りにハワイに立ちよることは、はじめの予定にはありませんでしたが、そこに一週間滞在して見聞をひろめる[15]ことができました。　　　　　　　　　（関学大）

[1] penmanship
[2] wrestler
[3] Arbeit
[4] side-job
[5] fraction
[6] arrow
[7] mark
[8] miss(v.)
[9] for
[10] year-end
[11] expect
[12] 「この20年に持ったうちで一番寒い」と最上級で。
[13] industrialization
[14] social problem
[15] stay を名詞にして、fruitful (成果のある) という形容詞を活用せよ。

第2部 文体編

XI. 主語のきめ方

§301 この章で学ぶこと　一般の英文は、主語 (Subject) と述語 (Predicate) とを持っている。それで、英文を作るとき、もとの日本文とにらみ合わせて、何を主語にするかを決めることが第一の仕事である。もちろん、主語が問題なく決まる場合もある。しかし、英語の慣用に従って、特別の工夫を要する場合も多い。ここでは一般的な主語、無生物主語、そして形式主語の it とを考えてみたい。

§302 文のデザイン　主語の決め方が問題になるというのはどういうことか。実例について考えてみよう。

「この現象には〔一つの〕説明が可能である」という文を英訳しようと思う。「説明」は explanation；「説明する」は explain であるから、これを

(1) We can explain this phenomenon.

と言うことができる。これは we という人間を主語にした文である。この we は一般的な人々をあらわすので、これを受動態にしてその人間的要素をとり去ることもできる。

(2) This phenomenon can be explained.

(1) のように、人間を主語にして人間に即して言う文を Personal style (人称文体)、(2) のように人間をはなれて事態だけを述べる文を Impersonal style (非人称文体) という。

このように、文の主語のきめ方は文体と密接な関係にあることがわかる。

次に同じ非人称文体でも、原文の論文調を考慮に入れて『「～を～すること」が可能だ』という構文も当然考えられる。すなわち、すでに練習した It is ～ to-inf. とすれば、

(3) It is possible to explain this phenomenon.

となる。これも非人称文体であり、これは it の指す「潜在文」(これを潜在文 /P/ とする)について「可能だ」、すなわち、possible と言ったことになる。また次のようにも言える。

(3)′ An explanation of this phenomenon is possible.

ここで、人間が主語のときは can が、また、潜在文 /P/ が主語のときは possible が用いられ、主語のあり方が述語の構造に影響をおよぼすことがわかる。なお、can は be able to とも言えるが、しかし受動態にした(2)では、この書きかえはきかない。すなわち「able であるもの」は常に人間でなければならない。

(1)′ We are able to... 〔正〕
(2)′ This phenomenon is able to... 〔誤〕

それでは、最後に(2)と同じく this phenomenon を主語にして、しかも受動態でないような書き方をしよう。

(4) This phenomenon is capable of an explanation.

この問題についてはこの(4)が、原文のスタイルに最も近いことは容易にわかるであろう。

このように、主語の選定が文のデザインの決め手となり、また主語が決まると、述部の構造が制約をうけるということがわかる。

§303 人間：ことがら：抽象名詞 上の例でみると、非人称文の主語には2種あることがわかる。It is ～ that... とか It is ～ の構文であると、it は形式主語であって、真主語である潜在文の部分が、節または不定詞句で書いてある。また an explanation；this phenomenon を主語にした文は抽象名詞が主語である。

すなわち、「ことがら」は文章的に長く書くこともできるし、抽

象名詞でまとめて書くこともできる。このことを考慮に入れてもう一つ例をやってみよう。

「英語を自由に読み書きできることが望ましい」

この文を、採用者が応募者に対して資格の基準を述べたものとして英訳しよう。

(1) We expect that you can speak and write English well.

これは we だの you だのという人間が入っているから人称的文体である。

また「望ましい」desirable を知っているとする、このとき We are desirable that... などといってはならない。desirable であるのは「ことがら」である。だから

(2) It is desirable that you can speak and write English well.

としてみる。この文は、文全体の構成については非人称文である。〔潜在文のところだけについていえば人称文である〕

次に潜在文の中をもう少し、抽象名詞化することを考える。「〜を使いこなす能力」を command (n.) と表現できる。すなわち、「英語を使いこなせる人」は、「a good command of English を持つ」のである。

(3) It is desirable that you should have a good command of English.

これでみると潜在文の中は「have＋抽象名詞」で have という弱い動詞を用い、抽象名詞の方に大きなウェイトがかかっている。つまり have a swim; have a good time などと同様に、英語で好まれる「名詞中心構文」になっているのである。

ここまでくれば、われわれは、その抽象名詞を主語にして非人称文を作ることができる。

(4) A good command of English is desirable.

ここにいたって、この文は完全に非人称文となっている。

わたしは何も人称文体が幼稚で非人称文体が高級だなどと言っているのではない。どんな文体によるかはその時その時の要求に

応じてきめることである。ただ、文にはいろいろなスタイルが可能であること、それを可能にするのは主語のきめ方であるということを言っているにすぎない。

なお、主語として抽象名詞を用いることは、実は、上に述べた「名詞中心構文」の一つの場合にすぎない。主語であるとか目的語であるとかいう以前に、**あることがらを〔抽象〕名詞でまとめる**という「名詞中心構文」が、英語の一つのスタイルになっていることは、その名詞が主語である場合にも、目的語である場合にもたいせつなポイントなのである。

以上の話を頭において、例題によりいろいろな主語のあり方を研究しよう。

§304

> 例題 1　自分の考えていることを考えているとおりに理解してもらうことは非常にむずかしい。　　　　　　(青山大)

〔研究〕　ある「ことがら」について「むずかしい」と判断したのであるから、It is ～ to ～ の構文に持ち込む。「理解する」は understand だが、「理解してもらう」は工夫がいる。have を用いる使役の形にして、have others understand としよう。「考えているとおりに」は「方法」way を活用することを考える。この「自分」を you であらわすのが英語的。

試訳：　It is very difficult to have others understand what you think exactly in the way you think of it.

この訳文でも一応はよい。ただ「考えている(ところの)こと」を what you think と動詞を使ったために、次の exactly in the way 以下が、本当は「理解する」にかかるはずなのに、what you think の think にかかるようにもとれるのが困る。だから、ここは your thoughts と名詞を用いるのがよい。exactly 以下も in the way you think of them とした方が口調がよい。

〔訳〕　It is very difficult to have others understand your thoughts exactly in the way you think of them.

〔注〕　difficult の次に for you を入れるのはさしつかえない。ただし、It is very difficult for others to understand のような構文は、ここでは、意味がズレる。

§305

> 例題 2　子供たちを公園で遊ばせるのはからだによい。
> (長崎大)

〔研究〕 前題同様 It is ～ to ～ の構文にしよう。「からだによい」は good for the health. うかつに body などと言わないこと。

試訳: It is good for the health to let children play in a park.

この試訳はどこがいけないか。『「遊ばせる」のは「からだによい」』を直訳したものだから、たとえば「おとなが子どもを遊ばせること」が、その「おとなのからだによい」ときこえる。ここはあきらかにその「こどもたちのからだ」によいのである。

従って to ～ の前に「意味上の主語」for children を入れるとしよう。すると子供たちが「意味上の主語」では to let children play はおかしい。したがって、この部分は受身にならなくては困る。to be taken to a park for playing などとする。なお for children は思い切って文頭に持っていく方が口調がよい。

〔訳〕 For children it is good for the health to be taken to a park for playing.

〔注〕 参考のために、「おとなの立場」から書いた別訳をあげておこう。
Taking children out to a park for playing will do them much good.

この do someone good の形は「だれそれに益をあたえる、ためになる」という熟語。

§306

> 例題 3　わたしがここで彼に会ったのはきのうです。

〔研究〕 これは強調の It is ～ that... に持ちこむ。すなわち I met him yesterday. という、ふつうの構文を考えておき、その強調する部分、ここでは yesterday を It is のあとへおく。なお、時制は、過去の文であるから It is の部分も It was とする方がよい。

〔訳〕 It was yesterday that I met him here.

§307

> 例題 4　飛行機が安全な交通機関だと考えられるようになったのは、ごく最近のことである。
> (早 大)

〔研究〕 「交通機関」a means of transportation を中心に組みたてるこ

とにして、前題同様、強調構文に持ちこむ。「...するようになる」は "come+to-inf." の形であらわす。この come を become としない。時制は現在完了がよい。

〔訳〕 It is only recently that airplanes have come to be regarded as a safe means of transportation.

§308

> 例題 5　あんな片田舎に住もうなどと思い立ったのは、今からみると少々軽はずみだったと思う。けれどもその時には本気にその村で一生を送るつもりだったのだ。　　（神戸商大）

〔研究〕 「片田舎」a remote country-side；「軽はずみな」reckless；reckless of me とする要領が大切。「～しようと思い立つ」think of ～ing. これは It is kind of you to say so. の型にそのままはまる。後半は mean to ～ (～するつもり) を用いて really で補強する。

〔訳〕 It was rather reckless of me to think of living in such a remote country-side as that, I believe, but at that time I really meant to spend my whole life in that village.

§309

> 例題 6　この頃は自動車の運転手は、暴走するから、交通信号はあっても安心して大道を横切れない。　　（中央大）

〔研究〕 「暴走する」drive recklessly；「交通信号」a traffic signal；「大道」street；文字通りには highway だが、ここは一般に道を横切ることを言っていると思う。

さて、構文を考えるのに、まず「大道を横切れない」の主語をきめよう。one または we だが、ここは we を用いることにしたい。「安心して」は、「安心する」を直訳して分詞構文にしようとするのは適当でない。safely とか without difficulty とか副詞的に訳すのがよい。それで so ～ that ... を用いて、一応の訳文を作ってみると

試訳：Recently car-drivers drive so recklessly that we cannot cross the streets in safety even where there are traffic signals.

この試訳でも一応よい。しかし「交通信号があっても」のところがダラダラときこえる。「交通信号」を「主語」にして非人称文体を考え「交通信号が必ずしも、容易な横断を保証しない」という構文にもって行くと、ずっとよくなる。

〔訳〕 Recently some car-drivers rush about so madly that traffic signals do not always guarantee an easy crossing.

〔注〕 この文の not always はむろん「いつも保証するとは限らない」という部分否定になる。

§310

例題 7　他人の家に厄介になってみると自分の家のよさがわかる。　　　　　　　　　　　　　　　(小樽商大)

〔研究〕 「だれ」が厄介になるのか。「だれ」にわかるのか。こう考えれば、主語として you が最も適当だとわかる。「厄介になる」などにこだわる必要はない。「他人の家に住む」でよいが、たとえば、「親類の家に住む」は live with one's relations と言う。「おじさんの所にやっかいになった」は lived with my uncle である。「家のよさ」は real value of your home などでもよいが感嘆文の構造のほうがスマートになる。

〔訳〕 If you live with others, you will come to find how good is your own home.

〔注〕 最後の your own home の own は文旨を明瞭にする上に、効果絶大であるところをよく味わってほしい。なお文法的には ...how good your own home is だが、上の訳の語順の方がふつうであり、口調もよい。

§311-a　無生物主語 (Inanimate subject)
非人称文体のところですでにみたように無生物を主語にする言い方が英語に多い。そのような無生物が主語である場合のうち、とくに、その「もの」が他動詞の主語である場合に、これを無生物主語 (Inanimate subject) と呼ぶ。以下 §318 までこの研究をすすめたい。

§311-b

例題 8　彼の手紙には、彼があす来ると書いてある。

〔研究〕 この種の文は letter を主語にもってくること。そして The letter says that... の型に入れる。newspaper, telegram なども同様。まちがっても It is written in his letter that... などとしないこと。

〔訳〕 His letter says that he is coming tomorrow.

§312

> 例題 9　新聞の報道によるとロンドンに流行性感冒が発生したとのことである。　　　　　　　　　　　（武蔵工大）

〔研究〕「流行性感冒」influenza；「報道する」は report (v.) だが say でかまわない。この問題は，前題の応用であるから The newspapers say that... としよう。なお「...によると」は according to～ も用いられるから according to newspapers として文頭においてもよいが，その場合は，文中の「...とのことである」は訳出しない。すなわち according to～ のあとでは「...した」と断定的に訳す。

〔訳〕　(A)　The newspapers say that influenza has broken out in London.

(B)　According to newspapers, influenza has broken out in London.

§313

> 例題 10　きれいな水を浴びて喜ぶ人びとの顔を見ると、経済協力の意義がよくわかる。　　　　　　　　　　　（阪大）

〔研究〕　これは実は §150 の 6 および 7 につづく文である。人称文体もちろん可能だが，非人称文体にして，The sight of～ を主語にすることを考える。つまり「～の sight が ～の意義をよくわからせる」の構造にしたい。この「よくわからせる」は makes us understand と使役を考えることもできるが，この形はギコチない。brings home to us として使役をさけたい。もちろん brings の目的語が「意義」significance である。ここでは significance の方が meaning よりよい。さて「浴びて喜ぶ人びとの顔」のところは工夫がいる。「喜ぶ」を顔にかけて *happy faces* of the people とするのがいちばん自然。「浴びて」は現在分詞を修飾的に M_1（形容詞的修飾語）として用いて ...the people bathing in clear (*or* clean) water とする。このように bathe は自動詞である。taking a bath in... とやると少しオーバーになる。つまり本当にフロに入っているようにきこえる。

〔訳〕（人称文体）Whenever we see the happy faces of the people bathing in clear water, we can fully understand the significance of economic cooperation.

主語のきめ方

(非人称文体) The sight of those happy faces of the people bathing in clear water brings home to us the significance of economic cooperation.

§314 N.B. この例題については、じっさいの資料 (学生の訳例) からいくつかの問題点をあげて参考に供したい。

実例 1: Whenever we see the people's faces who are glad in bathing clean water, we can well understand a mean of economical cooperation.

(評) まず、the people's faces who... とやったのがいけない、who の先行詞が people's の中の people だというのは無理。be glad in... という結合はおかしい。be delighted to have ～ などのように工夫すればよくなる。bathing clean water と bathe を他動詞にしたのもいけない。a mean は the meaning としなければならない。mean という形で「意味」という名詞になると思っている人が意外に多いらしい。econom*ical* は「節約的」ときこえるから、econom*ic* とすべきである。→§136.

§315 実例 2: We can well understand the significance of economic cooperation seeing the faces of glad people in showering waters which is beautiful.

(評) 前半は満点、後半は0点という奇妙な文である。まず「みる」というのを seeing という分詞構文 (のつもり?) にしたのがまちがい。分詞構文の持ち味を知らないと思われる。glad は We are glad のように述語的に (Cとして) のみ用いられる形容詞である。この点 alive, asleep も同様。glad people という結合はできない。次に shower を他動詞のつもりで用いたのならむろん誤り。しいて善意に解すれば in showering water として「シャワーのように降る水の中で」ととれば、どうにか通用しないこともない。しかし waters とは何事か。この複数形は「大海」のような特殊な意味のときにのみ可能。さいごの which is beautiful は前半の好成績を全部マイナスにするほどの乱暴な構造。「女」や「風景」なら beautiful であり得るが water が beautiful ということはない。同様の例として nice, fine, pretty もあったがいずれも適当とは言えない。上述のように clear を用いて「透明な」ことをあらわすか、clean を用いて、「きよらかな」ことをあらわすかのどちらかにしたい。

§316

例題 11 ある住宅の一千世帯について、自由な時間をどう利用しているか調査が行なわれた。これによると余暇に趣味を楽しんでいる人はわずかに一部にすぎず、たいていはラジ

オを聞いたりテレビを見たりして時間をつぶしているようだ。

(神戸外大)

〔研究〕「住宅地」a residential quarter;「時間をつぶす」kill time;「調査を行なう」conduct an investigation. 前半で「調査」を investigation と訳すと、この語が、無生物主語となって「...しているようだ」のワクを The investigation shows (or reveals) のように使える。「わずかに一部にすぎず」も字句にこだわることはない。only a part of the people を主語にすれば簡単。「余暇」「趣味」は、それぞれ leisure, hobby がよい。ここの「趣味」は何か動作をともなうもので、taste (このみ) とはちがうことを見ぬくことが必要。「趣味」という単語を知らなければ、enjoy one's leisure-time in doing what one really likes などと工夫できる。なお、前題と同様「...しているようだ」は訳出しなくてよい。

〔訳〕 An investigation has been conducted with one thousand families in a residential quarter concerning how they spend their free time. It has revealed that only a part of the people utilize the leisure-time in some hobbies, and that the greater part of them merely waste it away either in listening to the radio or watching the television.

§317

例題 12 格安な特別料金になっておりますから、どなたでも快適な旅行ができます。

〔研究〕「料金」は price が一般的だがここは「運賃」だから fare; なお、price とか fare とかが「安い」は cheap や inexpensive ではない。これらの形容詞は「物」についていうのであって price や fare は low (低い) というべきである。つまり「物」が inexpensive であるときその「値」は low であり、「物」が expensive であるとき、その「値」は high である。ここでは「格安」を moderate というのがよい。

次にこの文は会社の宣伝文であろうから everyone can travel などというのは不適当。こういうところで our special moderate fare を主語にして非人称文体を考えたい。その構造は「特別料金が、すべての人に、快適な旅行を、可能ならしめる」であり、この「可能ならしめる」は一応 makes possible が考えられるがこのような使役はなるたけ避けたい (→§313); enables everyone to have 〜 とか ensures 〜 for everyone としたい。後者の方がスマートである。

主語のきめ方

〔訳〕 Our moderate special fare ensures a comfortable trip for everyone.

§318

例題 13 あまり本を読むと実生活に役に立たぬバカになるとまじめに主張するものもある。　　　　　　　　(関西大)

〔研究〕「実生活」real life；「まじめに」in good earnest. 一見して some people maintain... のように、主語に some を用いることに気づかねばならぬ。「あまり本を読むと」は直訳してもよいが、「too much reading が 人をバカにする」というふうに 無生物主語を用いるほうがよい。「実生活に役に立たぬバカ」は a useless fool を中核にすると real life との結合に工夫がいる。「実生活に適さない」と考えて、a useless fool unfit for real life とすればよい。こうすれば useless はなくてもよい。

〔訳〕 Some people maintain in good earnest that too much reading makes of you a useless fool unfit for real life.

〔注〕 I will make a gentleman of you.(わたしはあなたを紳士にしてやろう) [→§283]　この of は「材料」をあらわす。訳例は この構文の語順を変えたもの。

§319　　　　　　EXERCISE 24

1. <u>少なくとも</u>¹ 1日1回は<u>戸外で運動する</u>² ことが必要です。
2. 健康を失って<u>はじめて</u>³健康のありがたみがわかる。
3. 努力なくしては何事も<u>完成し</u>⁴得ない。
4. <u>申込書</u>⁵は編集長⁶あてとすること。
5. <u>拒否する</u>⁷ということは 全家族が 破滅するということを意味した。
6. 先約があるのであなたのところのクリスマスパーティに出席できません。
7. 何なりとご意見を<u>どんどんお寄せください</u>⁸。
8. 彼の時間が<u>正確</u>⁹なのには全く感心した。
9. <u>正宗白鳥がおどろくべき読書家</u>¹⁰であったことは有名であるが、その正宗さんが一番愛読し<u>たものは</u>¹¹ 聖書であった。　　(関学大)

¹ at least
² outdoor exercises をする、と考える。
³ only after...というつなぎ方。
⁴ accomplish
⁵ application
⁶ editor[-in-chief]
⁷ refuse (v.) から考えて...
⁸「意見が常に welcome だ」という考え方。
⁹ punctual (時間が正確) という adj. を知っていて、「impress+人 with+物」の構文にはめるにはどう工夫するか。
¹⁰ great reader
¹¹ 強調の It is ～ that を考える。

10. ばあや¹² がいつもの秋の訪問¹³ にきたのは、この会話のそれほどあとではなかった。その時には、彼女は前よりずっとやせて¹⁴いた。
　　　　　　　　　　　　　　（電気通信大）

11. "思考"、考えること、もの思うこと¹⁵。こんなすばらしい人間的特権¹⁶ はない。よき思考はたしかに人を美しくさせる¹⁷。

12. 花の中ではチューリップが一番すきです。チューリップは子供のころの楽しい日々を思い出させます。　　　　　　　　　（共立女子大）

13. 真の友人だったら¹⁸、こんなときに、だまってはいないだろうに。

14. 社会生活は友情によって左右されるといっても過言ではない¹⁹。

---

¹² nurse
¹³ her usual autumnal visit
¹⁴ thin
¹⁵ think と ponder (v.) をとりまぜて、うまくならべる。
¹⁶ privilege. この部分、最上級で逃げる方が楽。
¹⁷ add to ～ (～を増進する)も使える。
¹⁸ A true friend を主語にして仮定はこの主語に内在させる。
¹⁹ It is not too much to say that...

XII. 述 語 の 構 成

§320 この章で学ぶこと ここでは述語の構成、まずムード (Mood) 的表現について学ぶ。ムード的表現とは、ある一つの事象、「彼が来ること」のようなものを考え、それについて、話者の予測、意見などを述べることを言う。つまり、「彼は多分来るだろう」「彼は来るはずがない」「彼が来るのはもっともだ」「彼が来たのは幸いだった」というような文の英訳法について学ぶのである。後半では比較表現について研究する。

§321 話者の立場 まず「彼がそう言うのはもっともだ」という文を前章に従って It を主語にして書いてみる。

(1) *It is natural that* he should say so.

この文は It = that... であり、構文として It is natural という部分だけみれば、これは This is big. と同じ構造であるから、とくに述語の構成と言ってもピンとこないかもしれない。ところが見方をかえて that... の部分の「彼がそう言うこと」を潜在文 /P/ としてとらえ、話者はこの /P/ について「それは当然だ」という意見を述べたものとみれば、これは、すなわち、事象 /P/ について、話者の意見を述べる、ムード的表現になっていることがわかる。この (1) の文は、さらに文修飾副詞 naturally を用いて、

(2) *Naturally* he says so.
(2)′ He *naturally* says so.
(2)″ He says so, *naturally*.

などともなる。潜在文という形式を用いないわけである。

また、助動詞 may を用いて " may well+Root " で「〜するのももっともだ」という熟語にすれば

(3) He *may well* say so.

ともなる。

このようにムード的表現は、たとえば「彼は来ます」という平叙文（無色のもの）をテーマとして、それに、話者の主観の色彩をそえることであって、その形式としては、(1) It is ~ that.... (2) 文修飾副詞、(3) 助動詞、を用いる3種の型がある。もちろんある文が、いつでもこの3通りに訳し分けられるのではない。必要に応じて、この3種を使いわけるところがむずかしい。もう一例やってみる。

「彼は多分来るであろう」

(1) *It is probable that* he will come.
(2) He will *probably* come.
(3) He *is likely to* come.

この (3) は is likely to という部分が実質的には助動詞の働きをしているのである。

さて、この (1) の型は「単文↔複文」の転換で十分練習したから、それを頭において、ここでは、(2), (3) の練習を主としてやってみよう。

§322

例題 1　どうやら彼は大いそぎで走ってきたらしい。

〔研究〕「どうやら...らしい」に evidently; apparently という文修飾副詞を用いる。「走ってくる」come running;「走って行く」go running. このときの ~ing は現在分詞であって、go swimming (→§230) とは別の構造。

〔訳〕 Evidently he has come running in a hurry.

§323

例題 2　幸運にも、彼は百人もの応募者の中から選ばれた。

〔研究〕「幸運にも」fortunately, happily, luckily などのいずれかを文修飾副詞に。なお It is ~ that... の構文ならば It was fortunate が最もよい。「百人もの」は「百人」とふつうに言う直前に as many as とつ

ける。「応募者」applicant.

〔訳〕 Fortunately he was chosen out of as many as a hundred applicants.

§324

> 例題 3　たしかに、それは彼女がするような仕事ではなかった。それで、彼女はその申し出をことわったが、それは正当であった。

〔研究〕「彼女がするような仕事」the sort of work (*or* thing) she ought to do. ought to, should を使ったら「時制の一致」は不可能で、ought to ~, should ~ のままで「時制の一致」をしたものとみなす。ここをあまり考えすぎて ought to have done などとやると、それは時差性(→ §237) を示してしまう。「申し出」offer；「ことわる」refuse.「たしかに」certainly；「正当にも」properly といずれも文修飾副詞を用いるとよい。

〔訳〕 Certainly that was not the sort of thing she ought to do. And she refused the offer, properly.

〔注〕 さいごの properly の前のコンマは必要。これがないと一般の副詞 (M_2) になり、「正当な仕方で → ことわった」というようにきこえる。なお本題は It is certain that...; It was proper that she should have refused... としてもよいが、多少重苦しい。

§325

> 例題 4　ひょっとすると、彼はその掲示を出すのを忘れたのかもしれない。

〔研究〕 perhaps (文修飾副詞)を用いる。この語は「ひょっとすると...と言ってもよいのではないか」という心持で用いる。したがって probably (多分)とは区別しなければならない。

〔訳〕 Perhaps he has forgotten to put up the notice.

〔注〕 助動詞を用いるなら He may have forgotten to... とする。ここで、次の用法を合わせておぼえておく。

§326 ムードの助動詞 (Modal auxiliaries)

同時性	時差性
He *may* be ill. (彼は病気かもしれない)	He *may* have been ill. (彼は病気だったのかもしれない)
He *must* be ill. (彼は病気にちがいない)	He *must* have been ill. (彼は病気であったにちがいない)
He *cannot** be ill. (彼は病気のはずはない)	He *cannot* have been ill. (彼は病気であったはずはない)

* なお "*cannot* but+Root" とすれば、「～せざるを得ない」という意味である。

この左欄と右欄のちがいは 同時性と時差性とのちがいである。この差は、時制の一致をしても当然のこる。「時制の一致」をするときは may → might, can → could となり、must だけはそのままである。may → might の例を示す。

{ He said to me, " She *may* be ill." 〔同時性〕
{ He told me that she *might* be ill. 〔同時性〕

{ He said to me, " She *may* have been ill." 〔時差性〕
{ He told me that she *might* have been ill. 〔時差性〕

§327

> 例題 5　彼はあまり遠くへ行ったはずがない。あるいは彼は引きかえしてくるかもしれない。

〔研究〕「あまり～ではない」は not very ～ である。つまり「"very ～"ではない」ということが、日本語の「あまり～ではない」に相当する。肯定文で「あまりに～だ」は too ～ であるから混同しないよう。「引きかえす」come back; これを「近い未来」として進行形にすればよい。

〔訳〕 He cannot have gone very far; or he may be coming back.

§328

> 例題 6　「そんなはずはない。きっと何かのまちがいでしょう」「では、もういっぺん行ってたしかめてきます」「いえ、わたしが行きます。あなたは、ここにおかけなさい。さぞお疲れでしょう」

述語の構成

〔研究〕 さいしょの一文は「それは真実であるはずはない」と訳す。その次の「きっと...でしょう」と、さいごの「さぞ...でしょう」は英語では must を用いる。§326 の表では must に「ちがいない」という訳語をあてておいたが、ここでその本当の心持をおぼえておく。「たしかめる」make sure; なお、「あなたは...しなさい」の心持で命令文に you を添えておきたい。

〔訳〕 " That cannot be true. There must be some mistake."
" Then, I'll go and make sure again." " No, I will go.
You sit down here, please. You must be tired."

§329　　　　　EXERCISE　25

1. どうやら彼は選手[1]のエラーを見おとし[2]たらしい。
2. きのう彼女がここにきたはずはない。
3. 彼女は病気だったかもしれないが、大病だった[3]はずはない。
4. 幸運にも彼の誕生日が日曜日にあたって[4]いた。
5. その運転手は信号を無視したにちがいない。
6. あなたは来たくなければ来なくてもよい。
7. その事故は7月20日の午後に起こったにちがいありません。少なくとも午前中[5]でなかったことだけはたしかです。
8. 今度の[6]計画はだれにも喜んで迎えられるにちがいない。
9. 今にも雨が降り出す[7]かもしれない。
10. その和[8]が a^2 より大きくなるはずはありませんね、そうでしょう。

[1] player
[2] overlook
[3] be seriously ill
[4] A falls on B.(A という日が B という日にあたる)
[5] morning
[6] present (*adj.*)
[7] start
[8] sum; なお a^2 は " a [ei] square (平方)" とよむ。

§330　比較 (**Comparison**)　述部は何が「～である」と形容するものであって、しばしば、その述部のあらわす性質についての比較を含む。これからその研究に移る。

比較の基本例:
(1) John is as tall as Dick.　　ジョンはディックと同じ背丈だ。
(2) John is not so tall as Dick.　ジョンはディックほど高くない。

(3) John is not as tall as Dick.　　ジョンはディックのようなノッポでない。

　否定のときは A is *not so* ~ as B となるが A is *not as* ~ as B とすることも多い。とくに後者は、B が~の形容詞によって描写され得る場合に用いることが多い。上の (2) では John と Dick の身長について J<D という関係を言ったのみでどちらもとくに tall man ではないかも知れないが、(3) のように言うときは Dick is *a tall man.* という事実も考えられている。

　同様に I am not so old as he. は単に「年齢の相違」を言ったのであって、he も（したがって I も）*old* man ではない場合であるが、I am not as old as he. というときは、しばしば He is *an old man.* という事実を踏まえている。

§331　比較級・最上級

The climate of Hyogo prefecture is *milder than* that of Akita prefecture.　　兵庫県の気候は秋田県のそれ（気候）よりも温和である。〔この that of は必要〕

I like swimming *better than* rowing.　　わたしはボートより水泳がすきだ。

Why didn't you come *earlier*?　　なぜ、あなたはもっと早く来なかったのですか。

John is *taller than* any other boy in his class.　　ジョンは同級生のだれよりも背が高い。

=John is the tallest boy in his class.　　＝ジョンはクラスで一番背が高い。

This is *the most interesting story that* I have ever heard.　　これは、今までにわたしが聞いたうちでもっともおもしろい話です——こんなおもしろい話をきいたことがない。

§332　注意すべき比較文

This is *too good to be true.*　　あまり話がうますぎて、本当とは思えない。

The sooner, the better.　　早ければ早いほどよい。

The more money one has, *the greedier* he becomes.　　人は金を多く持てば持つほど、欲が深くなる。〔The more one has money としないよう〕。

You *cannot be too careful* about it.	それについてはいくら注意してもしすぎることはない。
Nothing is too good for my wife.	妻にはどんなよいものを与えてもよすぎるということはない（いくらよいものでもまだ不十分のような気がして、もっとよいものを与えたい気がする）。
You *had better* take a rest.	きみは休養した方がよい。〔→§169〕
I like him *all the better for* his faults.	わたしは、彼に欠点があるから、なおさら彼がすきだ。〔→§283〕
I would *sooner* die *than* live in disgrace.	屈辱の中に生きるぐらいなら死んだ方がましだ。
Easier said *than* done.	言うのは容易で、行なうのはむずかしい。〔諺〕
He is *more quiet than* gentle.*	彼はやさしいというより、むしろもの静かな人だ。

* この文は 'gentle' と 'quiet' の 2 語について「quiet の方が彼によりよく適合する」という意味。だからこの文の more quiet はふつうの比較級ではない。

§333

> 例題 7　この鉛筆は短かすぎる。長いのをください。

〔研究〕「長い」とあっても、ここでは比較級にすることを忘れないよう。「長いの」は a longer pencil だから、これに one をうまくつかって a longer one とする。

〔訳〕 This pencil is too short; give me a longer one.

§334

> 題例 8　この本は、きみの本の半分の厚さもないが、値段はその 3 倍です。

〔研究〕 as...as の比較の中へ、「半分」half とか「3 倍」three times とかを入れる要領をおぼえる。「きみの本」も代名詞を使って yours.

〔訳〕 This book is not half as thick, but three times as expensive, as yours.

〔注〕 省略のテクニック:
$$\begin{cases} \text{not half as thick } \textit{as yours} \\ \text{three times as expensive } \textit{as yours} \end{cases}$$
の二つの構造を as yours をいっぺんですますようにして、コンマで挿入的にする要領も記憶せよ。つまり、ac+bc=(a+b)c の要領。

§335

例題 9　あの人は、わたしの今まで知っている人の中で、最も信頼できる人です。

〔研究〕 「最上級+名詞」のあとに that-clause (ただし、この that は関係代名詞) をおいて、「私がかつて知ったところの」とやればそれで「...の中で」の意味になる。「信頼できる」reliable.

〔訳〕 He is the most reliable person that I have ever known.

§336

例題 10　汽車が早く走れば走るほど、彼らは興奮した。

〔研究〕 一見して The more, the better. を応用することがわかる。「興奮する」は be excited の形にすること。この種の文ではとくに語順に注意する。

〔訳〕 The faster the train ran, the more excited they got.

§337

例題 11　話し合いにおいては、他人に対する思いやりほど重要なものはない。

〔研究〕 比較級と最上級との2通りに訳せる。「話し合い」talk;「思いやり」consideration. なお、この種の文では not so ~ as よりも more than ~ の形の方が適当ということは既述した。→§164.

〔訳〕 (A)　In a talk, nothing is more important than consideration for others.

(B)　The most important thing when you have a talk with others is consideration for them.

§338　比較・否定・ムード　比較と否定とが密接な関係をもつことは too ~ to の表現をみてもわかる。ここでは、比較と否定

とムードとが微妙に関係し合うところを研究してみよう。

(1) You ought to *know better* (than this). こんなまねはもうやめるべきだ。

これは何かつまらないことをやっている人に対し、やめるように忠告することば。英語では「こんなことより、よく知れ」と比較級になっている。

(2) He *as good as* admitted that. 彼はそれを認めたも同然だ。

ここでは as good as はこれだけで practically という文修飾副詞のはたらきをしている。この文の意味は、「正確には、"He *admitted*..."とは言えないが、そのときの態度からみて彼の態度は「admit と言ってもよいくらいだ」ということである。つまり「理論上は (theoretically) 彼は admit していないが、事実上は (practically) admit したのと同じ」という心持である。

次に may well という熟語はすでに説明した (→ §321)。そして §261 には may as well も出てきた。この may as well はけっきょく may 〜 as well (as not) ということで、「〜しないのと、するのと同じ程度だ」という気持である。

(3) I *may as well* go with you. きみといっしょに行ってもよい。

この熟語で may を might とすると「現在の事実の反対」をあらわす。

(4) You *might as well* say that one and one is three. そんなことを言うぐらいなら 1+1=3 だと言ってもいいぐらいだ。

この文の本当の意味は、「1+1=3 が成り立たないと同様に、きみの今言っていることも成り立たない」である。このことを次の no more than でも言える。

(5) A historian can *no more change* the course of events *than* a mapmaker can change the actual situations. 歴史家が事象の流れを変えられないのは、地図を作る人がじっさいの状況を変え得ないのと同様だ。

つまりこの文では than 以下の肯定文で書いてあることは、じっさいには成立程度がゼロであることを暗示し、うらに否定をふくんでいる。ゆえに

(6) I am *no wiser than* a child.　　ぼくは子供同様、何も知らぬ。

という文では A child is not wise at all. ということをうらに含んでいる。しかるに

(7) I am *not wiser than* he.　　ぼくは彼より賢くはない。

は、単なる比較の否定で、別に「彼が何も知らぬ」ということまで言っていない。同様に

(8) He did *not* take *more than* thirty. 　　彼は30以上はとらなかった(彼のとった数は30以下：25とか20とか)。

(9) He took *no more than* thirty.　　彼は30しかとらなかった(30とったが、たったそれだけ)。

の区別もわかる。さらにこれを応用すれば

(10) He is *no scholar*.　　彼は学者なんてものじゃない(無学だ)。

(11) He is *not a scholar*.　　彼は学者ではない(ほかの職業)。

の区別もわかってくる。

§339 否定語 not のかかり方　次に not only A but also B (A のみならず B も) を、比較の形式にして、B as well as A (語順に注意！) とすることができて、

(12) I was praised *as well as* he.　　彼と同様、わたしもほめられた。
　　= *Not only* he *but also*
　　I was praised.

となるが、これを否定にして B not as well as A のときは注意を要する。すなわち、

(13) I was *not* praised *as well as* he.　　彼と同様にわたしもほめられたのではなかった(彼はほめられたが、わたしはほめられなかった)。

cf. *Both* of them did *not* come. (ふたりともは来なかった、一方だけ来た)

これでわかるとおり not のもつ否定力は not を除いた部分の

あらわす意味をまず考え、それを否定するのである。つまり、部分否定と同じかかり方であることがわかる。ゆえに「彼もわたしもほめられなかった」という全体否定は、

(14) *Neither* he *nor* I was praised.　彼もわたしもほめられなかった。

としなければならない。

§340

> 例題 12　この種の本を読むときには、いくら注意しても注意しすぎるということはない。

〔研究〕 英語から直訳したような文であるから You cannot be too careful... とすることはすぐわかる。つまり「too careful という状態にはなり得ない」ということは、「いくら注意しても too careful という批評が出てこない」ということを意味する。だから「安心していくらでも careful にせよ」という意味。not too ~ は not very ~ (→§327) とこれだけちがう。「この種の本」a book of this kind, this kind of book のいずれでもよい。§324 で用いた sort は「種類」を言っているのではなく、「そんなふうな」と形容したにすぎない。kind の方ははっきり「種類」である。

〔訳〕 You cannot be too careful in reading a book of this kind.

§341

> 例題 13　目標なしに研究をするぐらいなら、目をつぶって的にあてようとした方がましなくらいなものだ。

〔研究〕 これは you might as well A as B の構造に入れて、A の方が「目をつぶって的にあてる」、B の方が「目標なしに研究する」である。§338(4) の例文にはこの as B の部分がなかった。それは B の方は「そんなことをするぐらいなら」で、前後の関係でわかっているからである。この種の文で A, B をとりちがえると全部ダメになってしまう。
「目標」aim；「目をつぶって」は付帯状況 (→§260, §290)。「的にあてる」hit the mark.

〔訳〕 You might as well try to hit the mark with your eyes closed as study without an aim.

§342

> **例題 14** あの薬をあんなに飲んだなんて全く驚く。それでは、彼は自殺したも同然じゃありませんかね?

〔研究〕 文頭を I am surprised to hear... とすなおにやっても一応言える。「無生物主語」を使うなら、The amount of the medicine... surprises me. すなわち「...の薬の量が私をおどろかす」とやる。これだけで「多量」ということは暗示される。後半は「彼は practically に自殺した」ともっていくのは もはや明らかであろう。「自殺する」commit suicide. さいごに付加疑問をじょうずに用いたい。

〔訳〕 The amount of the medicine he took really surprises me! He practically committed suicide, then, didn't he?

§343

> **例題 15** 他人の芸術の模倣は自分の芸術でないと同様に、他人の研究をくり返すだけでは科学者の研究ではない。(神戸大)

〔研究〕 no more ~ than の構文ということは明らかであるから、この日本文の前半を B, 後半を A として、英文では A no more than B となるはずである。

- A₁=他人の研究をくりかえすこと
- A₂=科学者の研究
- B₁=他人の芸術の模倣
- B₂=自分の芸術

とおけば、

A₁ is no more A₂ than B₁ is B₂.

となる。このとき、念のためもう一度言うが B₁ is *not* B₂ としてはならない。B₁ is B₂ が成立することは「その程度はゼロである」ことが自明であるとして、この文が発言されているのである。原文の組みたてをもう一度調べてみよ。

さて、この文はこのように非人称文体で書けるが、A₁ は抽象名詞で簡潔にいきたい: A mere repetition of the studies made by others... 〔ここを studies *of* others とやると「他人を研究する」ようにきこえる。cf. study *of* history (歴史の研究)〕

B₁ は imitation of arts of others. B₂ のところの「自分の」は one's own と一般的に言うことを工夫する。この文は非人称文体であって、ほかの部分に特定の人を指す語がでてこないからである。

〔訳〕 A mere repetition of studies made by others is no more

a scientist's study than an imitation of arts of others is one's own art.

〔注〕 ここの二つの is の代わりに makes も可。つまり make には「なる」という意味がある。

> Generally speaking, girls *make* better linguists than boys.
> 一般的に言えば、少女の方が少年よりもことば(外国語など)がうまくなる。

ここの linguist は「言語学者」ではない。He is a *good swimmer*. (彼はおよぎがじょうずです)と同じ用法。

§344　　　EXERCISE 26

1. 彼は彼女と同じぐらい、じょうずに、英語が話せるばかりでなく手紙も書けます。(法政大)
2. 本を読んだら、その本の要約[1]と感想[2]を書くようにすると、いっそう[3]よくわかるでしょう。(明治大)
3. 近ごろ、日本人で外国語をりゅうちょうにしゃべる人が多くなったが、その反面、今日ほど日本語[4]が乱れ、軽視され[5]ている時代はなかろう[6]。(東大)
4. 早期診断の重要性をいくら強調しても強調しすぎることはない[7]。
5. 無益なことに時間を浪費するぐらいなら、今その計画を断念し[8]た方がましなくらいなものだ。
6. i) ジョージもトムもどちらも病気だったはずがない。〔全体否定〕
   ii) ジョージとトムが、ふたりとも、病気だったなんてそんなはずはない。〔部分否定〕
7. ホノルル (Honolulu) へ飛行機で行く[9]ほうが汽車で[9]大阪から札幌へ行くより時間がかからない時代になった。国際関係がいよいよ密になるわけ[10]である。(関学大)
8. 彼は人物を描く[11]のに巧み[12]でことに女性の描写[11]にすぐれているといわれるが彼の作品で女性以上にいきいきと[13]描か[11]れているのは子供たちであろう。(奈良女子大)

[1] summary
[2] comment
[3] be better able to-inf. という比較級を活用せよ。
[4] the Japanese language. このように language まで言うときは the をつけて用いる。
[5] be in disorder と be in neglect と並列的に用いよ。
[6] more ~ than ever before とやれば肯定形で言える。
[7] not...too の心持で cannot overemphasize と言える。
[8] give up
[9] air-trip; railway trip を用いて簡潔に。
[10] この「わけ」は、「してみると...になる」ぐらいの気持で evidently といきたい。ただし、字句通り that is why ...とやるのも一つの解釈である。
[11] describe (v.); description (n.) をうまく使いわけよ。ただし、この作品が小説かなにかであると考えた場合。もし絵なら depict (v.) も使える。
[12] be good at
[13] vividly

9. 科学の進歩は無限[14]かもしれない。われわれは科学の平和的利用[15]を永久に[16]人類のえい知の支配に服させよう。　　　　　（長崎大）

10. ものぐさの[18]太郎がスキーには重い荷物をしょって混雑する汽車ででかけます。してみるとスキーはよほどおもしろいもの[19]にちがいありません。　　　　　　　　　　　　　（慶応大）

11. 水銀[20]が銀でないのは、ホットドッグ[21]が犬でないのと同じようなものだ。

12. かつて同じような体験をした[22]ことがあるだけに、あなたのお手紙はひとしお[23]興味の深いものでした。　　　　　　　（津田塾大）

[14] infinite
[15] peaceful utilization
[16] for ever
[17] put ~ under the control of ~
[18] lazy
[19] fun
[20] quick-silver
[21] hotdog
[22] have a similar experience
[23] all the more... because

XIII. 発　　想

§345　この章で学ぶこと　発想とは、どんな表現形式に持ちこむかという文体的な工夫である。それは当然その言語の慣用的な言い方をふまえたものでなければならない。すでに、XI, XII において、われわれは、主語のきめ方、それに応じて述部のデザインの仕方を学んで、少しでも英語らしい発想に近づくことを学んだ。この章では、それらを基盤としてさらに、文全体の言いまわし、修飾語句の配列などについて英語的発想を学ぶ。

§346　表現の角度　もっとも基本的な次のような文で、われわれは発想のちがいを知る。

「わたしには兄弟が3人ある」I have three brothers.

日本語の方は「ものがある」と表現した。つまりものの存在である。そして、それが「わたしに対して存在する」と言い、さらにどのくらいあるかを「3人」と、いわば副詞的に表現している。英語の方は I have... である。ここでは、ものが——わたしに対して——あるとき、わたしがものを持っているという関係も成立しているとして、いわば持主としてのわたしの立場からものを見たのである。英・和ともに、「ものがある」という存在自身は同じことであるのに、日本語の方は、ものを「ものに即して」見ているのに、英語の方は、「わたしという立場から」そのもののあり方を把握している。

このように、発想ということは同一の事象をどのような角度からみるかということに関係している。つまり発想とは表現の角度の問題である。

その絵はかべにかかっている。　　　The picture is on the wall.
トムは本を抱えている。　　　　　　Tom has a book under his arm.

についても同様なことがわかるが、これらについてはすでに説明した（→§43）。

次にもう一例あげてややくわしく説明しよう。

§347 I wish you were! の場合 「私が鳥であればよいのになあ」というのを I wish I were a bird! と言うことは前述した。これなどは、日英語の発想の相違を最もよくあらわしている。

映画 "The Thief of Bagdad"（バクダッドの盗賊）の中で、Ahmad 王と別れ別れになってしまった少年が、海岸で巨人を家来にする。巨人は忠誠のしるしに、少年に三つだけ wish (のぞみ)をかなえてやろう、それがすめば自分は free になるという。少年の第一の wish はソーセージを持ってこいと言うのであった。第二の wish は、Ahmad 王のところへ連れて行けというのであった。巨人は、少年をせなかにのせて、ある山中まで飛行し、Ahmad 王にあわせ、「さて第三の wish は？」と問う。少年は、それを言ってしまっては、楽しみがなくなるので、「まあ待て。そのうちに、いいのを考える」という。

そのうちに少年と Ahmad 王とは口論になり、Ahmad 王が、興奮して、「こんなことなら、わしはバグダッドにずっといればよかった」と言う。少年はそれにつられて、うっかり、「ぼくもそう思うよ」という気持で

 I wish you were [in Bagdad]! あなたがバグダッドに今いるのならよいのに！

と言ってしまう。巨人は、その I wish... を聞くや否や、これを第三の wish と解釈し、魔術でもって王をバグダッドへ移してしまい、これで自分は three wishes をかなえてやったから自由だと言って飛びさってしまう。少年はしまったと思うがとりかえしはつかない。山中にひとり残される。

もし、この場合の表現が I think... とか I agree とかいう表現であるか、または、そのムードが日本語的であったら、巨人につけこまれるはずはなかった。問題は I wish...（わたしは、...

をのぞむ) という形、すなわち §321 であげた三つの表現法のうちの (1) に近い形を用いてこれを表現した点にある。

このような、直訳のきかない表現を対照することによって発想の相違はよくわかる。日本語で漠然と感情的にいうことを、英語では "S+V+..." の形式で表現するというのも、その相違の一つの場合である。

§348

> **例題 1** 君の読んだ範囲でいいから、それを短くまとめ、それに君の所見をかきそえなさい。　　　　　　　　　(関学大)

〔研究〕 文頭の語句は、ただし書きである。英文では文頭に出す必要はない。この文は何を言っているのか。何か「読んだものの要約を作れ」と言っているのである。ここを中核にして発想しなければならない。すると

① それの要約を作れ (提出せよ)

となる。このように中核を作ると、「所見を書きそえなさい」は別に命令文を作る必要はない。with で ① に付加すればよい。

①「それの要約を作れ」‖＋with＋「君の所見」

次に「君の読んだ範囲でいいから」をどうもっていくか。2 通り考えられる。

(a)　so far as you have read (*or* gone) through

とすれば「読んだところまで」で、これを上の ① の ‖ のところに入れるとすれば「いいから」は無視してよい。ただし in so far as... とする。また「...でいい」でたとえば That will do. (それでよい) を使うこともできる。学校で先生が指名して読ませたときなど、「そこまででよい」ということを、That will do. と言う。→§16 (8). これを用いれば

(b)　The part you have gone through will do.

となる。これを最後におくがよい。

〔訳〕　(A)　Make a short summary of it, in so far as you have gone through, together with your own comments.

(B)　Give me a short summary of it, with your own comments; the part you have gone through will do.

〔注〕 この (A) の together は口調をよくするために入れた。(B) のセミコロンも、前文とはっきり切れたのでないという気持で用いてある。この文について、英語・日本語の発想がどれだけちがうかということは、この (A), (B) を直訳して、もとの問題文と比較してみればよくわかる。

§349

> 例題 2　ほら、むこうに紳士がすわっているでしょう。あの人には前に、ヨーロッパのどこかで会った記憶があります。そうそう、わたしが一昨年ドイツを旅行していた時ベルリンで会った人です。
> 　　　　　　　　　　　　　　　　　　　　　　（横浜市大）

〔研究〕　これは、純然たる日本語的発想の文である。最初の文は、「紳士がすわっているでしょう」とあるが、これを直訳するのはまずい。英語では「すわっている紳士」という具体的名詞を中心にするのがよい。「ほら」はもし、「ごらんなさい」という命令文ならば Just look at... のようにすればこの気持ちがでる。これを思いつかなければ Now do you see ...? というようにしてもよい。

次に「そうそう」は、その意味をとって、
　Now I remember!　　ああ、思い出した！ ｝〔現在形で〕
　Now I see!　　　　　ああ、わかった！
　Oh! that's him!　　　ああ、あれはあの人だ！〔he でなく him とするのが会話的〕
のように工夫する。これが発想のきりかえのコツである。

〔訳〕　Just look at the gentleman sitting over there. I remember seeing the man somewhere in Europe before. Now, I remember! He is the man I met in Berlin when I was travelling in Germany the year before last.

§350

> 例題 3　自分ではよくわかっているということと、それを他人にたやすく教えることができるということとは別である。

〔研究〕　この文は、「自分ではよくわかっていることでも、人に教えるとなるとなかなかむずかしい」ということである。
　　A＝あることを自分が知っている
　　B＝それを他人に教える
として、
　(1) A is not the same thing as B.　　A は B と同じことでない。
　(2) A is one thing; B is another.　　A は一つのこと；B はまた別の一つのこと。

(3) A does not necessarily imply B.　Aは必ずしも B を意味しない。

(4) Because A, it does not necessarily follow B.　Aだからといって必ずしもBということにはならぬ。

などいろいろな発想が可能である。

さて、A, B の表現は

(α)　節形式を用いて
　　A＝that you know something yourself
　　B＝that you can teach it easily to others

ともできるし (because A とするときは、むろん that はない)、

(β)　抽象名詞にして
　　A＝a knowledge of something
　　B＝an ability of teaching it easily to others

ともできる。この (α) は上の (1), (2), (3), (4) いずれにも応用できる。(β) には (2), (3) の型がよい。ここでは (1)—(α), (3)—(β) の訳例を示す。

〔訳〕〔(1)–(α)〕That you know something yourself is not the same thing as that you can teach it easily to others.

〔(3)–(β)〕A knowledge of something does not necessarily imply an ability of teaching it easily to others.

§351

> 例題 4　あの道路はそんなに町から離れていないのに、あまり自動車もとおらず、ほこりっぽくもなく、散歩には最適だ。　　　　　　　　　　　　　　　　(一橋大)

〔研究〕「ほこりっぽい」dusty;「...に適している」be suited for. これは修飾的部分のならべ方が日本語的であるから、英語らしくきりかえよう。この文は何を言っているのか。「あの道路は散歩には最適だ」これである。ここを中核にすれば、

あの道路は、散歩に最も適している。(1)
　　―そこは自動車も少ない。
　　―ほこりっぽくない。　　←町には近いのに
　　　　　　　　　　(2)

(1) のところは別文にした方が楽。(2) の所は although で結合できる。

〔訳〕That road is best suited for a walk.　Very few cars run along it, and it is not at all dusty, although it lies near the town.

§352

> 例題 5　時間の経過は、もし生きていれば自分の経験によって歴史家の誤りを訂正できるかもしれない人々を葬ってしまうこともある。　　　　　　　　　　（東北大）

〔研究〕　この文章を見て諸君はどういう感想を持つだろうか。一見して、「英文が先にあってそれを和訳した文のようだ」と感ずるならば、それは英語の発想というものがよく分かっているしるしである。まさに、これは英語式発想そのままなのであって、したがって、このような和文英訳は、発想のきりかえを必要としないから、たいへん楽なのである。

たとえば「時間の経過」という無生物主語を用いることをすでに示してくれている。また「かもしれない人々」というのも実は楽なのだ。諸君は、しばしば、解釈のときに a man who might have done so などの文を訳して「そうしたかもしれなかったような人」と言ってみて、何だかゴロのわるい日本語と思ったことがあるだろう。ここは、はじめから、そのゴロのわるい日本語があるのだから、上の形をそのまま使えばよい。「～することもある」は sometimes であらわす。

ここで、文の組み立てのプランを考えてみよう。

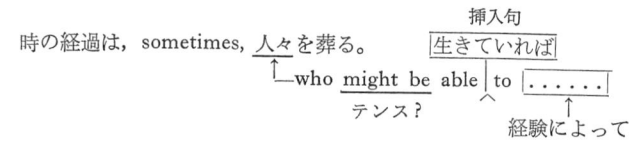

```
                                            挿入句
時の経過は，sometimes, 人々を葬る。     生きていれば
              └─who might be able │ to │......│
                  テンス？         ∧       ↑
                                        経験によって
```

「経過」lapse；「葬る」bury. もしこれらを知らなければ、それぞれ the passing of time; carry away と工夫すればそれでも十分である。

〔訳〕　The lapse of time sometimes bury those people who might have been able, if alive, to correct the errors of the historians, through their experiences.

§353

> 例題 6　名前をきいただけで、その人の面影が浮かぶような気がするのにいざ面と向かうと、日頃考えていた通りの顔をした人はいないものだ。　　　　　　　　　（お茶の水大）

〔研究〕　「面影」とか「ような気がする」とか「いざ面と向かうと」とかいうような日本語的発想を、われわれの知っている範囲の語句で処理でき

るように切りかえてしまう。そうすれば、構文は自然にきまってくる。「面影」image；what he looks like；「...のような気がする」→「私にはいつも...と思われる」

① 「いざ面と向かうと」→「じっさいにその人を見るとき」
② 「...の通りの顔をした人はいない」→「その人の顔は予想された顔と、いつも、異なる」
③ 〔①，② をいっしょにして〕「名前から予想したような顔の人に会うことはまれだ」

前半は、This album reminds me of my schooldays. の型の応用と考える。「名前はその人の image を与える」、あるいは「名前はその人がどんなふうかの idea をつたえる」——このように無生物主語を用いる。

〔訳〕 (A) It seems to me that a name can give the image of the man, but when I come to see someone, I always find that his face is different from what I have expected it to be.

(B) A man's name would seem to convey the idea of what the man looks like; but it is seldom that one meets a man who looks exactly like what his name has suggested to you.

§354

例題 7 （ニューヨークは東京の都心にじつによく似ている）
① ビルの高さこそ比べものにならないが、歩道を歩いていると丸の内のかいわいにいるのと変わらない。② たまたま見通しのきく街角で摩天楼をふり仰ぐと、ああ、ニューヨークだったかと気がつくのだ。　　　　　　　　　　　　　（都立大）

〔研究〕 「歩道」the pavements；「見通しのきく街角」open corner；「摩天楼」a skyscraper.

さて、「丸の内かいわいにいるのと変わらない」—だれが？「わたし」でもよいが、ここは one という総称で通してみよう。one feels just as if one were walking... のように「あたかも」を補って考えれば容易。「...高さこそ比べものにならないが」の「こそ」の気持は It is true A, but B. (なるほど A ではあるが、B だ) の構文でよい。「ああ、ニューヨークだったか」これを Was it New York? などと直訳しては意味が反対になる。これだから発想の吟味は欠かせない。この文の意味は「ああ、自分はニューヨークにいるのだなあ」と実感する (realize) ことである。こ

うしておいてあとは直訳でよい。なお、原文の ①, ② を however でつなぐと対照がよくでる。

〔訳〕 It is true that the buildings there are much higher than those in Tokyo, but when one walks along the pavements, one feels just as if one were walking round the Marunouchi. However, when one looks up at the skyscrapers at some open corner, one comes to realize that he is now in New York.

〔注〕 the buildings *there* (=*in New York*) でひとかたまり。つまり、この there は M_1 (形容詞的修飾語) である。なお「ビルの高さが異なる」を直訳せずに、「ニューヨークのビルは東京のそれよりも高い」とニューヨークを中心にした比較にしたのは、文の他の部分とのバランスをとるためである。後半を、「ああ、ニューヨークだったか」と思うのは、摩天楼を仰ぐ時だけであると考える。なお remind は "remind+人+that..." の形に応用すれば、次のようになる。

It is only when one looks up at those skyscrapers at some open corner that one is reminded that one is in New York after all.

§355   EXERCISE 27

1. 彼は今ごろ何をしているのかしら[1]。
2. よい学者であることとよい教師であることとは別のことだ。
3. あの機会に家族みんなで写真をとっておけばよかったのに!
4. その外人は困っている[2]ようすだったので思い切って[3]話しかけてみました。 (横浜国大)
5. 親は若いものの気持を理解せず[4]、古い考えを押しつける[5]、と不満を訴える青年が多い。 (神戸商大)
6. 演説がうまいということは実に人助け[6]だ。文章はまずければ読まなければよいが、演説はいやでも[7]きかねばならぬ[8]。 (大阪外大)
7. 今や観光バスは日本中をじゅずつなぎに[9]連続して走りまわっていると言っても過言ではないように思われる。 (東京外大)
8. 東京の街は見ちがえるほど[10] きれいになっ

[1] I wonder
[2] be at a loss
[3] dare to-inf.
[4] not A but B. (A でなくて B.) ただしここはこの形よりも fail to~ ...and の方がよい。
[5] force+物+on+人
[6] relief
[7] whether we like them or not
[8] ここでも force themselves on our ear のように 5. が使える。なお「耳」の機能を言うときは ear でよく ears としない。もちろん we cannot help hearing ...も使える。
[9] in a continuous string
[10] ただ quite と言えばよい。

た。しかし水[11]や住宅[12]など未解決の問題も多い。　　　　　　　　　　　　　　　　　　（青山大）

9. 草花[13]についてはことにそうだが、植物は[14]手入れ次第である。　　　　　　　　　　　（上智大）

10. 登山には何か不思議な[15]ところがある。ある意味ではひどくロマンチックな要素[16]といえよう。　　　　　　　　　　　　　　　　　　（広島大）

11. そんなことだろう[17]と思った。よく注意するようにと何べんも言ったじゃないか[18]。

[11] water-service
[12] housing
[13] flowering plants
[14] この部分 success in gardening を主語にすると depend on がうまく使える。
[15] ここでは mystic (神秘的) が最適。
[16] element
[17] as much
[18] 疑問文でもよいが付加疑問の方がよい。

XIV. 分析と図式化

§356 分析 すでに発想のところでも、日本語の文を、英語に直しやすい形に切りかえるという工夫をした。これはすなわち、日本文を、ある見方で分析したのである。いわば、一応解体したのち、英語になりやすい形に再編成したのだとも言える。

ただ、発想の場合は、特殊な表現について、その時その時で、言いかえを考えることが主であったが、それとは別に、たとえば、修飾語句などが入りまじって複雑なのを、均整のとれた英文にもっていくために、全体の筋道をつけるという工夫も必要である。そのためには、文の各部分を /P/, /Q/, /R/ などに分け、重要単語（問題文のキメ手となるような単語）を A, B, C などの符号でおきかえて Plan (すなわち、構造の図式化)を作ってみるとよい。いわば、問題ごとに自分で、公式を作ってみるのである。これは、問題文の中で、重要な点を拾い出し、重要度に応じて配列するというように工夫すれば思ったほどむずかしくない。むしろ幾何学的興味をひきおこす作業であるとも言えよう。

§357 図式化 このような Plan を作るということは、実はだれでもやっていることなのであって、この過程を通らないでは和文英訳はできない。ここで言うのは、そのだれでもやる過程を記号であらわすことだけで、それも厳密な方法でうらづける必要はない。要するにメモなのであるから、メモとして役立つような書き方をすればよい。

たとえば「A が B であるから、C が D となると思う」とあれば、ふつうの単語と記号をチャンポンにして

1) わたしは思う：/P/ だから /Q/ だ。
2)   /P/ = A is B ; /Q/ = C becomes D.

3) I think /A is Bだから→C becomes D/;「だから」= because?
4) I think C becomes D←because A is B.

という調子でやればよい。→は「かかり方」(修飾の方向)を示す。

ただ、注意することは、メモを作るときに少しでも英語になりやすいように工夫することである。1) で「わたしは思う」とするのは、原文にはない主語を補ったわけで、そういう調整を思いつくに従って織り込む。次に「/P/ だから /Q/」としたときに、この「だから」はどうするかを、原文の調子をみてきめなければならない。すぐきまればよいが、きまらないときは、because, as, so, so~that などいろいろ考えてみて、最後の段階できめる。この選択が実はもっともむずかしいのであるが、これは数多く実習をしてカンを養成するより仕方がない。

また 4) まで得たら修飾の方向は正しいか、つまり「/P/ だから /Q/」が「/Q/ だから /P/」ときこえるようになってはいないか、becomes は、この場合、will become の方がよいのではないか、など仕上げの研究も必要である。

§358

> 例題 1　けさ、家を出ようとしていたら、ひょっこり友人がたずねてきた。玄関先でも失礼なので書斎に通し、30 分ばかりいろいろな話をしていっしょに出かけた。　　　(千葉大)

〔研究〕　一見して第一の文は、「/P/ のとき /Q/ がおこった」の構造に入れることがわかる。次に「...失礼なので...通した」で一応切れば、これは「/R/ なので /S/ をした」となる。次に、そこで「話をしたこと」が一つ、これを /T/ とする。さいごに「いっしょに出かけた」を /U/ とする。

Plan:
/P/＝けさわたしが家を出ようとしていた〔進行形〕。
/Q/＝ひょっこり友人がたずねてきた (happen to-inf.)。
/R/＝玄関に立たせておくのは失礼であるとわたしが思った。
/S/＝わたしは彼を書斎に通した (show him into ~)。
/T/＝そこで 30 分ほどいろいろ話をした。

/U/＝わたしは彼といっしょに出かけた。

これで /P/ と /Q/ を一文にまとめよう。これは動作の中断だから when /P/, /Q/ でなく /P/, when /Q/ の方がよい。次に /R/ と /S/ との関係は /R/, so /S/ でよい。このあと and /T/ としよう。/U/ までもつなげるが長くなるから、after that (そのあとで) とおいて、after that /U/ とすればスマートにいく。

/P/, when /Q/. /R/, → so /S/, and /T/. After that /U/.

このようなプランをたてればあとは容易である。この /S/, and /T/ の and は書斎に通した、「そしてそこで」となるところであるから、..., where としてみよう。「失礼」impolite;「玄関」door.

〔訳〕 This morning I was just going out, when a friend of mine happened to call on me. I thought it was impolite of me to keep him standing at the door, so I showed him into my study, where we had a talk for about half an hour. After that we went out together.

§359

例題 2 彼は、勤勉は美徳であるが、人はあまり働きすぎないように注意すべきであると言った。

〔研究〕「勤勉」とか「美徳」とかの単語の訳はあとまわしにして、それぞれ A, B であらわし、筋道を考える。ついでに「注意する」を C、「働きすぎる」を D としよう。中核は He said that.... である。

Plan 1:

He said that /P/, but that /Q/.

/P/＝A is B; /Q/＝one should C not to D

He said {that A is B, but that one should C not to D.

あるいは、後半にウェイトをつければ (つまり後半のことが本当に言いたいことで、前半は、そこへいく導入部分だったととれば)、

Plan 2:

He said that one should C not to D.
　　　　　　　　↑
　　　　　　　 although A is B.

このように Plan ができた上は、あとは単語のおきかえだけで、次のようになる。

分析と図式化　　　　　　　　　185

	標　　準	最　低　線
A＝勤　　勉	industry	to work hard
B＝美　　徳	virtue	good thing
C＝注意する	take care	try
D＝働きすぎる	overwork oneself	work too much

〔訳〕　(A)　He said that industry is a virtue [indeed], but that one should take care not to overwork oneself.

(B)　He said that one should take care not to overwork oneself, although industry is a virtue.

(C)　He said that one should try not to work too much, although it is a good thing for everyone to work very hard.

§360

> 例題 3　どこの職場でも、上に立つ人にとって何より大切なことは、配下の一人一人の持つ特性を正しく理解評価して、それを十分に生かしてやることだ。　　　　　　（慶応大）

〔研究〕　『「もっとも重要なこと」は「～することである」』という部分が中核。よって「特性」を T；「正しく理解評価する」を R；「十分に生かす」を I とすれば次の Plan を得る。

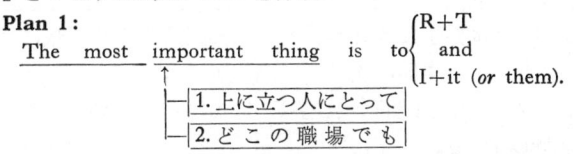

Plan 1：

The most important thing is to $\begin{cases} R+T \\ \text{and} \\ I+it\ (or\ them). \end{cases}$

　　　　　↑
　　　├─ 1. 上に立つ人にとって
　　　└─ 2. ど こ の 職 場 で も

この Plan では R と I とが別構文であると予想して、後半は T を it で受けることにしているが、文の終りが it というのは弱い。そこで I の部分も同じく T を目的語にするように I＝do full justice to という熟語を用いれば、次の Plan を得る。

Plan 2：

The most important thing is to $\begin{cases} R \\ \text{and} \\ I \end{cases}$ T．〔この T をいっぺんですます工夫→§334〕

　　↑
　├─ 1
　└─ 2

そこで語句を研究しよう。「職場」は office としよう。「上に立つ人」は、「位の高い人」であるから people of higher ranks とする。higher と比較級にするのは、次に出てくる人とくらべて「比較的」であるから。high ranks としては、いわゆる高位高官になってしまう。このように「特定の～と比べて」でなく「比較的～なもの」という心持で比較級にすることを「絶対比較級」という。「配下」those who work under them; subordinate.

T=special merit; special talent
R=understand and evaluate rightly; あるいは「名詞中心構文」にして have a good understanding and right evaluation of ～
I=give them full chances to display

〔訳〕 (A) The most important thing for people in higher ranks in any office is to understand, and evaluate rightly, the special talents of each of those working under them, and give them full chances to display their talents.

(B) The most important thing for people in higher ranks in any office is to understand, and evaluate rightly, and do full justice to, the special talents of their subordinates.

〔注〕 do full justice to のあとのコンマは understand と evaluate と du full justice to とがいずれも the special talents を目的語とすることをあらわすために必要。

§361

> 例題 4 東欧諸国では日本が その工業製品を 直接民衆の目にふれさせて、日本品に 対する 信頼をかちえることができるなら、今後さらに 両者間の貿易は大はばに 伸びるのではないかと予測している。 (神戸商大)

〔研究〕 **Plan:**
東欧諸国は /P/ を予測する ←/Q/. 主語に注意！進行形にしない。
/P/＝両者間の貿易はさらに伸びる。両者＝東欧諸国と日本。
/Q/＝日本が信頼をかちえる。
　　　　　　　↑
　　　└/K/によって＝民衆の目にふれさせることによって: by /K/

これで一応部分的に片づけよう。
　中核＝The countries of Eastern Europe expect that...

/P/=the trade between those countries and Japan will be further promoted (これを知らなければ will grow)
/Q/=Japan can win confidence in industrial products of Japan
/K/=showing them directly to the general populations

〔訳〕 The countries of East Europe expect that the trade between those countries and Japan will be further promoted, if Japan can win confidence in her industrial products by showing them directly to the general populations of those countries.

〔注〕 of Japan と言う代わりに her とするところを味わってほしい。

§362

> 例題 5　都市ではビルや道路の工事の騒音が年々ひどくなってきた。これは、都市の発展上、やむを得ないことかもしれないが、市民の受ける迷惑を考えると、すててはおけない問題だ。　　　　　　　　　　　　　　　　（阪　大）

〔研究〕 第一の文を /P/; 第二の文の「...が」までを /Q/; それ以下を /R/ として次の Plan を得る。

Plan:

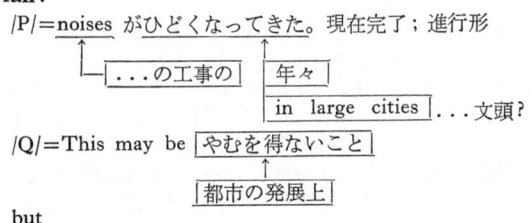

/P/=noises がひどくなってきた。現在完了；進行形
　　└─ ...の工事の　　年々
　　　　　　　　　　　in large cities ...文頭?

/Q/=This may be やむを得ないこと
　　　　　　　　　　　↑
　　　　　　　　都市の発展上

but

/R/= すててはおけない ← ...考えると　...分詞構文?

次に語句をみよう。「工事」contruction work;「ビル」は office building という。英語の building は一般的な建物であり、日本語のいわゆる「ビル」は office をつけた方がよい。「やむを得ない」は inevitable が考えられる。次に「めいわくを受ける」は suffer annoyances としてこれから変形する。「都市の発展上」for the growth of the cities;「すててはおけない問題だ」は発想をかえて「すてておける問題でない」not a question which should be left as it is.

一応こう考えてさらに工夫してみよう。/Q/ の inevitable for the growth ... は日本語によりかかりすぎている。「発展する都市においては」in growing cities とすれば、具体的名詞が中心の構文になって英語としても口調がよい。ここで develop というのは不可。「必要悪」necessary evil を思い出す(→§110)。/R/ は、「問題」を question としたが、文脈からみて state of things とする方がさらによい。また、「すててはおけない」がうまくこなせないときは、something must be done (何ごとかが、なされねばならぬ)として軽く逃げる。訳例はこれによっておこう。

〔訳〕 In large cities, the noises of construction-work of office buildings and roads have been getting louder year after year. This may be a kind of necessary evil in growing cities, but considering the annoyance the citizens suffer, I feel something must be done to mend this state of things.

§363

> 例題 6　彼は二階で本を読んでいるはずだから、いないというのはおかしい。どうしたのだろう。　　　　(青山大)

〔研究〕 ここまでくれば、このような文を
Plan:
↓ /P/=彼は...のはず。
↓ /Q/=いないというのはおかしい。
　/R/=What's the matter with him?
とするのは何でもない。ただこの順にならべればよい。

このような文では分析は、/P/, /Q/ の部分の和文の吟味にむけられねばならない。/P/ で「はず」は ought to だが He ought to be reading upstairs. とするよりも He ought to be upstairs, reading a book. とする方がよい。「本を読む」とか「歌を歌う」とかいう動作が問題なのではなく、「二階にいる」ことが問題なのだ。このような動作は付属的に考えられているにすぎない。よってその部分を reading... と分詞構文にするのである。

/Q/ の「おかしい」は「奇妙だ」「へんだ」で curious, odd, strange などが使える。funny (こっけいな)、amusing などはもちろん不可。「...というのは」は別に発言が意味されているわけではなく「彼がいないということ」である。よって

/Q/=It's curious that he is not ...

の形がよい。では he is not ... のあとをどうするか。これで切るわけにはいかないから there を補う。cf. I'll be *there* in a minute. (すぐ行く

よ)。終わりに /P/ と /Q/ を so で結合して、/P/, so /Q/ の形にする。

〔訳〕 He ought to be upstairs, reading a book, so it's curious that he is not there. What's the matter with him?

〔注〕 最後の文は I wonder what's the matter with him. として '?' を除くと、さらによくなる。→ §355 (1).

§364

> 例題 7　わたしは 5 年ぶりに日本に帰って「やはり自分の国に限る」と住心地のよさに満足しながらも、なにかと西欧との違いが目につく。　　　　　　　　　　(東 大)

〔研究〕 これをみると、「　」の中は There's no place like home. (わが家ほどよい所はない)〔諺〕がそのまま使えるから、これを文中にうまく織り込むことにして(織り込み方はあとで工夫する)、一応、ここを独立項目としてたてる。すると 4 段階にわかれているから、

Plan:
/P/=わたしは 5 年ぶりに日本に帰ってきている。
/Q/=There's no place like home.
/R/=わたしは住心地のよさに満足している。(...しかし... however?)
/S/=西欧との違いが目につく。

これで /Q/ をうまく織り込むように /P/, /R/ をデザインしなければならぬ。しかし /P/ は独立文としてこれで切った方が処理しやすい。この文の筆者は現に日本にいるのであるから、

/P/=I am back in Japan after five years' absence

でよかろう。したがって /Q/, /R/ のデザインが問題だ。

/R/ では be satisfied with~ を用いることにして

/R/=I am satisfied with the...

こうくれば with の次は「心地よい生活」the comfortable life となる。

=I am satisfied with the comfortable life...

このあとに何か修飾語句 (M₁)がほしい。... in Japan (?); これは上の in Japan とダブるからまずい。here とすればよい。

さて、/R/ の中へ /Q/ を織り込む。一番簡単なのは、/R/ のあとへ (:) を「すなわち」という気分でおいて /Q/ を書くのである。これでも意味は十分に通ずる。何か技巧を用いるとすれば

the comfortable life here, which reminds us of the proverb "..."

と「無生物主語」の構文にはめることもできる。

次に /S/ は、前文とのバランスの都合上、やはり I を主語にして notice を使うがよい。I notice でもよいが、前文で「日本はよい」と言っておいて、「しかし、日本一辺倒、あるいは、日本だけに視野を限るわけではない」という「ただしがき」のつもりであろうから、I cannot help noticing...がよい。「相違」は difference between A and B をもとにして考える。「相違点」のつもりであろうが具体的に「ちがった生活様式」として different modes of living と補うこともできる(「住心地のよさ」の相違であっても、こうしておいてさしつかえない)。「なにかと」は here and there (あちらこちらで)という副詞句で軽く逃げよ。

〔訳〕 I am back in Japan after five years' absence, and I am fully satisfied with the comfortable life here, which reminds me of the proverb: "There's no place like home." However, I cannot help noticing, here and there, some different modes of living between Western countries and Japan.

§365

例題 8 わたしの趣味は絵をかくことで、これでもひとかどの画家のつもりなのです。作品を友人に見せるとよくしろうとばなれのした絵だとほめられます。しかし正直なところ、それはお世辞ではなかろうかと思うことがあります。(東京外大)

〔研究〕 もはや文の区分は問題ない。すなわち、
Plan:
 /P/=my hobby is painting
 /Q/=わたしはひとかどの画家のつもりだ
 /R/=作品を...とほめられる
 /S/=Honestly, I sometimes wonder if...not
ここまでは並列的で容易であるから、一つ内容を吟味してみよう。
 /P/ でよさそうだが、英語としては主語と補語をいれかえる方がよい。
 /P/=Painting is my hobby.
これは「painting がわたしの hobby なのです」の気持。

次に、/Q/ では I think I am a real painter. といきたいところだが、ここで He is much of a painter. (彼は相当な画才がある)を用いて、さらに think の代わりに「うぬぼれて思う」の気持で I flatter myself that... としたい。「これでも」は訳出不要。
 /Q/=I flatter myself that I am much of a painter.

次に /R/ は複文になるが、ここで従属節と主文とで主語の balance を考える。

/R₁/=when I show my pictures to..., I am praised...

/R₂/=my friends, who come and see my pictures, praise me...

/R₁/ は I を、また /R₂/ は my friends を主体にした構文であるが、このように praise を使うなら、もちろん

The judge praised the farmer for his wisdom. 〔→§297-1〕

の構造に照らし合わせて、あとを for the skill と続けねばならない；the skill displayed there とすれば落ちつく。「素人ばなれ」以下は切って They say... とした方が処理しやすい。すなわち、They say のあとへ「それは amateur の描いたものとは思えない (hardly を用いて)」とする。

/S/ では if 以下にどういう構文をとるかが問題であるが、I wonder if it is not a compliment. というより、この文脈では、人間を主語にして人称的文体にする方が英語らしい。そして進行形にするのがよい。なお、「ことがある」を sometimes であらわすのは §352 のとおり。

/S/=I wonder if they are not saying such things just by way of compliments. (彼らが、お世辞として、そんなことを言うのではなかろうかと思う)

このような分析の仕方を一つおぼえてほしい。

〔訳〕 Painting is my hobby. I flatter myself that I am much of a painter. When I show pictures of my painting to my friends, they praise me for the skill displayed there, saying that they can hardly believe they have been done by an amateur. Honestly, however, I sometimes wonder if they are not saying such things just by way of compliments.

§366　　　　EXERCISE　28

ここでは「ヒント」のほか「分析のヒント」も参照のこと。

1. 彼がその借金をすぐに返すか、またはその<u>品物</u>¹を返すかすることが必要です。

2. 母は<u>読書がすき</u>²で、もちろん高級な本を読むわけではないが、暇があれば雑誌や小説本を<u>読みふけ</u>³った。　　　　(名古屋大)

3. わたしたちが外国語を学ぶのは、ただ<u>意志を通じあう</u>⁴だけではなく、外国の文化に接し、また日本の文化を海外に紹介するためです。
　　　　　　　　　　　　　　　　(青山大)

4. 人々の話し方には、その人たちが育ってきた

¹ article
² be fond of
³ read intently
⁴ mutual understanding を establish するという考え方。知らなければ長くなるが understand foreign people and make ourselves understood と言うのが無難。

社会的経済的背景⁵が反映されている。
(名古屋大)

5. わたしは父によって、木は高くなればなるほど風あたりが強いということを、ことば⁶でなく実物教育によって⁷教えられたのである。
(東京工大)

6. 理性⁸はすべての人にひとしく与えられている⁹と、今わたしは言ったが、だがもしそうなら、どうして世の中にはこんなに不合理な¹⁰ ことが多いのだろうか。
(京都大)

⁵ background. ただし、文脈によっては environment (環境) の方が適することもあろう。
⁶「ことばで」in words; in so many words. この so many は「具体的にいくつかの」
⁷ in deed; by means of demonstration
⁸ reason
⁹ be endowed with ～
¹⁰ irrational

分析のヒント

1. $\begin{cases} \text{It is necessary that /P/.} \\ \text{/P/=he should either /Q/ or /R/.} \end{cases}$

2. My mother $\begin{cases} /P/ \text{ and} \\ /Q/ \end{cases}$ [この文の時制は?]

   └─ もちろん、高級な本を読むことはしなかった : although...

3. We study foreign languages $\begin{cases} \text{not only to /P/,} \\ \text{but also to /Q/ and /R/.} \end{cases}$

   /P/=外人を理解し、and, われわれ自身を理解してもらう。
   /Q/=come in touch with...

4. A=the... environments
   B=the speech-habit of everyone
   /S/=A is reflected on B.
   └─ in which /P/ 文頭においてあと語順を考える。

   /S/=On B is reflected A in which /P/.

5. I was shown that the higher A, the stronger B.
   └─ by my father
   └─ $\begin{cases} \text{not C} \\ \text{but D} \end{cases}$

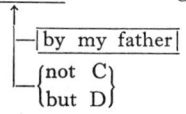

6. I have just said that /P/, but
   if /P/, how is it that /Q/?   /P/=all men are endowed with A.
   (if /P/=if so)

XV. 文のバランス

§367　この章で学ぶこと　文全体のバランスということも文体上の主要問題である。ここでは内容事項の配列と結合の呼吸に焦点を合わせてみよう。

配列について最もたいせつなことは、内容事項にウェイトをつけるということである。その要領をだんだんおぼえていくのだが、常に「日本文の順序」に引きずられないということを心がけてほしい。

たとえば「彼はいつもつくえの上に時計をおいて勉強した」とあると、He always put a clock on his desk *and* worked at his books. のようになりがちである。これでは、/P/ and /Q/. で /P/ と /Q/ とに同じウェイトを与えたことになってしまう。少しおちついて読めば、つまり分析にあたってウェイトのあり方を考えれば、当然 /P/ は付帯状況にすぎないことがわかり He always worked at his books *with* a clock on his desk. ということがわかるはずである。ウェイトをつけるということはこのようなことである。

§368

> **例題 1**　その封筒に何も入っていないと思って捨ててしまった。
>
> 　　　　　　　　　　　　　　　　　　　　　　（小樽商大）

〔研究〕　簡単な構造であるから
　/P/＝わたしは封筒を捨てた〔現在完了〕
　/Q/＝わたしは封筒の中に何も入ってないと思った
の二つを結合して文を作ろうとする。そのとき「思って…」をどう扱うか。「思って」の前後を考慮して、

① and を用いる： /Q/, and /P/.

I thought there was nothing in the envelope, and I have thrown it away. 〔/Q/ and /P/〕

② 分詞構文にする： /Q/（分詞構文）+/P/.

Thinking there was nothing in the envelope, I have thrown it away.

この ① は /P/, /Q/ を対等にみたものであって一応よい。② は /P/＝I have thrown... の方が話者の言いたいことであるとして、そこにウェイトをつけたのである。ゆえに /Q/ の方を軽く見た。しかるに /Q/ が英文の前半にくるということで、/Q/ に envelope という名詞を用い、後半の /P/ に it という代名詞を用いたのはアンバランスである。こういうときは、たとえ代名詞が先、名詞が後という順でもよいから、ウェイトのある方に名詞を用いるべきで、

② Thinking there was nothing in it, I have thrown the envelope away.

とするのがよい。しかし、ここは会話口調であるから、分詞構文などにしない方がよく、例によって「すなわち（そのわけは）」の気持で：を用い /P/: /Q/ の構造をとるのが一番よい。そうして /P/ に名詞 envelope を用いれば最も自然である。

Plan：

/P/（捨てた）：/Q/（思った）

〔訳〕 I have thrown the envelope away: I thought there was nothing in it.

§369

例題 2　英語にも「小さな親切が世界を動かす」という諺があるが、ほんとうにその通りだと思う。　　　　（大阪市大）

〔研究〕 これは §364 にならって「　」を一項としてたてると、

Plan：

/P/＝英語には /Q/ という諺がある（——が、but? and?）

/R/＝わたしは、それが true だと思う

この /P/, /R/ の結合は？ but などというのは困る。A, but B というときは「A が黒」、「B が白」というような、対照をなしていなければならない。こういうときは and が正しい。

さて /Q/ は Small kindnesses move the world. でよい。kindness を抽象名詞でなく、一つ二つと数えられる普通名詞として扱うのがよい。

次に /P/ の構成は There is a proverb which says... でもよいが、こういうときは A proverb goes... という型がある。

次に /R/ で注意すべきことは、「それが true」の「それ」を it としな

いことである。具体的に上の諺を指示する気持があるから、this, that を用いるべきであって、ここはむしろ this の方がよい。

〔訳〕 An English proverb goes: "Small kindnesses move the world", and I think this is very true.

〔注〕「真実性に同感」の気持をあらわすのには very true というのが最適。

§370

例題 3 見知らぬ人の親切なひとことで生きる勇気がわいたとか、悪の道に走らないですんだとかいうことは、ときどき耳にもするし、われわれ自身おぼえのあることでもある。

(大阪市大)

〔研究〕 このような文を見ると、しばしば、学生諸君は

$$/S/ = \begin{cases} /P/ = \text{We sometimes hear} \begin{Bmatrix} \text{that }/Q/ \\ \text{and} \\ \text{that }/R/ \end{Bmatrix} \leftarrow \\ \text{and} \\ /T/ = \text{We ourselves do so.} \end{cases} /K/ = \boxed{\begin{array}{c}\text{stranger}\\ \text{のことばで}\end{array}}$$

という Plan に持って行こうとするようであるが、こういう場合に that-clause を用いるとダラダラとして英語らしくない。ここでは §232 の

We often speak of good people going to heaven.

を思い出すべきである。つまり、潜在文を表現するのに節の代わりに句を用いるのであり、この of 以下は that-clause と同等であるから、文章的であるが、また一面、good people という名詞に中心をおいた「名詞中心構文」でもある。これを用いて上の Plan を書きなおすのであるが、このように「/Q/ とか /R/ とか」と漠然と書いてあるときは、接続詞は and でなくて or の方がよい。よって、その部分の主語を a man とし、この a man が /P/ にも /Q/ にも使えるようにすれば

Plan:

$$\begin{cases} /P/ = \text{We sometimes hear of a man} \\ /T/ = \text{We}\ldots\text{同じ経験をする。} \end{cases} \begin{cases} /Q/\ldots\text{生きる勇気がわく=}\\ \quad\quad\text{生きる希望を得る。} \\ \text{or} \\ /R/\ldots\underline{\text{悪くならずにすむ。}} \\ \quad\quad\quad\uparrow \\ \quad\quad\quad /K/ \end{cases}$$

となる。こうなると、ますます or の値打ちがわかる。ここで and では同一人が /Q/ かつ /R/ を経験するようにきこえるかもしれない。なお、/Q/, /R/ はふつうの動名詞形でよいのであって、問題点の「勇気が<u>わいた</u>」などの過去形にこだわる必要はない。

/T/ は Plan のように言いかえればすぐに訳せよう。have similar experiences がよいが、知らなければ go through the same kind of things として逃げることができる。go through も思いうかばなければ have でもよい。

〔訳〕 We sometimes hear of a man getting a new hope to live, or being prevented from going bad, at a stranger's kind words, and we ourselves sometimes may have similar experiences.

§371

> 例題 4　あなたは近く引越すと言っているが本気ですか。
> (明大商)

〔研究〕 これは2通りの Plan が考えられる。一つは「が」を but として順次に結合する方法で、もう一つは、

　　Do you often write to your　　彼のように、きみもよく友人に手
　　friends, as he does?　　　　　　紙を書くか。

の型を使う。この文は、直訳は、「...のように」となるが、その心持は、「彼は友人に手紙を書くが、あなたはそれをするか」ということで、この意味の、軽い「が」をあらわすことができる。「本気」の対象は「引越し」であるから、これを /P/ とすることができる。

Plan 1: You say /P/, but /P/ は本当か?
Plan 2: あなたは本気で /P/ か、← as you say?

「本気で～する」は mean to ～ を使って Do you really mean to ～? とすればよいが、単に Are you really going to ～? でもよい。

すなわち、

Plan 1: You say /P/, but do you really mean /P/?
Plan 2: Do you really mean /P/, as you say?

次に「引越をする」は move、「近く」は shortly がふつうであるから、

　　/P/=[You are going] to move shortly.

となる。Plan 1 の前半の /P/ へはこれを、you... からはじめて、このまま入れる。後半の /P/ は単に it でよい。Plan 2 ならば、mean の次であるから /P/=to move shortly だけでよい。

〔訳〕　(A)　You say you are going to move shortly, but do you really mean it?

(B)　Do you really mean to move shortly, as you say?

文のバランス

§372

> 例題 5　ユーモアを解しない人は、どちらかというと、まじめすぎるか、悲劇的すぎるかで、概して、物の見方につり合いがとれないきらいがある。　　　　　　　　（東 大）

〔研究〕　一見して、「...きらいがある (...の傾向がある)」が、どの辺へかかるかという疑問がわく。「どちらかというと...、つり合いがとれない」の全部に対して、そういう傾向があると言ったともとれる。この場合は後半が主要部で「まじめすぎるか、悲劇的すぎるかで」というのは「つり合いがとれないこと」に対する説明ととる。もう一つは「概して」の前で切って、後半についてだけ、その傾向があると言ったものととる。

後者の方が容易であると見当をつけて Plan を書いてみよう。ユーモアを解しない人を Man として、「まじめ」を M；「悲劇的」を H と訳せば、

Plan:

$$\text{Man}\ldots\underset{\underset{\boxed{\text{ユーモアを解しない}}}{\uparrow}}{\begin{cases} /P/ = \begin{cases} \text{too M} \\ \text{or} \\ \text{too H} \end{cases} \leftarrow \boxed{\text{どちらかと言うと}} \\ \text{and} \\ /Q/ = \text{no balance} \end{cases}} \text{の傾向がある。}$$

「ユーモアを解しない人」は「ユーモアのセンスのない人」であるから、a man without a sense of humour；「まじめな」grave, serious；「悲劇的」tragic；「物の見方」outlook；「...の傾向がある」はその人を主語にして is liable to ～ である。

〔訳〕　A man without a sense of humour is rather too grave or too tragic, and is liable to be unbalanced in his outlook.

〔注〕　参考までに、第一の分析の仕方による訳文、すなわち、「傾向がある」を全部にかけた文を作ってみれば、次のようにも考えられる。

A man without a sense of humour is liable to have ill-proportioned view of life because of his nature, which is often either too grave or too tragic.

この文で his nature (彼の性質) を中心にして名詞中心構文になっているところを味わってほしい。

§373

> 例題 6　家は南向きだから冬でも暖かい。ただ駅から遠いのが欠点である。　　　　　　　　　　　　　　　（慶応大）

〔研究〕　これは、ただし書きの一例である。ただし書きは、文をあらためて、only で結合することができる。

例：

 This is like his dog; *only* this　　これは彼の犬に似ている。ただ、
  is a little smaller.　　　　　　この方が少し小さいが。

ただしここは、その only と「欠点」を結合して、「～がただ一つの欠点だ」というように融合するところが要点である。この「欠点」を fault というのはよくない。ここは trouble (こまること) である。そして、これを文頭に出して、主語にするのが慣用的である。そこで後半は the only trouble is that ... となる。

Plan：

 {As /P/, /Q/;
 the only trouble is that /R/.

さて、「南向き」は、「家が南に face する」というように face を動詞に使う。

〔訳〕　As the house faces south, it is warm even in winter; the only trouble is that it is far away from the station.

§374

> 例題 7　わたしが入口の席を取ってホッとしていると、発車まぎわに、たった一つあいていたわたしの隣りの席へ、息せききって飛びこんできたお嬢さんがあった。「ここ、あいてます?」「ああ、どうぞ」

〔研究〕　さいごの会話体の部分は別に考えるとして、それまでは3段階になる。

Plan：

 /P/＝私は入口に近い席をとってホッとしていた（分詞構文＋I felt)
 /Q/＝列車はまさに発車しようとしていた（そしたらその時...、when...）
 /R/＝お嬢さんが、私の隣りの席へ飛びこんで来た
     └─A 唯一の空席　└─B 息を切らして

「いると、発車まぎわに...があった」はいろいろな分析が可能であるが、一応、上の /P/ で文を切り、/Q/ と /R/ とを、例の中断 (→§358)の一種とみて

I was going out, *when* the bell rang. 　でかけようとしていたらベルがなった。

の形にならってつなぐのがよい。/R/ は、a young lady を主語にすると書きやすいし、その方が英語らしい。There was a lady, who... という構文は長すぎる。

「ホッとする」は feel comfortable でよい。「安心のためいきをもらした」とまで意訳すれば with a sigh of relief としてこれを副詞に使うことを考えてもよい。「飛び込んで来る」come rushing to 〜；「唯一の空席」the only vacant seat.

さて、会話の部分は、答の方を " Yes, certainly." の型で言おうとすれば、問の方は " May I take this seat?" とする。じっさいの会話では、単に " May I?" とだけ言うことが多い。また、この問を Is this seat taken? (この席はとられたか＝ふさがっていますか) とすれば、答の方はNo, I think not. とする。

〔訳〕 Having taken a seat near the entrance, I felt comfortable. The train was just going to start, when a young lady came rushing to the seat next to mine, which was the only vacant seat in the carriage. " May I?" " Yes, certainly."

§375

例題 8　品物が少なくて需要が多ければ、値が上がり、反対の場合は下がる。野菜、果物、肉類、魚など消費者の生活になくてはならぬ食料品の場合には、とくにこの現象はいちじるしい。

(大阪女子大)

〔研究〕　まず「需要」demand；「供給」supply の2語を活用しなければならない。

Plan:

$$\begin{cases} /P/ = \begin{cases} \text{prices はあがる} \longleftarrow \text{when } /Q/ = \begin{cases} \text{supply が少ない} \\ \text{demand が多い} \end{cases} \\ \text{prices はさがる} \longleftarrow \text{when } /Q/ \text{ の反対} \end{cases} \\ /R/ = \text{このことは}|\text{不可欠の食品に}|\text{とくにあてはまる。} \end{cases}$$

　　　　　|消費者の life に|　|such as A, B, C, etc.|

さて supply が「少ない」ということは short であらわす。cf. shortage (不足)。「反対の場合」は in the opposite case. なお /P/ は will を用いて、「そういうものだ」という心持をあらわすとよい。→§16 (9). 「消費者」consumer;「現象」は phenomenon だが、この語にこだわらなくても訳せる。This is the case with... を用いて、this is remarkably the case と this を主語にすれば言える。このさい、「A は B にあてはまる」という形を整理すれば、

(1)　A is *the case with* B.〔状況 A が B についておこる〕
(2)　A is *true of* B.〔ことば、教訓などがあてはまる〕
(3)　A *applies to* B.〔規則などの適用〕

となって、「とくに」は、(1), (2), (3) とも especially でよいが、この問題では、「著しく」として remarkably がよい。この remarkably は (2), (3) には不適。

〔訳〕　Prices will go up when the supply is short and the demand is large, and go down in the opposite case. And this is remarkably the case with some foodstuffs necessary to the consumer's life, such as vegetable, fruit, meat, fish and so on.

§376　　　　　　EXERCISE　29

ヒントのほか「分析のヒント」も参照せよ。

1. わたしは貧乏[1]がいやだから、がんばって働くつもりです。　　　　　　　　　　(京都女子大)

   [1] 名詞は poverty だが、be poor でも言える。

2. 人間はめいめいちがった考え方をもっているものだ。またもっていていいのだ。みんな同じ考えだ、同じであるべきだというならば、話し合い[2]など不要になる。　　　(大阪女子大)

   [2] discussion

3. むかし、オランダ語[3]を知っている人がいるというので[4]わからぬ単語の意味をたしかめるために、江戸から長崎まで出かけた人があるという。　　　　　　　　　　(大阪外大)

   [3] Dutch
   [4] only because

4. イギリス[5]をはじめて見るアメリカ人は、イギリス人[5]の生活とイギリス社会[5]に満ちみちた、あまりにも多くの矛盾[6]に笑いをおさえることができない。　　　　　　　　　　(東京外大)

   [5] England (*n.*) と British (*adj.*) をうまく使いわけよ。
   [6] inconsistency

5. 申すまでもなく、今後の わが国においては、

国際感覚を身につけて⁷自国経済発展⁸の方策⁹を見出してゆく新進の実業家の活躍が望まれている。　　　　　　　　　　　　（神戸商大）

6. さまざまな問題に直面する¹⁰ とき、それをできるだけ早く解決したいと思うのは当然である。しかし問題というものの性質からいって¹¹、それが容易に解決しがたいものであればあるほど、重要性を増すものだ。　　　　（阪大）

⁷ be well equipped with
⁸ advancement
⁹ policy
¹⁰ be confronted with

¹¹「分析のヒント」のような構文にすれば nature が使える。

分析のヒント

1. 「いやだ」と「つもりだ」とは対等であろうか。
2. 挿入的表現(→ §334)を活用せよ、すなわち：
   Each man has, and may well have, A.
   If all men have, or ought to have, B,...
3. There was once a man who /P/. を中核に。
   /P/, only because /Q/.
   /Q/＝「オランダ語ができる人が長崎にいるときいた」どんな構文？
4. 「アメリカ人は... 笑いをおさえることができない」を中核に。「A〔の中〕に満ちみちたB」を笑う、というかわりに、「B でいっぱいの A」を笑う、という方が英語らしくなる。
5. Needless to say, it is expected that /P/.

/P/＝「実業家＋strive after＋方策」という形を用いれば、「見出していく実業家の活躍が」を一つの clause で言うことができる。

6. When /P/, it is natural that /Q/.

後半は The harder A, the... B と先に言ってしまって、さいごに「これは、問題〔というもの〕の性質の中にあることだ」と付加すれば楽。

XVI. 難語のこなし方

§377 この章で学ぶこと　今までの部分で、すでにいくつかの難解の語を平易な語で言いかえる工夫を示した。すなわち、私の言い方で言えば「逃げ方」の研究をした。ここでは、その逃げ方に重点をおいて研究しよう。

一体、難解の語というのには2種類ある。

(1) 百科辞典的な意味におけるもの:「りす」「つつじ」「亜鉛」「連立方程式」「あぶみ」「電子計算機」「(ドアーの)つまみ」など。

(2) 表現の約束が完全に日本語的なもの:「だめ」「風流」「てんてこまい」「縁は異なもの」「つれないそぶり」など。

英訳しにくいと言っても、この2種類はそれぞれ趣きを異にする。(1) の方は、知らなければどうにもならない。自分の頭で工夫するというわけにはいかない。和英辞書が役に立つのはこういう場合である。したがって、この種の語を含む文を英訳しようとすれば、はじめから知っているか、和英の辞書を引くより手がない。しかし、入学試験の問題については、高校卒業の諸君が、知っているはずの英語で言えることを予想して出題されるのであるから、その限りで言えば、そういう意味の「物知り」である必要はない。すなわち、特殊な単語を無やみに記憶する必要はない。

(2) の方については、和英の辞書はあまり役に立たない。なるほど辞書でこのような単語を引けば、いろいろな訳例を示してあるだろう。中には、諸君の思いもよらぬ名文句があるかもしれない。しかし、辞書にある程度の文脈では、諸君が訳そうとする文の中で、はたして、それらの語句が生かされるかどうかわかりにくいにちがいない。

一方、この (2) の方の語句であると、たとえそれが試験問題に含まれた場合でも、それは、受験者の学力で「逃げられるはず」と出題者が認めていることを意味する。ここがかんじんな所である。平素から、ある程度まとまった日本文の中でその種の語句が使われている場合の言いかえを練習することがたいせつなのである。

この章で、個々の単語の逃げ方の例としてあげるのはごく少数である。だから、そのような意味での英訳法が列記してあるつもりで読んでもらってはこまる。そうでなくて、いくつかの典型的な例について、どうやって逃げるかという、「言いかえのコツ」を理解してほしい。そうすればそれは、必ずそれ以外の場合にも応用がきくのである。すなわち、特殊例を断片的によせ集めてかたっぱしからおぼえるというのでなしに、スジというか、原則を理解してほしい。

§378 逆用を心がける　また、ふだんから、英文和訳のさいに、どのように和訳したかをおぼえていて逆用することも効果的である。たとえば、次の文がリーダーにあったとする。

| He says that this civilization is *a complete copy* of Western civilization. | 彼は、この文明は西洋文明の完全な模写であると言う。 |

これを、意訳して、「この文明は、徹頭徹尾、西洋文明の模倣になっている」とか「この文明は、あらゆる点で西洋文明のマネだと言える」とか訳したとする。これを覚えていて「A は徹頭徹尾 (＝あらゆる点で) B のマネだ」という文が出てきたら、A is a complete copy of B. という表現を用いて訳し得る。complete も copy も諸君のよく知っている単語である。このようにして「徹頭徹尾」とか「マネ」とかいう表現を「逃げる」ことができるのである。

§379

例題 1　ことがうまくいったのは、まったく彼のおかげだ。
(慶応大)

〔研究〕「ことがうまくいった」：一般的に「things がうまくいった」と直訳してもよい。Things have gone well. あるいは All has gone well.

「彼のおかげ」：ここは「彼の助力による」ととれるから his help を考え、owing to his help; due to his help が用いられる。

以上のようにして強調の It is ~ that... を使えばそれでもできる。

もっと簡単な逃げ方：「ことがうまくいった」のは「成功」なのである。「彼のおかげ」とは「彼による」でもよい。そうすれば「成功は彼による」これでできてしまう。このときの「よる」はやはり due to がよい。これを depend などとすると「成功するかしないかは、彼次第」となってしまう。→§282.

〔訳〕 (A) It is entirely owing to his help that things have gone well.

(B) Our success is entirely due to him.

§380

> 例題 2　早晩どちらかの主張に 分のあることが はっきりする。　　　　　　　　　　　　　　　　　　　　（法政大）

〔研究〕「早晩」とあるから「はっきりする」も will を用いて未来に訳す。「早晩」sooner or later〔既出〕；ただし、some day（いつかは）; before long（そのうちに）とやって逃げてもよい。

「分のある」の分析：要するに「主張₁」と「主張₂」とがあって「どちらかが他よりもすぐれている〔better である〕こと」を意味している。the better of the two もよい。「主張」は opinion（意見）であらわし得る。

「はっきりする」：一応は It will become clear that... の構文を考えるだろうが、opinion を主語にして、それが better であると、「はっきりわかってくる」turn out to be とすれば、単文で言える。

〔訳〕 (A) Sooner or later one of the two opinions will turn out to be the better of the two.

(B) Before long you will clearly see that one of the two opinions is better than the other.

§381

> 例題 3　外国へ行って、日本のことをきかれると、私たちは自分の無知ぶりにわれながら驚くことがある。　　（早 大）

〔研究〕 こういうとき「外国へ行く」にこだわるのはよくない。while [we are] abroad と副詞的に他の部分にかかるようにする。「無知ぶりにわれながら驚く」:「無知」ignorance.「〜に驚く」とあるから be surprised at... がすぐ出てくる。問題は「ぶりに」と「われながら」の逃げ方。まず「ぶりに」は無視してよい。もし、be surprised at our ignorance とあれば、和訳するとき「無知なのに驚く」とか「無知ぶりに驚く」とかなるであろう。それが逆用の妙である。次に「われながら」の心持は「自分の国のことを、他人でなくて、自分自身が知らない」ということである。こういう場合に at our *own* ignorance として our を強める形式にもっていけばその気持がでる。

さて、「無知」を ignorance とすることを知らなければ「自分の国について、いかに知ることが少ないか」という構文にもっていく。その場合は上の own を our own country というところにはめこめばよい。

〔訳〕 (A) When we are asked a question about our country while abroad, we are sometimes surprised at our own ignorance.

(B) While abroad, we sometimes have to answer questions about Japan. On such occasions it always happens that we are surprised to see how little we know about our own country.

〔注〕 (B) 訳は「外国へ行って日本のことを質問される」という部分で切って一文とした。こうすると構成が大へん楽で口調もよい。これも一つの逃げ方。

§382

> 例題 4 今日ほど世界のおもな国々がこぞって科学の育成強化にやっきになっている時代はない。 (名古屋大)

〔研究〕「こぞって」は one and all (どれもこれも) がよい。知らなければ「一団となって」と考えて in a body. つまり「形状の in」を活用。「やっきになる」はあることについて「興奮する」ことだから be excited を変形して get excited として用いる。「〜について」を over〜 であらわす。「育成強化」にあたる動詞は bring up; strengthen であるが、これらの動詞を使うときには目的語に注意する。bring up は「子供を育てる」意であるから、「科学者」scientists を目的語に使うならば、bring up や train を用いる。もし「人」でなく「科学」そのものであるならば、encourage や develop などがよい。

さて、構文については、「今日ほど〜なことはない」をあらわすのに前述の §164, §337 と同じような文脈であるから、not so 〜 as よりも not ... more 〜 than のほうが英語らしい。さらにこの not を Never として文頭に出すのがよい。「主要な国」は major countries だが、知らなければ great countries.

そこで、大体の構文は：

Never have the major countries been more excited over ... than today.

このように否定語を文頭に出すと the major countries have been のところの have と主語を入れかえる、すなわち倒置が必要である。

over の次には動詞を動名詞形にして入れる。

〔訳〕 Never have the major countries of the world, one and all, been more excited over encouraging and developing sciences than they are today.

〔注〕 ...been excited more than 〜 とするのは不可。more excited という結合に注意せよ。

§383

> 例題 5　子供の時から汽車がすきで、当時は機関士になるのを理想にしていたくらいだから、今でも時々意味もなく、汽車に乗りたいばかりに旅行することがある。　　　（東 大）

〔研究〕 ここは「理想」をどう表現するかが山である。辞書で ideal を引いてきてもあまり役に立たない。いわゆる「理想の国」などとは意味がちがう。「機関士になりたい」というぐらいの意味である。そう考えれば、もはや容易である。

「していた<u>くらいだから</u>今でも」も日本語特有の loose な接続だから、字句にこだわる必要はない。「していた、だから」でよい。

「意味もなく」は次の「汽車に乗りたいばかりに」と同じことであるから、訳す必要もないが、強いて訳すなら「目的なしに」without a purpose となる。この場合、言いかえの気持で or と言い、with a purpose or /P/ として /P/ の部分に「汽車に乗りたいばかりに」を訳出すればよい。

さて、その「汽車に乗りたいばかりに」は for the *sole* purpose of ... と言えれば上乗だが、その工夫がつかなければ、fun (たのしみ) を使って *simply* for the *fun* of ... としてもよい。これらの of の次には動詞が来るが、これが get on とか board ではいけない。これらの動詞は「汽車に乗り込む」動作を指すから「汽車に乗っている」という動作は、have a ride on a train という名詞中心構文を活用して... of having... とつづける。

〔訳〕 I am fond of trains since I was a child. I used to want to be an engine driver. And so, even now, I sometimes go on a travel without a special purpose or simply for the fun of having a ride on a train.

§384

> 例題 6　彼女は 読みさしの本から目をあげました。むすこの太郎が ちょうどへやに入ってきたからです。「どうしたの」「懐中電灯を忘れたんです」　　　　　　　　　　（奈良女子大）

〔研究〕「読みさしの本」をどう表現するか。諸君はもう、これを「読みつつあったところの本」とすることに何の困難も感じないであろう。look up from a book she was reading, とすれば、ちょうどこの動作になる。「目をあげる」の「目」にこだわる必要はない。「本から見上げる」で十分。「どうしたの」の訳し方はすでに説明した。「懐中電灯」flashlight.

〔訳〕 She looked up from a book [which] she was reading. Her son Taro had just entered the room. "What's the matter?" "I forgot the flashlight."

〔注〕 had entered と過去完了にすることを忘れないように。from *the* book... としない方がよい。which... で制限されていても「そのような、一冊の本」の心持にかわりはないからで、ここを the book とすれば、どの本かが話者にも相手にもわかっていることになってしまう。

§385

> 例題 7　金が 大手をふってまかりとおる 世の中もたしかにある。しかし、逆にいくら金を 積み上げてもむだなときもある。私は信頼こそ人間にとって かけがえのないものだという考えを捨てるわけにはいかない。

〔研究〕一見して、Money makes the mare to go. (地獄の沙汰も金次第)〔諺〕をうまくつかえそうだと思う。はじめの「世の中」を on some occasions とし、あとに on other occasions を用いると対照がはっきり

するだろう。「いくら金を積みあげても」の「積む」などにこだわるのは拙劣。「多量の金が役に立たない」と考える。「かけがえのない」は the most valuable（もっとも貴重な）と言いかえる。これらの逃げ方はもはや問題ないであろう。長文であるから Plan をたててみる。

Plan:

$\begin{cases} /P/=\text{Money makes the mare to go on some occasions.} \\ \text{On other occasions, } /Q/=\text{多量の金が役にたたない。} \\ /R/=\text{私は、} /T/ \text{ という考えを捨てられない。} \end{cases}$

/T/=信頼が the most valuable thing.

さて /P/, /Q/ は It is true...but で対照させる。「信頼」は faith か goodwill だが、文脈から言って、goodwill の方をとりたい。「考えを捨てるわけにはいかない」を throw だの何だのとま正面から考えてはめんどう。「考えないわけにはいかない」とすれば、自然に cannot help thinking ...という熟語がでてくるだろう。

〔訳〕 It is true that "money makes the mare to go" on some occasions, but on other occasions we know a great amount of money is simply useless. I cannot help thinking, therefore, that goodwill is the most valuable thing in life.

〔注〕 この therefore を文中に入れる呼吸を味わってほしい。

§386　　　　　EXERCISE　30

1. だから<u>言わないことじゃない</u>[1]、こんなことになってしまった。おまえが<u>悪い</u>[2]んだ。
2. <u>何食わぬ顔をして</u>[3]いるが、これはみなあの人がやったことですよ。
3. とってもすてきだわ、あなたのあの<u>新しい服</u>[4]!
4. こいつは<u>初耳</u>[5]だ。
5. わたしのまわりを<u>そのようにウロウロする</u>[6]な。
6. <u>くるしまぎれに</u>[7]彼はうそを言ったのだ。
7. じゃ、<u>かってにし</u>[8]なさい、わたしは、もう、<u>知らない</u>[9]から。
8. してあげたいのは<u>山々</u>[10]だが、いそがしいからそんなことはやってはおれない。
9. 彼は、<u>おさななじみ</u>[11]の女と結婚した。

[1] 「こうなるだろうと言った」
[2] be to blame
[3] pretend to be innocent of ~
[4] a friend of mine の形を参考にせよ。ただし文頭は It で、あとから名詞をおく。
[5] 「こんなこと、きいたことがない」
[6] そのように歩き回る。ただし hang about （まつわりつく）も使える。
[7] as a makeshift（その場のがれの手段として）
[8] have one's way
[9] 「関係したくない」
[10] be willing to
[11] know ~ from a child

難語のこなし方

10. それをわたしがするものと、ひとりぎめ[12] してもらっては困る[13]なあ。

11. 彼をうっかり信用すべきではなかった。
(小樽商大)

12. あの方は見かけほどは年をとっておりませんよ。40くらいなものでしょう[14]。 (青山大)

13. 彼はふだん強健なくせに[15] 寒さに向かうと必ず[16]一度か二度かぜをひく。 (立命大)

14. 町の中やアパート[17] に生活している人たちはよく庭がないのがさびしいと言う。水と石と木がつくっている空間――それが生活にどれほどのうるおい[18]を与えていることだろう[19]。 (阪大)

15. あらかじめ詳細な[20] 旅程を作り、宿屋や座席を予約[21] して、そのとおり旅行するのはまっぴら[22] である。これでは自分が旅行しているのではなく、旅程のおともをして[23] いるようなものである。

---

[12] 「ひとりぎめ」は「〜だと思いこむ」とすれば熟語を思い出せるだろう。

[13] It is irritating... when you... という結合を考えてみよ。

[14] I should guess を文尾に。

[15] "A, and yet B" という結合がよい。

[16] sure の使い方はどうだったろう?

[17] apartment house

[18] charm

[19] さいごの文は感嘆文にきこえるように工夫せよ。もし疑問文にきこえると、「どれほど与えるだろうか――与えない」ときこえる。これでは意味が反対になる。要注意。

[20] detailed

[21] reserve (v.) ただし、have my hair cut と同じ構造に。

[22] 「きらい」

[23] follow 〜 mechanically (機械的に〜について行く)と言うか、シャレて be a slave to 〜 (〜のドレイだ) とやるなど工夫する。

XVII. 吟　　味

§387　この章で学ぶこと　ひととおり英文が書けるような段階になったとき、細かい点をチェックして、仕上げを完全にするという作業が必要である。ここに冠詞がいるか、いらないか、ここの前置詞は in でよいか、on ではないのかというような点である。

本章では、そのような仕上げの手法を項目別にあたっている。案外なところに盲点があるのだということが発見されるであろう。吟味は着実に行なってほしい。

1. 冠　　詞

§388

> 例題 1　彼はある意味では教師であったが、厳密な意味における学者ではなかった。

〔研究〕「ある(ひとつの)意味で」in *a* sense;「厳密な意味における学者」a scholar in the strict sense of the word, この *the* word とは前出の scholar という語を指す。

類例: He is not *an* artist in *the* true sense of *the* word. (彼は真の意味における芸術家ではない)

なお、He is *a* teacher. This is *a* pen. などの文において He is *the* teacher. This is *the* pen. とすれば、それはそれぞれ「問題にしている先生」、「話題になっているペン」があって、「彼がその先生だ」、「これがそのペンだ」となる。ゆえに「あいつ<u>が</u>犯人だ」は He is *the* criminal. である。

〔訳〕　He was *a* teacher in *a* sense, but he was not *a* scholar in *the* strict sense of *the* word.

§389

> **例題 2** 次の各文の空所にそれぞれもっとも適当な冠詞を入れよ。冠詞を必要としない場合は 0 と答えよ。 （東京外大）
> a. Will you pass me (　) salt, please?
> b. You can travel by (　) car or (　) air.
> c. Towards (　) end of (　) 1950's he visited (　) Philippines.
> d. I had (　) lunch with (　) old friend of mine.
> e. (　) Joneses pay their servant by (　) week.

〔研究〕 a. は食卓での会話で、「そちらにある塩をこっちへまわしてください」ということ。よって、*the* salt.

b. これは by car, by bus, by train, by sea, by air などが交通の手段として「熟語化」している場合。よって 0 と答える。

cf. I go to school by bicycle. （ぼくは自転車で学校へ行く）

これを *on a* bicycle とすることもできる。このときは多少とも自転車という「もの」を意識している。

c. *the* end として限定されたものをあらわす。*the* 1950's (the nineteen fifties) は 1950年代(1950—1959)をあらわす。さいごは複数の固有名詞であるから、これまた *the* Philippines とする。

d. 「いつ昼食をたべますか」などは When do you have lunch? として無冠詞でよいが、ここは「一つの会食」を意味するから *a* lunch とする方がよい。次は *a* friend of mine に old が加わっただけであるから、やはり *an* old... とする。

e. はじめはやはり複数の固有名詞であるから定冠詞。さいごは「週ぎめ」で「週単位」であるから、これも by the week と定冠詞。

〔答〕 a. the　b. 0, 0　c. the, the, the　d. a, an
　　　e. The, the

2. 代 名 詞

§390

> **例題 3** きみは、彼の言ったことについて、どう思いますか。

〔研究〕「どう思うか」とあるから *How* do you think...? とするのは誤りである。これでは思考の仕方をきいたことになり,「頭で考える」としか答えようがない。英語では *What* do you think...? である。「彼の言ったこと」はもちろん what he said である。なお「どう...」の訳について次例参照。

次にどうしてよいかわからなかった。	I did not know *what* to do next.
あの映画をみてどう思いましたか〔印象をきく〕。	*How did you like* that picture?

〔訳〕 *What* do you think of *what* he said?

§391

例題 4
(i) この語はほかにもう一つ重要な意味がある。
(ii) わたしは腕時計を2個持っている。一つは国産で、他の一つはスイス製です。もちろん両方とも、防水です。

〔研究〕「もう一つ別の」another, これは an other の意味だから、次に名詞をつける場合は単数形。二つのものがあって一つを one と指示したら、残りの方は the other, 残りが複数の場合は the others である。ほかのものが多数あって不特定のときは other affairs (ほかのこと); other people (ほかの人々); other books (ほかの本)のように無冠詞で「other+複数名詞」となる。なお other people を others と言うこともできる。

This is not good. Show me *another* (one).	これはよくない。別のを見せて下さい。
I have five pencils. Two of them are red and *the others* (are) black.	わたしは、鉛筆を5本持っている。2本は赤でほかは黒です。
Some boys like tennis; *others* basketball.	テニスがすきな少年もあれば、バスケットボールがすきな少年もある。
The word has no *other* meaning.	その語にはほかの意味はない。

次に,「国産〔の〕」「スイス製〔の〕」はそれぞれ of Japanese make; of Swiss make のように「of+国名の形容詞+make」の形にする。スイスの国名自身は Switzerland である。「防水」water-proof.

〔訳〕 (i) The word has *another* important meaning.

(ii) I have two wrist-watches. *One* is of Japanese make and *the other* [is] of Swiss make. Of course *both* are waterproof.

3. 前　　置　　詞

§392

> **例題 5**
> (i) お礼のことばもありません。
> (ii) ぼくはきみに感謝すべきことは何もない。

〔研究〕 (i) では I have no words... (ii) では I have nothing... となるが、そのあとが問題である。それぞれのあとへ to thank you とつけるがそれで終わってはならない。次の基本構造を思い出してみよう。

　He thanked me *for* my kind-　　彼はわたしの親切をこういうこと
　　　ness *in* these words.　　　　　ばで感謝した。

これを、the house to live *in* (住むべき家)と対比すれば正解がわかる。

〔訳〕 (i) I have no words to thank you *in*.

(ii) I have nothing to thank you *for*.

§393

> **例題 6**
> (i) 彼は近くの川へ魚釣りに行った。
> (ii) これは、わたしのおじの写真です。

〔研究〕 (i) は「川へ」とあるから *to* the river とやりそう。これは誤り。書き出しは He went fishing であるが、英語では fish *in* the river が一つの単位となるから、けっきょく『「川で魚釣りをする」ために行った』と考える。

(ii) は、一般的に言って「おじが写っている写真」であるから a picture of my uncle である。「おじの<u>所有している</u>」なら、of my uncle's となる。この後者は、He is *a friend of mine.* (彼はわたしの友人です)と比較。

(i) He went fishing *in* a river near by.

(ii) This is a picture *of* my uncle.

§394

例題 7
(i) 信号の赤が青に変わった。
(ii) 彼に代わって君が出席したまえ。
(iii) 彼の事務所では扇風機にかわってルームクーラーが登場した。

〔研究〕 日本語の「かわる」は「変わる」すなわち変化、「代わる」つまり「交代してやる」などいろいろな意味がある。英訳にあたっては、常にその文脈で、どちらが先(前の状態)でどちらが後(新らしい状態)かをまちがえないようにすることが必要。次の例文では A が先、B が後、として用法を示す。語順に注意。

A changed into B.＝B is changed from A.	A が B に変わった。
B took A's place.	A の代わりを B がすることになった。
B replaced A.＝A was replaced by B.	はじめに A があったがそれをやめて、代わりに B があらわれた。
I substituted B for A.	A の代用として B を用いた。

なお、substitute は「置換」の場合にも使える。(→§297-3)

以上の例文をみていて place (場所)という語が「代わりに」というところに出てくるのにきづく。つまり「あなたが彼の場所にいる」ということは「彼の代わりをする」ことである。「代役」の場合を考えるとこのことはすぐわかる。

You must do it *in his place*. あなたは彼の代わりにそれをしなければならない。

〔訳〕 (i) The red light of the signal changed *into* green.
(ii) Will you attend the meeting *in* his place?
(iii) In his office, **the** electric fan was replaced *by* **a** room-cooler.

〔注〕 信号の色は red, yellow, green である。「青」を blue としないこと。また(iii)における the と a のつかいわけにも注意せよ。

4. 接　続　詞

§395

> 例題 8　S教授は、『リヤ王』がシェイクスピアの最大傑作だと言っているが、わたしはこれに賛成である。

〔研究〕　この「が」が but でないことは明らか。しかし and にして and I agree to it などとするのも文として落ちつきがわるい。こういうとき when でつなぐということを覚えてほしい。すなわち I agree with Professor S. *when* he says... となる。また次のような逆接も when であらわせる。

| How can I say such a thing *when* everyone is working hard for the country? | みんなが国のためにいっしょうけんめいに働いているのに、どうして、わたしがそんなことを言えようか。 |

〔訳〕　I agree with Professor S. *when* he says that "King Lear" is Shakespeare's greatest work (*or* Shakespeare's masterpiece).

§396

> 例題 9　本やノートを試験場に持ち込んではならない。

〔研究〕　日本語の「や」は and か or か微妙なことが多い。ここは「本やノート」で一つの単位、すなわち「筆記用具以外のもの」のような気持である。こういうときは "not A or B" としてこれで「A B の全部」を否定することになる。つまり "not A *or* B" は "*neither* A *nor* B" と同値である。英語では "not A *and* B" とあれば数学と同じように、これは「A かつ B」ではない、すなわち、片方はあるという部分否定になる。

| I can*not* eat *and* laugh at the same time. | わたしは、同時に、食べたり笑ったりすることはできない。〔部分否定〕 |
| I have *nothing* to say to you *or* your father. | あなたやあなたのおとうさんに対して何も言うことはない。〔全体否定〕 |

〔訳〕　You must not bring your books *or* notebooks into the examination room.

§397

> **例題 10** ぼくはここで待っているから、きみが用意ができたら知らせてくれたまえ。

〔研究〕 この「から」は because ではない。理由関係はどこにもない。あっさり文を切るのがよい。「用意ができたら」は if ではない。この場合これから用意するということは仮定ではなく、実さいにするのである。英語では「用意ができたとき」と考えなくてはならない。

比較:

I'll tell him so, *if* he comes here again.	もし彼がまた来たらそのように言おう。
I'll tell him so, *when* he comes back.	彼が戻ってきたらそのように言おう。

〔訳〕 I'll be waiting here. Please let me know *when* you are ready.

5. 語　順 (Word-order)

§398

> **例題 11**
> (i) きみは、彼がその次に何をしたと思いますか。
> (ii) 彼がその次に何をしたか、きみは知っているか。

〔研究〕 一見して (i) do you think (ii) do you know を中核とし、「彼が次に何をしたか」を潜在文とする構文であることはわかる。ただし think と know とではその位置がちがう。do you think の方は what の次に挿入される形になる。

比較:

Where *do you think* he lives?	彼がどこに住んでいると思うか。
Do you know where he lives?	彼がどこに住んでいるか知っているか。

〔訳〕 (i) What *do you think* he did next?
(ii) *Do you know* what he did next?

§399

例題 12 これらがわたしの愛読書です。こどもの時以来、いつもこれらからわたしは心の喜びを得てきました。

〔研究〕 「愛読書」favourite book. 「心の喜び」は「内面的な喜び」と考えて inward joy. 最後の部分は、とかく I have always found my inward joy *in them*. のように訳しがちである。これでは文末が in them という代名詞であるために弱い。inward joy という重要な語(名詞)で文を書き終わるようにするのが英語らしくするひとつのコツである。上の文の語順をかえるだけでもそれは可能だが、いっそのこと、「その本」を主語とし、「これらは、私の喜びのみなもと(source)であった」とするのがよい。

〔訳〕 These are my favourite books. Ever since I was a child, these have always been *the source of my inward joy*.

EXERCISE 31

§400 (A) 次の各文の空欄に the, a, an を入れよ。冠詞が不要の場合は0と答えよ。

1. He will come of (　) Sunday and stay all (　) daylong. (彼は日曜日などにやってきて1日中いる)

2. (　) child as he is, he is (　) great scholar. (彼はまだ子どもだけれどもなかなか物知りだ)

3. I am (　) friends with him. (わたしは彼と友人だ)

4. Unless you make (　) haste, you will not be in time for (　) train. (いそがないと汽車に間に合わない)

5. No news is (　) good news. (たよりがないのはよいたより)〔諺〕

6. He struck you on (　) head. (彼はあなたの頭をなぐった)

7. (　) heroine of (　) novel should always be (　) beautiful woman. (小説の女主人公は常に美人であるべきだ). 〔注 heroine の発音は [hérouin]〕

2. この譲歩の句 "～ as he is", の型で、～が名詞のときその名詞が実質的には形容詞化している。

4. in a hurry のときは a だが make haste のときはどうだろう？

5. news という名詞の使い方と冠詞の関係をここでおぼえよ。

6. 「接触点」の示しかたはどうだったろう。→ §297-6.

8. On (　) other hand, he is not at all busy. (一方、彼は少しもいそがしくない)
9. He has (　) wife, and his wife has (　) aunt. (彼には妻があり、彼の妻にはおばがひとりある)
10. You are (　) most despicable man on (　) earth. (きみはこの世でもっともいやしむべき人だ)

9. 「わたしには兄弟がある」を I have *my* brother. とはいわないだろう。これから考える。
10. これは熟語の中にでてくる earth だから...

§401 (B)

1. <u>ほとんどの</u>[1]人がそう言う。
2. みんながもっとあなたといっしょにいたいと言う<u>のに</u>[2]、もうお帰りになるのですか。
3. 彼は先月盗まれた自動車の<u>代わりとして</u>[3]新型車を買った。
4. ビンの中の水が<u>水蒸気</u>[4]になった。
5. このタオルで手をふいてもいいですか。
6. 彼の手紙は字が<u>きたない</u>[5]ので、いつも読むのに苦労する。　　　　　　　　(東学大)
7. 彼は<u>自分自身の世界</u>[6]に住んでいる。
8. 火事は<u>五日の朝</u>[7]おこった。
9. バスが満員で、学校<u>まで</u>[8]ずっと立ちどおしだった。　　　　　　　　　　(長崎大)
10. 注意して観察すると、わたしたちの周囲にはいろいろな<u>こん虫</u>[9]がいることがわかる。美しい<u>ちょう</u>[10]や<u>が</u>[11]の<u>存在に気づいて</u>[12]自然界へ関心<u>をもちはじめる</u>[12]人も多い。　(東北大)

[1] 日本語の「ほとんどの」はすぐ次に名詞がくることができる。almost はどうだろう?
[2] ここを軽く結合する方法は?
[3] to replace を M₁ として用いよ。
[4] vapour
[5] この「きたない」は dirty ではない。ゴミがついているわけではなかろう。
[6] 彼自身の「一つの世界」world はいつも *the* world となるとは限らない。
[7] 「午前中」だけで「日」がなければ *in* the morning だが...
[8] as far as なお、ここの「学校」は「建物」を意味する。
[9] insect
[10] butterfly
[11] moth
[12] have one's interest awakened by the existence of～ という構文をすすめたい。

XVIII. 応 用 英 作 文

§402 この章で学ぶこと 一般の和文英訳以外の形式による英作文の要領を学ぶ。すなわち、条件つき英作文、大意問題、日記・手紙などである。ほんとうは、さらに純然たる自由英作文にも及ぶべきであるが、その指導は、参考書という形式では不可能であるから、割愛した。

§403 条件つき英作文 特定の語句だけ求めたり、一部の英訳を与えておいて、あとの完成を求めたりする問題がある。これらを一括して条件つき英作文と呼ぶ。条件つきということは、見ようによれば、出題者が材料を与えてくれているのだからそれだけ楽なようだが、また見ようによれば、その条件に拘束されるわけで、むずかしいとも言える。自分のすきな文型で何とか英訳できるものでも、その条件に合ったような形式で（あるいは与えられた材料だけを用いて）英作文を作るのは、ある意味では handicap である。しかし、われわれはすでに、IX. 転換 B において、条件つき英作文の一部を学んでいるし、以下の例に出てくることも、すでに本書のどこかで説明ずみの事項ばかりであるから、いくつかの型をおぼえれば処理は容易であろう。

ここで、たいせつなことは、正解を得たら、それで満足するのでなく、いっぺん、これらを純然たる和文英訳の問題に還元し、「条件なしで、英訳したとしたら自分はどんな英文を書いただろうか」と反省してみることである。そして、思いあたることがあったら、それを、一般の和文英訳に生かして使うことである。この種の問題で英作文の力にプラスになるように問題点を追求してほしい。単に、正解を得たら満足というのでは、それはクイズ

と同じことになってしまう。

§404

> 例題 1　次の各組の上文と下文が同じ意味になるように、空所に適当な語を入れよ。　　　　　(早大)
> (1) ｛The woman spoke English to me just to show (　　).
> 　　The woman spoke English to me just to impress me (　　) her knowledge of the language.
> (2) ｛He was unhappy for the (　　) of his life.
> 　　He was unhappy as long as he (　　).

〔研究〕 (1) の下文の impress ～ with は §297-1 で説明した。上の文では「みせびらかす」という熟語を考える。それは show off である。

(2) では for と as long as の対比から考えて、「ある一定の期間」のことと推測する。そうすると life があるから、「彼が、その後、死ぬまでずっと」とならねばならない。ゆえに上の文では rest (残り)という名詞、下は、he lived となる。

〔答〕 off, with; rest, lived.

§405

> 例題 2　指定の書き出しを用いて英訳せよ。　　　　　(慶応大)
> (1) 僕がこちらに来てからまだ二か月にしかならない。
> 　　It is...
> (2) その結果はどうなるかわからない。
> 　　There is...
> (3) しばらくぶりの上天気だ。
> 　　We have...
> (4) 彼は人が変わった。
> 　　He is...
> (5) この写真を見ると楽しかったむかしのことを思いだす。
> 　　This picture...

「研究」 (1) 「～以来」として since (接続詞または前置詞)を用いると、それに対する主節は現在完了になるが、「～以来何年」のように数字がく

応 用 英 作 文

るときには It *is* three years のように現在形である。ゆえに It is only two months since... となる。

(2) There is no telling を思い出すこと。そのあとは、「結果が何であるか」とみて what will be the results でもよいが、原義に即して how it will turn out などがよい。

(3) 「しばらくぶり」は「多くの日数がたってやっとはじめて」のようにいくのが慣例。

(4) changed (p.p.) だけを用いるなら He has changed となるはず。is であって、しかも「人」を表現するのであるから a changed man という名詞形がよい。

(5) われわれは remind ~ of ~ の用法を知っているから容易。

〔答〕 (1) It is only two months since I came to live here.

(2) There is no telling how it will turn out.

(3) We have fine weather for the first time in many days.

(4) He is a changed man.

(5) This picture reminds me of the good old days.

§406

> 例題 3 次の各文の意味を英語で書きあらわせ。ただし下線部に相当する個所には、かっこ内に指示した動詞を含んでいなければならない。なお、必要があれば、その動詞の語形は、適当に変えて用いること。　　　　　(阪 大)
>
> (a) 英語の会話では、まちがえることを恐れてはいけません。(make)
> (b) 先週の水曜日、わたしのるすの間に、だれかわたしをたずねてきましたか。(see)
> (c) 彼までが、わたしの意見に反対だと聞いて、わたしは泣きたくなった。(feel)

〔研究〕 (a) make mistakes という連語であるが afraid of... のあとでは making と動名詞にすることに注意。

(b) は come to see me を用いる。容易であろう。「先週の水曜日」は字のとおり on Wednesday last week がよい。last Wednesday とすると、これは最近の水曜日ということであるから、もし、これを金曜日に発

言すると last Wednesday は「今週の水曜日」になる。
(c) feel like ～ing という熟語。

〔答〕 (a) Don't be afraid of making mistakes in speaking English.
(b) Did anyone come to see me during my absence on Wednesday last week?
(c) I felt like crying to hear that even he was against my opinion.

§407

> 例題 4 次の単語をすべて使用して、一つの文を完成せよ。
> (法政大)
> a, rumour, hardly, anything, than, that, there's, a, Japanese, better, likes

〔研究〕 文型を決定するキメ手は there's しかない。than があるから better はそれと呼応するであろう。すると There's... likes better than ... という構文が考えられる。than の次は a Japanese? a rumour? ここで a Japanese の方が likes better の主語としてふさわしいことがわかる。ゆえに than の次は a rumour とする。そこまでで、「日本人が、うわさ以上にこのむ...」となるから、当然「...ものはない」という結論が考えられる。

〔答〕 There's hardly anything that a Japanese likes better than a rumour.

§408

> 例題 5 下の和文を英語であらわしなさい。ただし英文に使う単語は、和文の下に与えてあるものから選びなさい。語形は変化させず、指定された語数を守りなさい。 (名古屋大)
> (1) ゆっくりやりたまえ。(3 語)
>   your take slowly leisure time doing
> (2) どうもあまり行きたくない。(5 語)
>   do go not going would hope I please how rather want

応用英作文　223

(3) 石につまずいてあやうくころぶところだった。(6 語)
a stepped down dangerously I went stone over fell turned on nearly

(4) 成功するもしないも君自身の努力次第さ。(6 語)
you efforts must depends your hard succeed upon success own make your you it not or

(5) この点はいくら強調してもしすぎることはない。(6 語)
it too overemphasize is you point are hardly impossible much this can

(6) 誰がその地位に任命されると思いますか。(10 語)
do be think will you the appointed to degree who whom is to will post

〔研究〕(1)は、命令文の型に持っていくのに適当な語は take しかない。ゆえにこれを文頭におく。するとあと 2 語しかない。この 2 語は「your＋名詞」の結合しかありえない。

(2) 一見して do だの hope だの please だのは使い道がないことがわかる。I would rather... としてみる。あと 2 語で「行かない」をどうあらわすか。would につづく動詞形は Root でなければならない。

(3) I nearly fell down と一応考える。しかし、これではたちまち語数がオーバーする。よって down をけずって I nearly fell とする。「石につまずいて」を言おうとする。a stone だけですでに 2 語となる。では、I nearly fell (　) a stone で、あと一語だけで「つまずいて」をあらわさなくてはならぬ。「躍動する前置詞」(§288) で述べたことを生かすのはここである。

(4) 「君自身の努力」で your own efforts と 3 語いる。depends on を用いるのは明らか。それで合計 5 語。すなわち (　) depends on your own efforts. となって、主語は 1 語である。success だけで、「成功如何」とか「成功度」、つまり「成功するかしないか」を全部あらわせることを §282 でおぼえた。

(5) 「この点」this point で 2 語いる。強調してもしすぎることはないを 4 語で言う方法は？人間が主語なら can を用い、it を主語にすれば impossible を用いる。前者は You can hardly overemphasize；後者は It is impossible to overemphasize と 5 語になる。ゆえに前者をとる。このようなとき、二つの構文を混同するようなことでは、とても正解はできない。

(6) Who do you think he is? と Do you know who he is? のちが

い (→ §398) を思い出す。このさい Whom などを文頭におくようではダメである。

〔答〕　(1) Take your time.
(2) I would rather not go. 〔...not rather ではない〕
(3) I nearly fell over a stone.
(4) Success depends upon your own efforts.
(5) You can hardly overemphasize this point.
(6) Who do you think will be appointed to the post?

§409　　　　EXERCISE 32

1. 指定の語を用いて英訳せよ。　(学習院大)
　a.　この<u>トランク</u>[1]は重すぎてわたしには持ちあがらない。(too)
　b.　<u>つづり字</u>[2]のまちがいをしないように辞書を利用しなさい。(lest)
　c.　この問題について多くの本がでている。(publish)

[1] suitcase
[2] spelling この「の」は of だろうか。

2. 指定の語句を用いて英訳せよ。　(東京商船大)
　a.　<u>美術館</u>[3]に行けばすばらしい[4]絵画がたくさん見られる。(enable one to)
　b.　船が走り出したとたんに彼女は気持ちが悪くなった。(the moment[5])

[3] これを「無生物主語」にと考える。
[4] wonderful
[5] the moment = as soon as を思い出せ。

3. 次の各文を keep を用いて英訳せよ。
　a.　彼は<u>約束</u>[6]を守らない。
　b.　彼を待たせておきなさい。
　c.　戸は<u>しばらく</u>[7]あけたままにしておけ。

[6] keep を使えば約束は one's *words* でよい。
[7] for a while

4. 与えられた語句をそのままの形で必ず用い、次の各文を英語に直せ。　(武蔵大)
　(1)　二日後帰ってみると、わたしの犬が別れたその場でわたしを待っておりました。〔later, left, to find[8]〕
　(2)　ひまがあればいつもそこへ出かけますが、<u>せいぜい</u>[9]週に1度です。〔time, which〕
　(3)　プラットフォームで、きみにいつまた会うだろうかと彼が言ったが、その後何のたより

[8] この to find を結果を示すように使う。
[9] at most; これは at least の反対。

もない。[from[10], never, should]

§410
5. ( )の中の動詞を使って英訳せよ。(慶応大)
(1) わたしは今京都に家を建てています。(get[11])
(2) ぼくは英語でしゃべったが通じなかった。(make)
(3) 彼は今年の元日から日記をつけはじめた。(start)

6. 指定の動詞を用いて英訳せよ。(慶応大)
(1) 出かける前に、その手紙を出すようにわたしに注意してください。(remind[12])
(2) どうして会にでられなかったのですか。(prevent)

7. 指定の書き出しで英訳せよ。(武蔵大)
(1) 彼ばかりか彼女もまちがっている。
 (a) Not   (b) She[13]
(2) 彼は組中で一番背が高い。
 (a) He[14]   (b) No[14]
(3) どんなに注意しても注意しすぎることはない。
 (a) You   (b) Too

§411
8. 次の和文を読んで、その下に書いてある英文中の( )に入れるに最も適した英語を、番号順に書き入れなさい。(中央大)

「私はかつて鎌倉に住んでいた。その家は高台にあったので、相模湾を見下して景色が非常によかった。私は天気のよい時などには時々海を眺めながら海岸を散歩したものだ」

I once lived at Kamakura. The house I lived (1) (2) on a hill, (3) a very fine view[15] of the Bay of Sagami. On fine weather I often enjoyed a walk (4) the coast, looking (5) the sea.

§412
9. つぎの三つの和文を、カッコ内の指示にしたがって英訳しなさい。(慶応大)
(1) もっとゆっくり話して下さいませんか。

---

[10] "hear from ～"という熟語を用いるのだと見当をつける。

[11] "get＋目的語＋過去分詞"と行け。

[12] "remind＋人＋to-inf."という使い方もできる。

[13] (b)では as well as を使う。

[14] 一見して(a)は最上級で(b)は比較級でとわからねばならない。

[15] command a view of ～ (～を一望のもとに見わたせる)

文　体　編

(Would you mind[16] ではじまる文章に訳す。)

(2) 彼はもうすこし注意ぶかければよかったんだが。(If only ではじまる文章に訳す。)

(3) 東京に住むよりは田舎に住みたい。(I would rather ではじまる文章に訳す。)

[16] mind につづく動詞形は動名詞。

§413 10. 次に与えられた英単語を並べなおして、その下の日本文のような意味を表わす英文を作れ。(その際 punctuation と capitalization も施すこと。)　　　　　　　　　　(東京工大)

(1) in to of on the it their season concentrate many work find difficult people spring delightful

(<u>春という</u>[17]快適な季節には、自分の仕事に注意を集中しにくい人が多い。)

[17] of spring (同格の of)

(2) how how it the do think them many do of took know you and students you exam passed many[18]

(何人の学生がその<u>試験を受けた</u>[19]と思いますか、また、そのうちの何人が合格したか知っていますか。)

[18] この (2) については、「吟味」(語順)でやったことをはっきり実行せよ。
[19] take the examination (試験をうける)

§414 11. 次の日本文の意味を表わすように、それぞれ英文中の ( ) 内に、一語を補いなさい。　　　　　　　　　　　　　　　(早大)

(1) 「彼女は男の子が登校の途中に踏切を渡らなければならないのを気づかっている。」
She is ( ) over[20] her little boy's ( ) to cross the railway-crossing on the ( ) to school.

[20] be worried over~ (~を心配している)

(2) 「私は前に会った記憶のない二人の学生に会った。」
I met two students ( ) I did not ( ) to ( ) met before.

(3) 「すべての人は自分の青年時代をできる限り利用すべきで、<u>さもなければ</u>[21]老年になって後悔するだろう。」
Every one should ( ) the best use ( ) his younger days, ( ) he will ( ) it in his old age.

[21] "If not /P/, /Q/." = "/P/, or /Q/."

応 用 英 作 文

(4) 「君はただひとりでここに住んでいるのを、むしろ退屈と思うにちがいない。」
You must find (　) rather dull (　) here[22] all (　) yourself.

[22] "*to live* here" といきたいが、あいにく1語と指定されている。

§415 12. カッコ内の三種類の語または語群のうち、適当なもの一つをそのままの形で使って、与えられた日本文の意味になるように英文を完成せよ。空所を補う語は、一か所につき一語とし、各文十語を越えないこと。　　　　(早大)

例　彼はちょうどよい時にはいって来た。
(at the right ; at the wrong ; with the right)
He *came* *in* *at* *the* *right time*. ＿＿ ＿＿.

(1) ジョンは計画を苦もなくやりとげた。
(carried away ; carried off ; carried out)
Jonn ＿＿ ＿＿ ＿＿ ＿＿ ＿＿.

(2) 昨夜ラジオをきいていたらアフリカについてのおもしろい話があった。
(heard ; listened ; overhear)
While I listened to the radio last night, ＿＿ ＿＿ ＿＿.

(3) トムは一日前に来なくてすまなかったといっていた。
(not to have come ; that he has not come[23] ; to have not come)
Tom said he ＿＿ ＿＿ ＿＿ ＿＿ ＿＿ ＿＿ ＿＿ ＿＿.

[23] 「時制の一致」を考えればこれはダメ。残る問題は to-inf. を否定するときの not の位置。

(4) 彼女はたいへん仕事が早いので、事務所の人はだれも彼女にはおいつけない。
(so fast as no ; so fast that anybody ; so fast that no)
＿＿ ＿＿ in the office can keep up with her[24].

[24] この部分は節形式であり、しかもここには否定語がない、だから…

(5) 私たちは現状でなし得る最善を尽さなければなるまい。
(that we can among[25] ; that we can under ; that we do under)

[25] among these circumstances という結合はあり得るだろうか。

We will have ___ ___ ___ ___ ___
___ ___ ___ ___ ___ these circumstances.

§416 大意問題 (Summary)　相当長い日本文を与えておいて、その大意を英語で書けといわれる場合がある。大意というのは、全体をいったん自分の頭の中で消化し、自分の発想で、簡潔にまとめなければならない。原文の sentences を、たとえば一つおきに拾ってつなぎあわせたとて、それで半分の分量で大意を書いたことにはならない。つまり、原文に密着してはいけない。筆者の習った外人はよく、Say it *in your own words.* (あなた自身のことばで言いなさい) と言ったものである。次の例でその要領をおぼえていこう。なお、大意を何語以内、たとえば 200 words とかいうように指定されたときは、もちろん、それに従うべきである。

§417

> **例題 6**　次の文の大意を英語で記せ。　　　　（大阪女子大）
> なにがむずかしいと言って新聞の文章ほどむずかしいものはあるまい。哲学書がむずかしいのは、むずかしいことを思考の対象としているのだから、いまさら文句を言ってもはじまらぬ。むずかしい問題を考えるのがきらいな人は読まなければいい。だが、新聞の扱う対象はむずかしい抽象的な問題ではない。単純な事実であり、目にみえる行動である。それを報道する新聞の文章がむずかしいというのは、どう考えても腑におちない。むずかしいことをむずかしく書いているのは納得がいくが、やさしいことをむずかしく書かれたのではかなわない。

〔研究〕　要点をまとめてみる。
(1)　新聞の文章はむずかしい。
(2)　哲学書ならば、むずかしいことを扱うのだから、文章がむずかしいのはあたりまえだ。すべての人がそれを読む必要もない。

(3) しかし、新聞は日常のことを、だれにでも分かるように伝えるはずのものだから、もっとやさしい文章にすべきだ。

　(1) は「新聞はむずかしい文でいっぱいだ」(2) は「哲学の本が読みにくいことは当然である。なぜなら、それらはむずかしいことをとり扱うことになっている (be supposed to... を使う)」のようにもっていける。(3) のはじめは、「しかし、新聞はちがう——哲学書について言ったようなことは、新聞にはあてはまらぬ」というような1句を入れると対照がよい。But newspapers are different. あるいは That is not the case with newspapers. などが考えられる。新聞の扱う対象として plain facts (はっきりした事実)、something concrete (具体的なこと)、everyday occurrences (日常のできごと)などが考えられる。(1)—(2) の展開にあうように (3) でまとめればよい。

　[解答例]　(A) Newspapers are full of hard sentences. || Books on philosophy are difficult to read, naturally, but they are supposed from the first to deal with difficult things. Everybody needn't read them. || But newspapers are different. They deal with daily matters, and they should be read by everybody. Therefore I say that they should be written in an easier style.

これでもまだ原文にこだわりすぎているから、次のような案も考えられる。

　(B) I think that newspaper articles ought to be written in much plainer style. || It is quite all right that philosophical treatises are difficult to read. They are meant for the specialists, who work on abstract themes. || But newspapers are for everybody; the news are of daily happenings. Style and substance should go hand in hand.

　§418 日記文 (**Diary**)　日記文と言っても、とくに変わったところはない。ただ、ふつう言われていることは

　(1) 主語の I をはぶく。
　(2) 動詞は現在形にする。

というようなことである。しかし、これとても、少しまとまったことを言うとき、I はいつでも省略できるわけではないし(たとえ

ば従属節)、また、時間的前後を表現したいとき、いつも現在形というわけにはいかない。つまり、(1),(2) はそれが可能のときは用いてもよい、という略記法なのである。そのほか、省略 (§§172-173) の要領で、簡単化するのがよい。

§419

> 例題 7　次の事項を英文日記としてまとめよ。
> 4月4日(日)晴。7時起床。朝食後父と庭いじり。パンジー咲きかけ。10時〜12時、社会科の復習。午後散髪に行く。とても混む。テレビでプロ野球——きょうは大したことなし。11時就寝。

〔研究〕「庭いじり」do some gardening と some を用いる。「とても混む」は crowded (これは p.p.) という1語で片づける。「(野球を)見る」watch;「大したことなし」は There is nothing exciting. だが、この There is を省く。なお、英語では「何月何日」よりも「何曜日」を先に書く。

〔解答例〕　Sunday, April 4. Fine.

　　Get up at 7.　Do some gardening after breakfast with father.　Pansies are coming out.　From 10 to 12, review work in social studies.　Have my hair cut in the afternoon.　Crowded!

　　Watch the Professional Baseball Games on television. Nothing exciting today.　Go to bed at 11.

次に、もっとふつうの文に近いものをやってみよう。こういうのはやはり、過去形を中心にしないと書きにくいことに気づくであろう。

§420

> 例題 8　次の日記文を英訳せよ。
> 7月1日(金)曇　朝、田中といっしょに登校。2時間目、数学の A 先生が「時間・空間」の話をして「この世界は4次元なのだ」と言われる。田中が「第5次元というのもあります

か」と言うと、先生は「わしにはわからん」だと。みんな笑う。放課後、父のため、大阪駅へ、あすのひかり10号の超特急券を買いに行ったら、もうないという。はてさて困ったこと。飛行機で行ってもらうか。夜、山田がきて、プラ・モデルのジェット機(ぼくの傑作!)を見せてくれという。

〔研究〕「時間・空間」を英語では逆の順で Space-Time;「次元」dimension;「第5次元」a fifth dimension. こういう風に another という気持で、その次のものをさすときは a third; a fourth として the としない。「超特急」は Super Express だが「超特急券」はむしろ「座席指定券」seat-reservation ticket の方がよい。「さあ困った」What a bother!

〔解答例〕 Friday, July 1. Cloudy.

Met Tanaka on my way to school, and went together. In the second hour, Mr. A., our teacher of mathematics, told us about Space-Time, and said, "We live in a world of four dimensions." Tanaka asked a question, saying, "Will there be a fifth dimension?" The teacher said, "I don't know," and all of us laughed.

Went to Osaka Station, after school, to get a seat reservation ticket on the Hikari No. 10 for tomorrow, for Father. All the seats had been taken. What a bother! But Father can go by plane.

In the evening Yamada called, and wanted to have a look at my masterpiece: a plastic model jet-plane.

§421 **手紙文 (Letter writing)** 手紙文を書くときに、もっとも注意すべきことは、堅苦しくならずに、ごく自然な会話的発想にすることである。日本語の手紙では「灯下親しむ候となりましたが益々御壮健のこととお喜び申し上げます」だとか「右のとおりですから、悪しからずご了承くださいますようお願いします」だとかいうような形式的文句を使うことが多いが、この種のあいさつを直訳しようとするのは、およそ愚劣なことである。もし、

このような意味のことを本当に伝えたいなら、それは本文の中に自然に織り込まなければならない。

§422

> **例題 9** ごく親しくしているアメリカ人(商社員)に対して、諸君の兄の誕生日に招待する手紙を書け。
> **要件:** 日時、4月3日(土)、午后7時半、夕食のあとゲームをする。ふだんの服装のままで。

〔研究〕 これは招待 (invitation) の手紙である。
まずこの種の予定を言うとき We are having... という進行形が定型。次に、§419 のように曜日を先に書くのがよい。服装のことは、日本人は結婚式か何かでないと問題にしないが、外人相手の時は必ずふれるのがよい。場所は自宅のときはとくに言う必要がない。

〔解答例〕 We are having a small party on Saturday, April 3rd, to celebrate the 25th birthday of my elder brother, and I shall be very glad if you can come and join us at 7:30. We shall have some games after dinner. Please come as you are.

〔注〕 if you can come の can を入れるのは、相手の都合を考慮する意味において必要。after dinner これを after the dinner とはしない。さいごの come as you are は「あなたがあるがままの姿でおいでください」でこれが「ふだんの服装で」となる。

Cf. Stay *where you are.*　　そこにそのままいなさい。
　　As you were!　　　　　もとへ。〔号令〕

§423

> **例題 10** 友人(日本人)が英語雄弁大会で一等に入賞したのを祝う手紙を英語で書き、この成功は過去一年間の勉強に対する報いであるという趣旨を述べよ。

〔研究〕 congratulate の使い方は §297-1 で練習した。「おめでとう!」というときは Congratulations! と言う。「一等賞をとる」win the first prize;「報い」reward. Your success is the reward. を別文章にもっていく方が効果的である。

手紙文の末尾に、われわれは「きみを誇りにしている」We are proud of you;「きみを模範としたい」We shall try to make a model of you などの文句を入れて書いてみよう。

〔解答例〕 Let me congratulate you from the bottom of my heart on winning the First Prize in the recent English Oratorical Contest held under the auspices of the—Press.

Everyone of our class has admired the way you have worked and prepared for the contest during the past year, improving both your style and pronunciation. "There is no royal road to English oratory" has been your motto. And your success now is the reward!

We are naturally so proud of you, and we shall try to make a model of you in our English study hereafter.

§424

> 例題 11 上の祝いの手紙に対する返事を英文で書け。
> 要件: 自分は運がよかったにすぎないという、けんそんのことばと、いろいろ親切に言ってもらって、今後いっそう努力するという決意とを織り込むこと。

〔研究〕 上の「...を織り込め」というのは当然の注意で、こういうとき I was *lucky* というのは、けんそんの文句として必要なのである。

次に your letter にかかるように congratulating me on... という現在分詞を M_1 (形容詞的修飾語) として用いてつづけたい。上記のけんそんの文句のあとに、「しかし、よくやったと言われてうれしい」と入れよう。あいてが、いろいろほめことばを言ってくれたのであるから、それに「値いする」すなわち、deserve するようにつとめたいということばを入れたい。

さいごのしめくくりの文句がうまく思いつかなければ、Thank you again. とやるのも一つの定型となっている。

さてこんどは、書き出しの Dear ―― とおわりの Yours sincerely, ―― まで入れてみよう。――のところにはむろん、それぞれ、あいての名、自分の名がはいる。

〔解答例〕 Dear ――:

Thank you very much for your letter of April 3rd, congratulating me on winning the First Prize in the Oratorical Contest. I think I was lucky this time, but still I am very glad to know that my friends—and you above all—think I have done well.

I shall try hereafter to deserve all the kind things you have said about me in your letter. Thank you again!

Yours sincerely,

―――――

§425

> **例題 12**　外国にいるペン・フレンド (pen-pal) に自己紹介をする手紙を書け。
>
> **内容:** 自分は静岡県に、両親と兄と妹と住んでおり、富士山を毎日見ている。数学、英語の順に好き。趣味はクラシック音楽。とくにベートーベン、モーツァルト。将来の志望: 大学で機械を学んで技師になりたい。

〔研究〕 これは自己紹介 (self-introduction) の手紙であるから Allow me to introduce myself. とか Let me tell you about myself. などと書きはじめる。「趣味は...」my favourite pastime is...;「クラシック音楽」は classic*al* music であるから注意。「機械〔学〕」technology;「技師」engineer. さて今度は、発信の時日・場所まで入れて書いてみよう。

〔解答例〕

26, ―cho,
Shimizu-shi,
Shizuoka Prefecture.
April 25, 1967

Dear ――:

First allow me to introduce myself. My name is Taro Tanaka, and I am 17 years old. I am in the third year of the ―― High School, which is in the city of Shimizu in Shizuoka Prefecture, where I live with my parents, and an elder brother, and a younger sister.

I think I am fortunate in living here, for we have the world-famous Mt. Fuji always in our view. Shizuoka is also famous for the fine tea produced there.

Now about my school work. We have six lessons every day from Monday to Friday, and four on Saturday. Saturday is a half-holiday. Of all the subjects, I like mathematics best, and next comes English.

My favourite pastime is listening to classical music. I like Beethoven and Mozart best. I wonder what your hobbies are. Please let me know.

I am working hard preparing for the entrance examination of T. University. I want to study technology in the University, and I want to be an engineer in the future.

I hope to hear from you about yourself and your country.

         Yours sincerely,
         Taro Tanaka

EXERCISE 33

§426 1. 上京した自分が郷里の友人へ手紙を出すものとして、次の内容をふくむ英文（50語—70語ぐらい）を書きなさい。（手紙の本文だけでよい。拝啓や、結びに相当する句はいらない）
(九州大)
(a) 受験のために上京、おじさんの家にとまっていること。
(b) 試験も終わって、昨日は東京見物につれていってもらった[1]こと。
(c) 一番おどろいたことは、東京は人間と自動車がひどく多いこと。
(d) 月末までには帰郷の予定。

§427 2. 次の内容を日記文としてまとめよ[2]。
内容　学校で国語古典の答案をかえしてもらった[3]ら、不注意のミスが多くて、思ったより点が

[1] 「おじがわたしを連れて行った」と言いかえる方がよい。

[2] 「まとめる」には、字句にこだわる必要はない。適当にけずったり、想像で脚色したりしてよい。

[3] get back

悪かった。夕方、〔同級生の〕Tが<u>ピアノ・リサイタル</u>[4]の切符が1枚<u>あまっている</u>[5]からあげようと持ってきてくれた。母にきいたら、夜の会は困るが、その会は昼だから行ってもよいと言われた。カナリヤが死んだ。<u>墓を作って</u>[6]やって<u>うずめ</u>[7]た。

[4] piano recital
[5] have ~ to spare
[6] make a grave
[7] bury (v.) [béri]

§428 3. 次の文の大意を英語で記せ。(ただし 75 words 以内)

日本人のコミュニケーションの<u>特長</u>[1]の重要な一つとして考えられることは、日本では大体において、<u>口で伝えることば</u>[2]、話しことばの方が<u>文章にしたことば</u>[3]よりコミュニケーションとして伝わりやすいということである。<u>言いかえれば</u>[4]日本人は文書になったもので理解するよりも、話をし合う方がコミュニケーションが成立しやすいのである。日本人の多くは耳できかないと納得しないことは、農村へ行くとはっきりわかる。何かニュースが伝わるという場合、新聞を通してくるより、実さいに耳から聞いてそれが伝わることの方が多い。

この事実は、<u>宣伝</u>[5]の問題についても、ひじょうに重要である。たとえば、日本ではある映画を見にくる人について調べてみると、人がいいと言ったからとか<u>評判がいい</u>[6]からというので見にくる人がひじょうに多い。

[1] feature
[2] spoken language
[3] written language
[4] in other words
[5] propaganda. ただしこの文脈では advertisement (広告) の方が適する。
[6] speak well of ~ (~をほめる)

XIX. 総合演習

§429 この章で学ぶこと 今までは項目別に、個々の表現法に即して和文英訳の技術を学んできた。ここでは、そういうワクをはずして、長文あるいは複雑な文を自由に訳すことを学ぶ。つまり今迄おぼえてきたことを駆使して、まとまった英文を書こうというので、総合的な実力テストである。

適当な文型に持ち込むことはもはや容易であろう。部分に分割して注意してみればどのように処理すべきかということ、すなわち、適当な文型が一つや二つ必ず思いうかぶはずである。問題は全体としてのバランスにある。つまり書いた英文全体において、首尾一貫し、文体の不調和がなく、かつ朗読して口調がよいようにと心がけなくてはならない。

例題・Exercise ともに、すべて、2通りの訳文を示した。(A)はやや直訳体の訳文であり (B) は、文体や格調を考慮した、やや高度の訳文である。(B) 訳の方は、決して、すぐこのまねをして欲しいというつもりではない。ただ参考までに、いわゆる「翻訳」のレベルを示したのであるが、どういうふうに発想するものであるかという点を味わって欲しいと思う。

§430

> **例題 1** 役に立つ英語ということが今日言われています。しかし、英語がしゃべれるだけでなく、英語で書かれた古典を鑑賞できるようでありたいものです。　　　　(関学大)

〔研究〕「役に立つ英語」は " Practical English " のように引用符をつけた方がよい。useful を使えば useful knowledge of English などと言いたくなるからここでは避ける。「言われている」を「しばしば言われて

いる」のように解する。There is much talk about ～; We often speak of ～; 少しシャレて There is a loud cry for ～ もよい。

用例：

| There is *a loud cry for* humanism. | 人道主義がさかんに叫ばれている。 |

次の文は「...でありたい」でまとめる。It is desirable that...; it is to be desired that... というワクを設けてしまえば、そのあとは楽であろう。

that-clause の中は、たとえば we should be able to ～ といくなら we should be able not only to speak...but also to appreciate のように not only A but also B の A, B に文法上同等のものがくるようにする。

「鑑賞する」は appreciate だが enjoy でも単に read でもよい。appreciate はむしろ「その物の値打ちがわかってありがたい」と思うことを言う。

用例：

| He does not *appreciate* my kindness. | 彼はわたしの親切を感謝していない。 |

「古典」=classical literature.

なお、原文では「役に立つ英語とはすなわち話す能力である」という書き方がしてあって、多少文意に疑問があるが、その点に深入りしない。

〔訳〕 (A) Nowadays there is much talk about "Practical English". But it is desirable that we should be able not only to speak English, but also to appreciate classical literature written in English.

(B) Today there is a loud cry for "Practical English". I am of opinion, however, that one should not be content with a mere knowledge of conversational English, but should aim to cultivate an ability of reading English classical literature.

§431

例題 2　大阪ほどではないが、わたしの住む小都会でも近頃は交通機関が非常に混雑して、通勤にひどく骨がおれるようになってきた。　　　　　　　　　　　　　　　　(関西大)

〔研究〕「大阪ほどではないが」は「大阪ほど悪化していないが」の意味

だとわかるが、この譲歩の句は入れどころが悪いと始末におえない。本すじを通しつつ、途中に although... といれるか、文頭にこれをおいて It is true..., but で対照させるかの方法をとる。「交通機関」traffic facilities; means of transportation; 文脈によっては buses and trains などとした方が「通勤」に密着する。「非常に混雑して」は have come to be more and more crowded のように比較級を使うのも一つのやり方。「混雑して...骨が折れるようになって来た」は、両方とも現在完了にしてもよいが、なるべく、どちらか一方を現在完了にして他は現在形にした方がよい。

「通勤」commutation;「通勤者」commuter; 前者を主語にすれば、commutation is a hard job. 後者を主語にすれば、We commuters are having a pretty hard time of it. これは have a good time of it の反対語句。この pretty は「かなり」という副詞。

なお、(B) 訳では「混雑して」のところを M_1 にして in overcrowded trains or buses として簡単にした。これでも十分「乗り物が混むから」という気持があらわせる。

〔訳〕 (A) Recently even in the small town where I live, the traffic facilities have come to be more and more crowded, although the condition here is not yet as bad as in Osaka, and our daily commutation is quite a hard job.

(B) In the small town where I live things are not quite as bad as in Osaka, it is true, but nowadays, even here, we commuters are having a pretty hard time of it going to work in overcrowded trains or buses.

§432

> 例題 3　産炭地に住んでいる人でなければ、地下で事故がどんなにひん発しているかを知っている人は少ないであろう。ニュースとして報道価値のある大きな災害しか耳にしないのである。しかし数か月前の爆発事故のようなことがあれば、われわれは社会的良心をかきたてられずにはいられない。
>
> 　　　　　　　　　　　　　　　　　　　　　　　　(九州大)

〔研究〕「...でなければ...を知っている人は少ない」というのをどういう構文に持っていくか。Very few people will know..., unless... または Except those who live..., most of us seldom come to know

などが考えられる。「産炭地」the coal-mining districts (*or* regions);「地下で事故が」は簡単に、how often accidents are happening under the ground のように進行形にするのがよい。「大きな災害しか」only some bigger (*or* major) accidents... この bigger は絶対比較級→§360;「報道価値」news value;「耳にしない」は hear を使ってもよい。「耳」にはこだわらなくてもよい。

最後の文は「数か月前の爆発事故のようなことがあれば」のところをよく見て構文を考える。単純には Whenever we hear of... ではじめ、結びは、「われわれは〜を〜されずにいられない」であるから we have 〜 のあとへ p.p. を、そしてもちろん cannot but を活用する。あるいは「...のようなこと」を無生物主語にして、「それが、われわれの社会的良心をかきたてる」とする。「社会的良心」は social conscience または意訳して concern for public welfare など。

〔訳〕 (A) Very few people will know how often accidents are happening under the ground, unless they live in a coal-mining district. Only some bigger accidents of great news value are reported to us. But on hearing of such a great disaster as that explosion which took place some months ago, we cannot but have our social conscience stimulated.

(B) Except those who actually live in one of the coal mining regions, most of us seldom come to know the exact amount of underground accidents. The reports of minor accidents with no news value, never reach the ears of outsiders. Nevertheless, we should remember the social significance of big disasters, such as the explosion we had some months ago, which come to wake up in us a concern for public welfare.

§433

> 例題 4 5, 60歳の人でアルプスの高山に登る人も珍しくない。彼等は若い人よりも時間がかかるであろうが、多分もっと上手に、むだな労力を費さずに登るものだ。　(東京水産大)

〔研究〕「珍しくない」をうまく逃げるには many old people を主語にする工夫をする。「時間がかかる」の原型はもちろん It took the train ten minutes to go through the tunnel. (列車がトンネルを通過するのに10分かかった)の型であるが、It will take them more time than young men. とやると time と young men とを比較したようにきこえて落ちつかない。めんどうでも ...than it takes young men とする。ついでのことに younger men と絶対比較級にした方がよい。→§360, §432.

「多分」probably；ここは perhaps ではない(→§325)。「もっとじょうずに」more skillfully；「費さずに」は not などを使わない工夫がほしい。"without+Gerund" で without wasting their energy のようにつづけるか、または save という動詞を使って、They know how to save their energy など。「(のぼる)ものだ」はこの文脈では無視してよい。英語の現在形は、そのまま「ものだ」のニュアンスを伝えている。

(B) 訳では「老人には老人の advantage (利点)がある」と補って文の対照を浮き出させてみた。

〔訳〕 (A) Many old men, aged fifty or sixty, go to climb high mountains in the Alps. It will take them more time than it takes younger persons, but probably they can climb more skillfully without wasting their energy.

(B) There is nothing strange to hear of old people, aged fifty or sixty, climbing high mountains in the Alps. Compared with younger people, these veterans may take more time, indeed, but they have their own advantages: they are better skilled, and they know how to save their energy.

§434

> 例題 5 「初心者は二本の矢を持つな。後の矢を頼みにして、初めの矢を なおざりにしがちだからである。的に向かうときは、ひたすら一筋の矢に心を注ぐがよい。」弓術に関するこの教訓は人生のすべてに通ずるように思う。　　　(お茶の水大)

〔研究〕「初心者」beginner.「～を頼みにする」rely on ～；「はじめの矢」、「あとの矢」the first arrow, the second arrow.「なおざりにする」はむずかしい。neglect は「〔ある仕事・義務を〕やらない」という意味でここでは不適。half-heartedly (本気にならずに)など副詞をうまく使いたい。

「的に向かう」は face the mark だが、「弓を射るときは」ととってもよい。「ひたすら...に心を注ぐ」は concentrate [one's mind] on ~ という語句が適当。

用例：

Because of the noise, I could not *concentrate on* my book.　　うるさくて、本に集中できない。

「教訓」は一般には lesson だが、ここは教えのことばであるから teaching, advice も可。「人生のすべて」は all the things of life が基本形。「...に通ずる」は「...にあてはまる」とする。これは §375 でまとめた。

〔訳〕 (A) "Beginners should not have two arrows. They will do the first shooting only half-heartedly, relying on the second arrow. In aiming at the mark, you had best concentrate yourself on a single arrow." This teaching in archery, I think, also applies to all other matters of our life.

(B) "Beginners should not take two arrows. If they do so, they are liable to let go the first one in a hit-or-miss fashion, counting on the second one to do go right. What is most important in practising archery is to bring all your energies to bear on your one single shot." This lesson is true not only of archery, but also of other things of our life.

§435

例題 6　ロンドンとニューヨークにただ一つ共通点がある。それは都心部への自動車流入についてひどく消極的なことだ。ニューヨークの高速道路もマンハッタンの河岸をめぐるだけで、都心部の中までは入らない。

〔研究〕 A and B have one thing *in common*. (A と B とは一つのことを共有している) この形を利用して、あと namely (すなわち) とつづける。「消極的」negative (「積極的」positive)；「流入」influx；「都心部」the central parts of a city, midtown areas, the heart of a city など。「高速道路」express highway, 単に expressway とも言う。「マンハッタンの河岸をめぐるだけで」は原文の書き方に多少あいまいな点があるようだが、訳をするものから言えば、原文の字義通りやるより仕方がない。*go round along the banks of Manhattan* とすればよかろう。シャレテ

skirt round the city along... とも言える。

(B) 訳では、『共通点の性質を先に述べ、——the only thing と追叙する方式を試みた。実質的内容を先に言うスタイルである。「高速道路も」の「も」は、無視してよいが (B) 訳では for example と補った。また、「めぐるだけで...入らない」を and でつなぐかわりにこれを単文であらわす工夫もしてみた。この辺も味わってほしい。

〔訳〕 (A) London and New York have only one thing in common, namely, that they are both negative to the inflow of cars into the central parts of the cities. The express highways of New York just go round along the banks of Manhattan, and never lead into the business center.

(B) London and New York both assume a rather negative attitude to the influx of cars into the midtown areas—the only thing, indeed, that these two cities have in common. The New York expressways, for example, just skirt around the metropolis, on the Manhattan Riverside far away from the heart of the city.

§436

例題 7 わたしの 年齢を 知らぬ人の ほとんどが——たぶん おせじもあるだろうが——まだ 50 歳前だろうという。男性が トシ相当の顔に見られないのは、どうやら、知能指数を低く 評価されたような気がして、あまりうれしいものではない。

〔研究〕 挿入句の部分に次の形式(いずれも既出)を応用したい。
 They say this *by way of* com- 彼らはこれをお世辞のつもりで言
  pliment. (§365)   うのだ。
They *mean* this *for* a compliment. [§ 295 (IV)]
「50 歳前」less than fifty years old.
さて、この文の後半は大へん訳しにくい。それは、「男性が...」というところが一応、一般論のようにもとれるが、それがいつのまにか、「自分はうれしくない」という自分の身に関したことに移行しているからである。こういうところは良心的にやろうとするとかえって失敗する。訳例では、一般論の部分は一応それでまとめ、「それだから自分はうれしくない」というように分離して訳してみた。

(B) 訳では、日本文のあいまいさをそのまま生かすように、「もし...が真実であるなら、どうして自分が喜んでいられよう」という構造に持ち込んでみた。「トシ相当に見える」は He looks just as old as he really is. を応用；「知能指数」は I. Q.＝Intelligence Quotient であるが、これをそのまま使うには (B) 訳のように工夫を要する。むしろ「知能」intelligence が「低い」と意訳するのが楽。なお、「男」は men とする。man とすると「人」にとれる。ここは男性についての議論である。

〔訳〕 (A) Almost all people who do not know my age say that they think I am less than fifty years old—perhaps they say this by way of compliments—but, to me, this is not very flattering. I know that the men who look younger than they really are, are liable to be taken as men of low intelligence, and this is why I do not like it.

(B) Almost everyone that does not know my age supposes me to be less than fifty years old. Probably this is meant for a compliment, but, to me, it is far from encouraging. If there is some truth in the belief that a man ranking high in the I.Q. test ought to look as old as he is, and not younger, then how can I be overjoyed at such a poor compliment?

§ 437

> 例題 8　先年九州へ帰郷して、さて発つ日は、もう梅雨めく大雨となった。見送りの H さんがいろいろ気を使って、汽車の中まで入ってきて、わたしの手荷物をしらべたり、あれこれの配慮はいつもながらありがたかった。

〔研究〕「さて発つ日」というのは「九州から東京へ帰る日」ということであろう。ここを「九州へ出発する日」ときこえないように工夫する。「梅雨めく」suggestive of the rainy season, あるいは全部意訳して「もうすでに梅雨期が来た (the rainy season has already set in) かのように」としてもよい。「H さん」はかりに男性として Mr. H. としよう。

後の文は長いから、「見送りにきてくれた H さんがとても親切だった」と大意を述べて、そこで一応文を切る。「いつもながら」as usual だが、この語句の位置が悪いと、「いつもながらありがたかった」のニュアンスが

出ない。たとえば「いつもの通りわたしは感謝した」ときこえては落第である。「彼が親切にしてくれるのは、いつものことだとは言え、わたしとしては感謝にたえない」という意味にきこえるようにせねばならない。as was customary with him (彼がいつもそうであるように) をうまく使いたい。(→ §261, a habit *with* him)「手荷物を調べる」を inspect my luggage としてはならない。これでは税関吏が検査するようである。check (チェックする) ならよい。それもむずかしければ take care of my luggage でよい。要するに見送りの H さんが、「荷物を忘れてはいないか、ちゃんとしているか」と気を使ってくれているのである。

さて、ここで take care of... のような動詞を使ったら、あとの「あれこれの配慮」の部分も help me with this or that のように動詞であらわしたい。要するに、こういうところは、take care だの help だのという、いわば、毒にも薬にもならぬような語句を漠然とならべるとうまくいく。反対に take pains とか be worried などと強い語句を用いると、原文のもつ、やさしいムードが破壊されてしまう。

(B) 訳ではまず see that... という語句も活用し、...to see that everything was all right with me, helping me with... として、かつ、and による並列を避けるように工夫した。いずれにしても、「わたしは感謝した」のような部分は、いったん文を切って、最後に別に言う方が、全文がスッキリするし、また、「感謝の気持」がよくでる。

〔訳〕 (A) Some years ago I went back to my hometown in Kyushu. On the day when I was to leave there, it started raining so heavily that I thought the rainy season had already set in. Mr. H., who came to see me off, was very kind to me. He came aboard the train with me, and, as was customary with him, took care of my luggages, and helped me with this or that. I was really grateful.

(B) Some years ago I paid a visit to my hometown in Kyushu. The day of my departure back for Tokyo opened in a pouring rain somewhat suggestive of the rainy season. Mr. H. came to see me off and was very kind to me, as he always was; indeed, he accompanied me into the railway carriage to see that everything was all right with me, helping me with my luggages and checking on this or that. I was really overwhelmed with gratitude for his thoughtful kindness.

〔注〕 (B) 訳の indeed は前の文の主張をさらに次の文でつよめるために入れる。

§438

> **例題 9** そのころはせまい庭でも 木さえあれば セミが鳴いていた。しかし今は もうだめだ。都会の子供に セミとりやトンボつりの話をしても何の興味も引かないだろう。しかし、おとなにとっては 郷愁の虫である。その鳴き声をきくと幼かったころのことをなつかしく思い出すだろう。

〔研究〕 used to... を活用できるであろう。「木さえあれば」は if only we had... と直訳してもよい。「セミが鳴いていた」は、人間を主語にして We used to have cicadas singing と言いたい。「もうだめだ」は「今はそんなふうでない」と訳す。ここを no good としては、それこそダメである。「セミとり」「トンボつり」という表現が英語にはない。直訳で cicada-catching ; dragonfly-catching でよい。「...の話をする」tell someone about ~ から考える。この構文では story などと言わぬ方がよい。ここで the fun of ~ (~のおもしろさ)という語が使えれば大へんよい。「郷愁」nostalgia;「郷愁の虫」も直訳で結構。「鳴き声をきくと...」まで読んで、直ちに their songs remind us of ~ の構文が思いうかばない人はないはず。

(B) 訳では別の工夫を示した。なお、「おとなにとって」というとき、この文の筆者もそのひとりということまで訳出できれば上乗。「なつかしく思い出す」の「なつかしく」は M_2 (副詞)に訳すのは無理。delightful memory のような、M_1 (形容詞)の形で織り込みたい。

〔訳〕 (A) In those days, even in a small garden we used to have cicadas singing, if only we had one or two trees in it. But nowadays it is not so. The city-born children, when they are told about the fun of cicada-catching or dragonfly-catching, will show no interest in such matters. But to us grownups, cicadas are the insects of nostalgia. The singing of cicadas will remind us of our childhood so full of delightful memories.

(B) I look back with nostalgia on those good old days when

cicadas were everywhere singing all day. A small garden with one or two trees in it was no exception. But that is no longer so. Today you can hardly hope to interest town kids with your story of catching cicadas or dragonflies. To us grownups, however, cicadas always carry the delightful memories of one's innocent days.

§439

> 例題 10　中学生だったわたしは、ある日ふと家にあったレコードをかけてみると、玉をころがすようなとてもよい音がするのではありませんか。その日からわたしはすっかりこのレコードのとりこになってしまいました。

〔研究〕「ある日ふと...」で I happened to... の形を用いる。「中学生だった私」は「旧制中学」だろうから One day when I was a middle-school boy... とするか、または、It was when I was a middle-school boy. と文を切ってもよい (middle school だけを言うときはハイフン不要)。「レコードをかけてみた」として、ここでも文を切る。

その次の感嘆文は What a ~ sound I heard! を基本とし、これから考える。もちろん I heard よりも「音が出てくる」という構造の方がふさわしい。また「~ sound」の~ の M_1 はなかなかむずかしい。これは実は、「シロホンの音」のことであるらしい。それで silvery と言えたらよいが、charming, wonderful ぐらいでも、まずよいとしよう。「その日から」の「から」は、この場合 since よりも from の方がよい。since は、その後の「状態」を主として言い、from は、「始点」を強調する。「レコードのとりこになる」be charmed by this record; 前の部分で charming を使ってしまったら、ここは別の表現にする。

(B) 訳では「とりこ」と言わずに、「そのレコードが、私の秘蔵のたから (cherished treasure) になった」という表現を用いてみた。また、「レコードをかけた」で文を切って、*In the next moment* I was in rapture. (次の瞬間、わたしはうっとりした) という一文をおき、一瞬の変容とそれに伴うおどろきを強く浮き出させている。

〔訳〕(A) One day when I was a middle-school boy, I happened to turn on a gramophone record. And what a wonderful sound came out of the machine! It was silvery and melodious. From that day I was quite charmed by this record.

(B) It was when I was a middle-school boy. One day I happened to turn on one of the gramophone records. In the next moment I was in rapture. The clear tinkling notes just came dancing out of the machine! From that day long afterwards the record was my cherished treasure.

〔注〕 「新制中学校」は junior high school.

§440

> 例題 11 次の日本文の下線の部分 1, 2, 3 をそれぞれ英語に訳せ。　　　　　　　　　　　　　　　　　　　　（東 大）
>
> コーヒー店のカウンターにもたれて、なまのオレンジ・ジュースを飲んだ。ふと気がつくと私の隣の椅子に、日本人が一人、コーヒーを飲んでいる。
>
> <u>¹ああ、またいた。</u>
> と、私は思った。<u>²日本を離れて十日ほどしかたたないが、日本人を見ない日はなかったようだ。</u>日本人は、どこにも住んでいた。どこでも旅行していた。ときには、思いがけない日本人の出迎えをうけることがある。<u>³私がいくらか日本人を敬遠したのは、日本を離れているという意識を、いつも持っていたかったからだ。</u>それでなければ、はるばると旅行に出たかいがない。

〔研究〕 (1) は Here he comes!(ホラ、やってきた)を応用して、Here's another! としよう。Here's another Japanese! である。ここで「同じ人がふたたびここにきている」意味でないことがわかる。それが部分訳の値打ちである。

(2) 「～をみない日はなかった」これは Not a single day had passed without my seeing ～ というのが定形。

(3) は、なかなかやっかいである。「わたしは敬遠した、それは...だから」というふうに分割する。「わたしが敬遠したとすればそれは...」として If I had...it was all because... とすれば英語らしくなる。この if は純然たる仮定でなく、「そういうことが一方において言えるなら(言

えるが)」という気持で「対照」を示す。「敬遠する」は、和英の辞書の訳語ではここは不適。たとえば put ~ at a respectful distance などは、「敬」の意味が出すぎる。ここは単に avoid, shun ぐらいに。「意識」consciousness. このあとは that-clause でよい。

(B) 訳の stranger in the strange land は聖書にある文句の引用で、「見知らぬ土地における異郷人」の意味。

〔訳〕 (A) 1. Oh, here is a Japanese again.

2. It was only about ten days since I had left Japan, but it seemed that never a day had passed without my seeing a Japanese.

3. I tried to avoid the Japanese to some extent, and that was because I wanted to have with me a consciousness that I was far away from Japan.

(B) 1. Here's another!

2. It was only about ten days since I had left my home country, and yet I recalled with much disappointment that not a single day had passed without my seeing a Japanese.

3. If I had somewhat shunned my fellow countrymen on the way, it was all because I wished to carry with me the feeling of a stranger in the strange land.

EXERCISE 34

§441 1. 「なぜ山に登るのか——山がそこにあるからだ」という問答ははなはだ有名なものだ。しかしその答は山のある地理的位置をさしているのではなくて、それが厳として地上に存在しているという意味だ[1]とわたしは解している。
(慶応大)

[1] ~ stresses the obvious fact that...
~ practically amounts to saying that...

§442 2. 戦後20年、わが国の経済は目ざましい復興[2]を遂げ、国民生活は着実に向上してきた。わが国に対する世界の信用は年とともに高まり、国際的[3]地位もまた向上してきた。(東京水産大)

[2] recover (v.) (回復する); rehabilitation (回復)
[3] international

§443 3. 小さい子供は人のすることをやり

たがりますが、そうすることによって<u>生活の知識を得る</u>⁴のです。　　　　　　　　（青山大）

§444　4.　子供たちは東の山から顔を出し<u>大空を</u>⁵わたってゆく大きな金色の月をみるのが大好きです。かれらはまだ幼いので、月が本当は自分の光をもっていないことを理解できないのです。　　　　　　　　　　　　　　　　（奈良女子大）

§445　5.　人間はふつう長生きしたとしても100年と生きられないが文化の生命は<u>永遠</u>⁶である。人間は次から次へと生まれ、そして死んでいくが、文化というものは<u>一貫して受けつがれ</u>⁷ていく。　　　　　　　　　　　　　　　（関学大）

§446　6.　わたしは人通りの少ない裏町などを歩くのが好きである。窓にもたれている女、門口で立ち話をしている老人たちが長いあとまで記憶されるのが<u>ふしぎ</u>⁸である。　　（大阪外大）

§447　7.　ぼくはきょ年からジョンというアメリカのペン・フレンドと<u>文通して</u>⁹いる。彼の手紙はとてもユーモアがあるので、毎月来る手紙を家じゅうで楽しみにしている。　　（立教大）

§448　8.　わたしは朝寝坊だ。幼少のころから<u>これだけはなおらない</u>¹⁰。毎朝きまってねぼうして朝めしも食べないで登校しようとするわたしを、母はよくしかりつけて食卓にすわらせた<u>ものだった</u>¹¹。起きたてと、<u>時間の心配で</u>¹²、朝めしを食べることはわたしにとってはまことに<u>苦難</u>¹³の行でした。

§449　9.　朝はたいてい九時には机に向かう。昼食の時間を除くと、日が暮れて窓のむこうが暗くなるまで、腰かけている。しかしその間、仕事をしているのではない。〔<u>反対に</u>〕¹⁴大半の時間は机には向かっているが、鉛筆をいじったり、パイプを掃除したり、同じ新聞を何度も何度も読みかえしたりしているのだ。

§450　10.　日本人の持つ<u>別れ</u>¹⁵の感受性、その表現はかなり特異なもののように思われる。船旅にテープを使うことを考案した国がらである。さりげなく別れてよい時までも、人々は<u>オーバーに</u>¹⁶袂別〔けつべつ〕の<u>儀式</u>¹⁷を行なう。

---

⁴ acquire (*v.*) も使えるし、また source (みなもと) も使えるだろう。
⁵ across the sky　前置詞に注意。

⁶ eternal (*adj.*). last for ever (永遠につづく) も使える。
⁷ be handed down

⁸ strange; strange as it may seem とか it's strange how... とかの構文を考える。
⁹ "be in correspondence with". ただし、こんな文句を使わないでもこの意味はあらわせよう。

¹⁰ the way *with* him (§261), the habit *with* him (§261) の with を活用して肯定で行きたい。
¹¹ used to は使えるが would はここでは不適。
¹² be pressed for time (時間に追われている)
¹³ trial (試練) あるいは torture (ごう問)。

¹⁴ 前が否定で「反対に」というとき、つまり not ~ but と同じ気持のとき on the contrary と言う。原文にはないが、ここでこれを活用したい。
¹⁵ parting; farewell

¹⁶ elaborate (*adj.*) を使いたい。
¹⁷ ceremony

〔注〕 ここの10題に至っては、実は、ヒントとして単語をあげることなどはほとんど無意味である。じっさい、あらゆる角度からの分析が可能であり、その受けとり方も個人によってみなちがうであろう。読者諸君は、これらの問題ととり組んで、英文を作り上げたならば、次は解答例を、タテからもヨコからも検討し、英文の呼吸というものにせまってほしい。

第3部 事項別・慣用文例集

I. 最重要公式のまとめ

§451 公式運用について ここに集めたのは、いわゆる基本公式であって、本書では、すでに十分に練習したものである。右欄の解説によって、その運用について再検討し、十分にこれらの公式の応用がきくようにしてほしい。じっさい、簡単な英作文だったら、ここにある公式の範囲で必ず何とか言えるものである。そして少しでも疑問があれば、指示された個所に立ちかえって研究しておく必要がある。

§452　公式 20 題

1. **It** is *five o'clock* (now).
   (今、5時です)
2. **It** is *far* from here to the station.
   (ここから駅までは遠い)
3. **It** takes *me* 時間 **to-inf**.
   (わたしが〜するのに〜時間かかる)

4. **It** is *necessary* for you+**to-inf**.
   (あなたが〜することは必要です)
5. **It** is *necessary* that you should+Root.
   (あなたが〜することは必要です)

---

1. January, Sunday, summer, warm, cold, etc.
2. not very far, ten minutes' walk, etc.
3. him, the train, etc. 時間＝ten minutes, three hours, etc. to-inf.＝to go there, to go through the tunnel, etc.
4. good, important, possible, impossible, etc. 〔true は不可〕
5. important, desirable, etc. (以上 should を要する)
   good, probable, true, etc. (これらのときは that-clause は一般の独

6. **It** is **I that** am to blame.
 (わるいのはわたしです)
 It was here **that** I met him.
 (わたしが彼にあったのはここでした)

7. **It** is *kind of you* **to-inf.**
 (あなたが〜するのはご親切なことです)

8. He is **not** *A*, **but** *B*.
 (彼はAでなくて、Bである)

9. I know **not only** *A* **but also** *B*.
 (わたしはAのみならずBも知っている)

10. **Which** do you **like better**, *A* **or** *B*?
 (あなたはAとBと、どちらがすきか)

11. This is **too** heavy for me **to** carry.
 =This is **so** heavy **that** I can**no**t carry **it**.
 (重すぎて運べない)

12. (A) Get up early **so that** you **may** catch the first train.
 (始発列車に間に合うように早く起きなさい)
 (B) Get up early **so that** you **may not** miss the first train.
 (始発列車にのりおくれないように早くおきなさい)
 (C) Take your umbrella. It **may** rain.
 (傘を持っていきなさい。雨がふるかもしれないから)

13. He could not come, **because** *it rained*.
 =He could not come **because of** *the rain*.
 (雨が降ったから、彼はくることができなかった)

14. He came, **although** *it rained*.
 =He came **in spite of** *the rain*.
 (雨が降ったけれども彼は来た)

15. It rained, **and yet** he came.
 (雨が降ったが、しかし〔それなのに〕彼は来た)
 It rained here, **but** it was fine there.

立文と同じように)
〔im〕possible は4の構文にせよ。
6. 強調の It is〜that はこの It is〜that を除いた残りの部分だけで(多少 語順の変更はあっても)完全文となることが必要。
7. good (=kind) of you, careless of me, foolish of him, reckless of her, etc.
8. 9. これらの A, B は文法的に同種の語句でなければならない。たとえば not only *in Japan* but also *in India*. このあとの方のin は省略できない。
10. tea or coffee, spring or summer, etc. この or を and としない。
11. 等号の左右をよく比較のこと。これらの文が、さらに否定になったとき、要注意。
12. この構文では so that の前後にくる部分に因果関係がなければならない。だから Take your umbrella. It may rain. は Take your umbrella so that it may not rain. とはできない。そうやると、「傘を持って行くと、降雨をとめることができる」かのようにきこえる。
13. because he was ill; because of his illness このように節と「前置詞+名詞」とを使いわける。
14. although he was ill; in spite of his illness このように、13と同じく使いわける。
15. 同じ「しかし」でも and yet は 14 に近く「譲歩」をあらわし、but は対照を示す。(8. 参照)

(ここでは雨が降ったが、しかし、あちらではよい天気であった)

16. **It is true** he was great, **but** he was not perfect.
  =He was great, **indeed**, **but** he was not perfect.
  =**Certainly** he was great, **but** he was not perfect.
  (なるほど彼は偉大であったが、完全ではなかった)

16. この種の it is true, indeed, certainly はいずれも同値。またその位置は、文頭でもよいし、but の直前でもよい。

17. I **am** *glad* **to-inf.**
  (A) (わたしは～してうれしい)
  (B) (わたしは喜んで～する)
  * I **shall be** *delighted* **to come**.
  (喜んで参ります)
  I **was** *surprised* **to hear** the news.
  I **was** *surprised* **at** the news.
  (わたしはそのしらせをきいておどろいた)

17. 文脈により、(A), (B) いずれにもなる。招待をうけて*のように言えば、(B)の型。sorry, delighted, disappointed, surprised, etc. のあとの to-inf. は at the news などへの転換が可能。

18. I **cannot help** laughing.
  =I **cannot but** laugh.
  (わたしは笑わないわけにはいかなかった)

18. 「help+動名詞」;but +Root」の使いわけに注意。

19. (A) I **heard** him **singing**.
  (わたしは彼が歌っているのをきいた)
  (B) I **heard** him **sing**.
  (わたしは彼が歌うのをきいた〔ことがある〕)
  (C) I **heard that** he sang.
  (彼が歌うということをきいた)

19. (A), (B) のちがい (→ §66)。(C) は「彼が歌う」ということ、すなわち「ニュース」をきいたので全く異質。

20. (A) He **always** complained.
  (彼はいつも不平を言った)
  (B) He **used to** complain.
  (彼はよく不平を言ったものだ)
  (C) He **would** often complain.
  (彼は、ややもすれば不平を言うのだった)

20. (A) は一般的.(B) は現在との対照だから、このあとに、but not now などと補える。(C) は彼の習性だから、このあとに much to my annoyance (わたしが困ったことに) などと補える。

II. 日常生活のトピック

§453　1.　天候・自然 (Weather・Nature)

1. よいお天気ですね。
2. ちょっと寒いですね。
3. 天気がよくなりそうな気配がありません。
4. 帰りに夕立ちにあってずぶぬれになりました。
5. あしたの天気予報はどうですか。
6. 「くもり、時々雨」です。
7. 秋の天気ってほんとうに変りやすいね。
8. 曇ってきたわ。今にも雨がきそうよ。
9. 明日、晴れて欲しいなあ。
10. きのうわたしたちは絶好の遠足びよりに恵まれて、京都まで遠足に行きました。
11. いなかの自然ってすばらしいね。静かだし、空気も新鮮だ。
12. 一年には、四つの季節があります。
13. あなたは今朝の地震を知っていたのですか？
14. あなたの一番好きな季節はい

1. A lovely[1] day, isn't it?
2. It's rather cold, isn't it?
3. There is no sign of the weather clearing up.
4. I had a shower on my way home, and I was drenched to the skin.
5. What is the weather forecast for tomorrow?
6. It is "cloudy, with occasional rain".
7. The weather of autumn is certainly changeable, isn't it?
8. It's getting cloudy, and threatens to rain.
9. I hope it'll be fine tomorrow.
10. Yesterday we went on a trip as far as Kyoto. Luckily it was an ideal day for outing.
11. The nature of the country is really wonderful, isn't it? It's calm, and the air is fresh.
12. There are four seasons in a year.
13. Did you feel the earthquake this morning?
14. Which season do you like

	つですか？	best?
15.	今朝の新聞によると、台風15号が今四国に向かって進んでいるそうです。	According to the newspaper of this morning, the typhoon No. 15 is heading for Shikoku now.
16.	この日曜日に、嵐山へ紅葉狩りに行くつもりです。	We are going to Arashiyama to have a view of the scarlet maple-leaves next Sunday.
17.	わずか三つの星だけが、暗い空を背景にして輝いていた。	Only three stars were twinkling against the dark sky.
18.	この景色は、よい絵になる風景だとは思わない？	Don't you think this sight would make a good picture?

1. beautiful, mild, fine, delightful などがよく使われる。

§454　2. 時間 (Time)

1.	「そこへ行くのにどれくらい時間がかかりますか。」	"How long does it take me to get there?"
2.	「せいぜい、4日でしょう。」	"It will take four days at most."
3.	時間つぶしに、雑誌を読んでいます。	I'm reading a magazine to kill time.
4.	あなたは、英語の時間が好きですか？	Do you like the English lessons?
5.	やがてそこへ、彼がやって来た。	He came there before long.
6.	あなたは、この問題に、1時間以内で答えねばなりません。	You must answer this question within an hour.
7.	まだ、ゆっくり時間があります。	You have plenty of time [still].
8.	彼は2時間すると戻ってきた。	He was back in two hours.
9.	そのころ、彼は、時間ぎめで働いていました。	In those days[1] he worked by the hour.
10.	いつのまにか、時間が経っていました。	Time had passed before I knew.
11.	あなたの時計では、今、何時	What time is it now by your

ですか。	watch?
12. (a) 正確には、8時5分過ぎです。	12. (a) It is five minutes past eight, to be exact.
(b) ちょうど8時です。	(b) It is just eight.
13. ぼくの時計は、正確じゃないんです。一日に、3分進みます。	13. My watch doesn't keep good time. It gains[2] three minutes a day.
14. 夜のこんな時刻に、どこへ行っていたの?	14. Where have you been at this time of the night?
15. もうそろそろ夜中近くになります。	15. It's getting near to midnight.
16. 汽車は時間通りに走っている。	16. The train is running on time.
17. この辺は、この時刻には静かです。	17. It is quiet around here at this time of the day.
18. いつでも好きな時間に、来てよろしい。	18. You can come at any time you like.
19. わたしは、1分遅れてきて、汽車に間に合わなかった。	19. I arrived one minute too late for the train. = I missed the train by one minute.
20. 最初の映画は何時から始まりますか。	20. What time does the first show begin?

1. 「この頃」は in these days; lately.
2. 「遅れる」は lose を用いる。「3分すすんでいる」three minutes fast;「3分おくれている」three minutes slow.

§455　3. 日 (Day)

1. 今日は、何曜日ですか。	1. What day of the week is it today?
2. 今日は、何日ですか。	2. What day of the month is it today?
3. 日一日と、暖かくなって来ます。	3. It is growing warmer day by day.
4. 出発までには、少しは日がある。	4. We have a few days left before our departure.
5. 彼は、先生になってから、日	5. It is not long since he became

が浅い。

6. 彼は、1日の旅行に出かけた。
7. 今月は、2日ばかり、休みがとりたい。
8. あなたは、2、3日、床につかねばなりません。
9. 彼は、昼間働いて、夜間は学校に通っています。
10. ローマは、一日にして成らず。〔諺〕

6. He went on a day's trip.
7. I want to take a couple of days off this month.
8. You must lay up[1] for a few days.
9. He works by day[2] and goes to school by night.
10. Rome was not built in a day.

1. cf.「身を起こしてすわる」または「〔寝ないで〕起きている」sit up.
2. by day, by night は対照的に用いられる場合に使う．by day=in the day (time); by night=at night.

§456　4. 年・月 (Year・Month)

1. 「今年は、昭和何年ですか。」

   「昭和42年です。」
2. 今年は、うるう年ではありません。
3. 彼女は、年に1度、旅行することにしている。
4. 彼は、年がら年中、貧乏ぐらしだ。
5. 今年の夏休み中に、立山に行くつもりです。
6. 年月が経つにつれ、人口は増すばかりである。
7. 一年のこの季節は、いつも雪が多い。
8. これは、何百年来の建物です。
9. わたしたちは、ここ6年間、英語を勉強しています。
10. 7月と8月とは、大の月です。

1. " What year of Shōwa is this? "

   " It is the 42nd year of Shōwa."
2. This is not a leap year.
3. She makes it a rule[1] to travel once a year.
4. He is badly off[2] all the year round.
5. We are going to Tateyama during this summer vacation.
6. The population goes on growing as the years go by.
7. Usually we have much snow here at this time of the year.
8. This buidling is many centuries old.
9. We have been studying English for the last six years.
10. July and August are odd[3] months.

11. この雑誌は、月2回発行されます。	11. This magazine is published semimonthly[4].
12. 「歳月人を待たず」〔諺〕	12. Time and tide wait for no man.

1. "make it a rule to-inf."="make a point of+Gerund"
2. 「裕福にくらす」be well off; be well to do.
3. 「小の月」は even month.
4. bimonthly (2か月一回); monthly (月刊); weekly (週刊); daily (日刊)

§457　5. 場所 (Place)

1. 彼は、すぐ彼女のために、場所をあけた。	1. He made room[1] for her at once.
2. もと居た場所に、もどりなさい。	2. Go back where you were.
3. 火事のあったところは、どこですか。	3. Where is the scene of the fire?
4. 彼らは、学校の構内を歩きまわった。	4. They walked about the campus.
5. 彼の部屋の壁には、美しい絵がかかっています。	5. There is a beautiful picture on the wall of his room.
6. 彼女の学校は、この市の東部にある。	6. Her school stands in[2] the east of this city.
7. 彼らの家は、湖のほとりにあります。	7. Their house stands by a lake.
8. 名古屋は、東京と大阪の間にあります。	8. Nagoya lies between Tokyo and Osaka.
9. 「彼はどこに、住んでいますか。」「豊中に住んでいるそうです。」	9. "Where does he live?" "I hear he lives in Toyonaka."
10. 学校の前には、郵便局がある。	10. There is a post office in front of our school.
11. その建物のうしろには、小さな池が、二つあった。	11. At the back of the building, there were two small ponds.
12. 彼女は、その家の玄関先で立ちどまった。	12. She stopped at the front door of the house.
13. きょう、学校〔授業〕で、彼女	13. She sat just before me in

は、私のすぐ前にすわった。
14. 大阪を貫流している川は、何といいますか。
15. この寮は、実に、便利の良いところにありますね。
16. あの人は、場所柄もわきまえずによくしゃべる。
17. 彼は、若い頃、あちこち旅行しました。
18. その時、わたしは、にじが、地平線上に現われているのに気がついた。

school today.
16. What is the name of the river flowing through Osaka?
15. This dormitory is very conveniently situated, isn't it?
16. The man is fond of long talks quite regardless of where he is.
17. When young, he used to travel from place to place.
18. Then, I found a rainbow appearing above the horizon.

1. space の意味のとき room とし *a* room としない。
2. 通常、街（基本となる区域）の中の時は in, 外の時は to, 側のときは on (on the east side) を用いる。

§458　6. 地域 (Location)

1. 大阪地方は、日本の最も大きな工業地帯のうちの一つです。
2. 四国のこの地方では、お米が、年に2度とれます。
3. そのころ彼は、地方を旅行中でした。
4. 彼は、地方生まれの人で、彼の出生地では、地方的に有名な学者です。
5.「お生まれは、どちらですか？」「高知です。」
6. これらの資料は、地域別に分類されている。
7. この点に関しては、地域差を考慮せざるを得ない。
8. この地域は、人間が住めるような気候ではない。

1. Osaka is one of the greatest industrial areas in Japan.
2. In these parts of Shikoku they grow rice twice a year.
3. At that time he was making a provincial tour.
4. He is a country-born person, and in his native town he is a scholar of local reputation.
5. "Where do you come from?" "I come from Kōchi."
6. These data are locally classified.
7. In this respect we have to take local differences into consideration.
8. The climate of this area is not fit for human inhabitation.

§459　7. 身体 (Body)

1. 彼女は、壁に背を向け、目に涙をためて話した。
2. ぼくは、ベートーヴェンの"英雄"をききながら、目をとじて、寝台に横たわっていた。
3. ぼくは、英語の本を2冊かかえて部屋を出た。
4. 彼女は、耳が遠い。
5. わたし、ちょっと、頭が痛むんです。
6. 彼は、わたしに頭を下げてあいさつした。
7. 彼女は、子供を腕にだいて、歩きだした。
8. わたしは、彼が、彼女と腕を組んで歩いているのを見た。
9. 彼女は、どちらかというと、肩のこらぬ読物の方がすきです。
10. 彼は、バットを肩にして、グラウンドに現われた。
11. それを見て、彼らは、腹をかかえて笑った。
12. 子供たちは、腹をすかして帰って来た。
13. 彼は、どっかと椅子に腰をおろして、ポケットからたばこ入れを取りだした。
14. そこで彼女は、一人の腰の曲がった老人に出合った。
15. 彼の後姿を見かけたので、僕は、彼の背中をたたいた。
16. ふたりの子供たちは、手に手を取って、歩いていた。

1. She spoke with tears in her eyes, sitting with her back against the wall.
2. I was in bed with my eyes closed, hearing Beethoven's "Eroica".
3. I left the room with two English books under my arm.
4. She is hard of hearing.
5. I have a slight headache[1].
6. He greeted me with a bow[2].
7. She began to walk with her child in her arms.
8. I saw him walking arm in arm with her.
9. She rather prefers light readings.
10. He appeared on the ground with a bat on his shoulder.
11. They had a side-splitting laugh at the sight of it.
12. Children came home quite hungry.
13. He dropped into a chair, and took out a cigarette-case from his pocket.
14. At that place she happened to meet with an old man stooping with age.
15. Seeing him from the back, I patted him on the back.
16 The two children were walking hand in hand.

17. ぼくらは、足を組んですわった。 | 17. We sat with our legs crossed.

1. cf.「歯痛」toothache;「腹痛」stomachache.
2. bow は「おじぎ」のとき [bau];「弓」のとき [bou] と発音。

§460　8. 精神・感情 (Mind・Feeling)

1. わたしは、彼女からの返事を、いらいらして待っていた。
1. I was impatiently waiting for her answer.

2. 彼女は、うっとりと、その絵をながめていた。
2. She was gazing at the picture with a dreamy eye.

3. 日頃陽気な彼女なのに、きょうは沈んでいる。
3. Usually she is cheerful, but today she looks sad.

4. 知らせたかったら、彼に知らせたらいいだろう。
4. You could tell him, if you want to.

5. 誰もかれもが憎かったし、世界中でわたしを愛してくれる人は、だれひとりいないと思っていたのです。
5. I just hated everybody, and I thought nobody in the world loved me.

6. それを考えただけでも、ぞっとする。
6. The mere thought of it makes me shudder[1].

7. これ以上楽しいことはない。
7. Nothing could be more pleasant.

8. しばらく空想にふけったのち、はっとして、われにかえった。
8. After indulged in idle thoughts for some time, I came to myself with a start.

9. 入学試験の結果が知りたい。
9. I am anxious to know the result of the entrance examination.

10. これでお会いできないかと思うと、悲しくてなりません。
10. I am very sad to think this may be our last meeting.

11. けさ、わたしは、妹を連れて晴れやかな気持で、家を出た。
11. This morning I left home with my younger sister in a cheerful mood.

12. ぼくの気持は、よく解っていただけたでしょうか。
12. Do you fully understand my feeling now?

13. ただ一人、取り残されたと知
13. When I knew I was left alone,

った時、泣きたいような気持になった。	I felt like crying.
14. ひとの感情をもてあそぶということは、よいことではない。	14. It is not good to play on others' feelings.
15. 彼女は、悲しみのために、胸もはりさけんばかりだった。	15. Her heart almost broke with grief.
16. 彼女の態度には、何かうぬぼれたところがある。	16. There is something self-conceited in her attitude.
17. 彼は、正気ではなかったようでした。	17. It seemed to me that he was beside himself.
18. 彼がそう言った時、彼女は、感動で胸がつまった。	18. When he said so, she was choked with emotion.

1. cf.「見ただけで胸が悪くなる」The mere sight of it makes me sick.

§461　9. 日常生活 (Daily Life)

1. あなたに会うといつも、去年の秋なくなられたあなたのお母さんのことを思い出します。	1. I can never see you without thinking of your mother who died last autumn.
2. ごきげん、いかがですか。	2. How are you getting along?
3. 彼とぼくとは、数年の間、起居を共にした。	3. He and I lived together under the same roof for several years.
4. 彼らの生活水準は高いと言われている。	4. It is said that they have a high standard of living.
5. 彼女が、文筆で生計を立て始めてから、10年になります。	5. It is ten years since she became a professional writer.
6. わたしは、この経験から大いに得るところがあった。	6. I have gained a great deal from this experience.
7. 一晩中、勉強するなんて、からだによくないことです。	7. It is not good for the health to study all through the night.
8. わたしには、町よりも田舎の生活の方が、くらしが楽のように思えます。	8. It seems to me that you can live cheaper in the country than in the town.
9. 身分相応のくらしをすることが大切です。	9. It is important for us to live within our means[1].
10. あんな人とつきあうな。	10. Don't keep company with

11. 彼らは、2年前に結婚した。

12. 11時まで待っていたのに、とうとう彼は帰らなかった。

13. 明朝、寝すぎるといけないから7時に起こして下さい。

14. 弟は、家に帰りつくや否や、泣きだした。

15. 彼らは、子供を甘やかし過ぎる。ちゃんとした子供の育て方を知らない。

16. 彼は、いつもわたしを子供扱いするけど、もうわたしは、子供じゃないよ。

17. 甥への誕生日のプレゼントを買わねばならない。

18. 彼は、わたしたちと同じ年輩の人ですが、彼の姉さんは、相当の年齢です。

19. あなたのお宅にはガスがありますか。

20. この電気掃除器はこわれている。

11. They were married two years ago.

12. I waited till eleven o'clock, but he did not come back after all.

13. In case I should oversleep tomorrow morning, please call me at seven o'clock.

14. The moment he arrived home, my younger brother began to cry.

15. They spoil their children too much; they don't know the proper way of bringing up children.

16. He always makes a baby of me, but I'm no longer a child, you know.

17. I must buy a birthday present for my nephew.

18. He is a young man of our age, but his sister is an elderly lady.

19. Is your house fitted with gas?

20. This electric cleaner is out of order.

1. 「身分不相応な生活をする」 live beyond one's means.

§462 | 10. 飲食 (Eating and Drinking)

1. 何か温かい飲み物を下さい。

2. どんな飲み物に致しましょうか。

3. 〔酒を〕飲みすぎないように気をつけなさい。

1. Give me something hot to drink, please.

2. What kind of drink would you have?

3. Take care not to drink too much.

4. 徒歩旅行に出かけた時、ぼくたちは、泉の水を飲んだ。

5. 君は、お茶とコーヒーとどちらにする？

6. その当時は、ほかに何も食べものがなかったのです。

7. 一昨日から、わたしは、何も食べていません。

8. 卓上のお料理は、どうぞ、ご自由に取ってたべて下さい。

9. 食べものに気をつけなさい。何かもっと栄養のあるものを摂った方が良いでしょう。

10. 彼は何でも食べるのに、彼女の方は、食べものが少々むつかしい。

11. ビール、もう1杯いかがですか。

12. どうもごちそうさまでした。

13. 日本の代表的な料理には、どんなものがありますか。

4. When we went on a walking tour, we drank water out of a well.

5. Which will you have, tea or coffee?

6. In those days we had nothing else to eat.

7. I have not had anything since the day before yesterday.

8. Please help yourself to the dishes on the table.

9. Be careful about your food; you had better take something more nourishing.

10. He eats anything, but she is somewhat particular about food.

11. How about another glass of beer?

12. I've enjoyed the dinner very much.

13. What are the typical dishes of Japan?

§463　11. 衣服 (Clothes)

1. 友達は晴れ着を着て行くだろう。

2. ひどい着物を着ているからといって、人を軽蔑してはいけない。

3. あなたの着ているその白いカーディガンいくらしたの？

4. 今年は、どんな色が流行していますか。

5. これはすこしばかり派手すぎるように見えるわ。

1. My friends will be in their best clothes.

2. You should not despise a man because he is poorly dressed.

3. How much did you pay for that white cardigan of yours?

4. What colours are in vogue this year?

5. This appears to be a little too loud for me.

6. 上衣の寸法をおとりしましょう。
7. お仕立代は、どのくらいですか。
8. 彼女は、あの白いドレスがよく似合う。
9. ぼくは既製服ってやつが大きらいだ。
10. あの人は、教室の中で帽子をかぶったままでいる。
11. 彼は、いつもきちんとした身なりをしている。
12. 新しい背広を注文したいところですが、今のところその余裕がありません。
13. このズボンははき古してよれよれだ。
14. 彼女は、急いで服装を整えると、外に出た。

6. Let me measure you for the coat.
7. What do you charge for tailoring?
8. She looks nice (*or* fine) in that white dress.
9. I hate those ready-to-wear clothes.
10. The man has his hat on in the classroom.
11. He is always neat and tidy.
12. I should like to order a new lounge suit, but just now I'm afraid I cannot afford it.
13. My trousers are much the worse for wear.
14. She immediately dressed herself up, and went out.

§464　12. 住居 (Dwelling)

1. 人の住んでいる気配がない。多分誰も住んでいない家だろう。
2. 家を焼かれ失った人々のために、彼は、家を建てた。
3. 彼は、ちょうど今、いなかに行って、いとこたちの家に滞在しています。
4. 夜、疲れて眠くなるやいなや、彼は寝室に上って行った。
5. 応接間は、子供部屋の隣にあります。
6. 暖房装置の調子はどうです

1. There is no sign of human inhabitation; this is probably an empty house.
2. He built houses for those who were burnt out and became homeless.
3. He is now staying in the country with his cousins.
4. At night, as soon as he felt tired and sleepy, he went up[1] to his bedroom.
5. The drawing-room is next to the nursery.
6. How does your heater work?

か？	
7. 彼は、洋風の新しい家を建てた。	7. He built his new house in the European style.
8. 彼は、去年宝塚へ移転したそうですが、新しい住所を教えていただけませんか。	8. I was told he had moved to Takarazuka last year. Will you please tell me his new address?
9. 家賃はいくらですか。	9. What is the monthly rent?
10. 屋根とえんとつは赤で、へいはきいろです。	10. The roof and the chimney are red, while the fence is yellow.

1. 欧米の家では「寝室」bedroom は階上に、「食堂」dining-room や「応接間」drawing-room は階下にあるのがふつう。「朝起きて来る」を come down という。

§465　13. 学校・学習 (School and Learning)

1. あなたは、どの大学へ入るつもりですか。	1. Which university are you going to enter?
2. わたしの姉は、大阪のある私立大学に行っています。	2. My elder sister is at a private college in Osaka.
3. きょうの午後は、学校は休みです。	3. We have no school this afternoon.
4. うちの学校は男女共学ではありません。	4. We don't have co-education in our school.
5. 卒業には何単位必要ですか。	5. How many units are required for graduation?
6. 父の死後は、兄が、ぼくの学資を仕送ってくれた。	6. After my father's death, my elder brother supplied me with my school expenses.
7. 彼女は週2回、先生についてピアノのけいこをしています。	7. She takes piano lessons under a teacher twice a week.
8. 彼女は、学校の成績が良い。特に、代数で優れている。	8. She is doing well at school, especially in algebra.
9. わたしたちの学校は、来月の10日から夏休みになります。	9. Our school breaks up for the summer vacation on the 10th of next month.
10. あなたの国では義務教育は何年ですか。	10. What is the period of compulsory education in your country?

§466　14. 教養 (Culture)

1. 読書は、教養を高めるための主な手段の一つです。
2. ゲーテの作品を何か読んだことがありますか。
3. 彼の奥さんは、教養の高いかたです。
4. 教養のないやつはきらいだ。
5. あなたのお母さんは、なかなかの読書家ですね。お父さんは、読書が好きですか。
6. 日本に比べると、その国は文化がおくれている。
7. 彼は、絵が分かる。〔鑑賞眼がある。〕
8. ピアノ・リサイタルの券を2枚持っているんだけど、彼女、一緒に行かないかな。
9. ところで、あなたは、ベートーヴェンの第九交響曲の別名をご存知ですか。
10. 「教養部」と「教養学部」とは同じでない。

1. Reading is one of the chief means to heighten the level of your culture.
2. Have you read any of the works of Goethe?
3. His wife is a highly-educated lady.
4. I hate ill-bred persons.
5. Your mother is widely read[3]. Is your father fond of reading?
6. Compared with Japan, that country is under-developed.
7. He has an eye for a picture.
8. I have two tickets for the piano recital; I wonder if she'd like to go with me.
9. By the way, do you know another name of Beethoven's ninth symphony?
10. "The Junior College" and "The Department of Liberal Arts" are not the same thing.

1. この read は p.p. [red] と発音。

§467　15. スポーツ (Sports)

1. スポーツは何をおやりですか。
2. 野球や、水泳は、ぼくたち若い者にとっては、よい運動である。
3. 運動不足のために、身体の調子がおかしい。

1. What sport do you go in for[1]?
2. Baseball and swimming are good sports for us young people.
3. I feel unwell through lack of exercise.

4. 戸外運動を適度にとると、健康によろしい。	4. It is good for the health to take moderate exercise out of doors.
5. 競技会は、いつあったのですか？	5. When did the athletic meet take place?
6. きみは、富士登山したことあるの？	6. Have you ever made the ascent of Mt. Fuji?
7. この日曜日に一緒に奈良へハイキングに行きませんか。	7. How about joining us in a hike to Nara this Sunday?
8. フェア・プレイで行きましょう。	8. Let's play fair.
9. 柔道は、最近、日本人のみならず、外国人の間にも盛んになった。	9. Jūdo has become popular in these years not only among Japanese but also among foreigners.
10. 今、日本で最もはやっているスポーツは、何でしょうか。	10. What would you say are the most popular sports in Japan today?
11. 先日、ぼくは、その対校競技に参加しました。	11. I took part in that interschool match the other day.
12. 暇さえあれば、彼らは、キャッチボールをしている。	12. They play catch whenever they have time.
13. 君は当然泳げるものだと思っていました。	13. I took it for granted that you could swim.
14. 彼は、若いころには、慶応の野球選手だった。	14. He was in the Keio baseball team in his time.

1. go in for ~ 「~をやる」cf. Do you *go in for* tennis? (テニスはおやりですか)

§468　16. 交通 (Transportation)

1. この列車は、どこ行きですか。	1. Where is this train bound[1]?
2. この船は横浜行きです。	2. This ship is for Yokohama.
3. 「天王寺へはどのバスに乗ればよろしいのですか。	3. Which bus should I take to go to Tennōji?
4. どこで降りたらいいのか、おしえていただけませんか。	4. Will you please tell me where to get off?

5. ここは、交通の便が悪いので、人口が少ない。

6. 100メートル先にふみ切りがある。

7. 飛行機にのるのは、これが生まれてはじめてです。

8. 地下鉄で行く方が、バスで行くよりずっと早い。

9. 鳴門経由の方が、宇野経由よりも2時間だけ早い。

10. 掲示板に「宇野方面乗りかえ」とあります。

5. This place is so hard of access that it has a small population.

6. There is a level-crossing 100 meters ahead.

7. This is the first time that I have had a ride in an airplane.

8. By the underground (*or* subway) you can go much faster than by bus.

9. The Naruto route is shorter than the route via Uno by two hours.

10. The notice says, "Change here for Uno."

1. be bound for ～=「～行きの」この文では where が for を吸収している。しかし、口語では Where is this train *for*? ということも多い。cf. Where *to*? (どちらへ)〔タクシーの運転手がきく〕

III. 公式中心・「関係」の表現

§469

1. 全体と部分 (The Whole and the Parts)

1. 〔彼らの中には〕泳げない男の子もいる。
2. 幾何が好きだ、という者もおれば、代数が好きだという者もいる。
3. この国の約4分の3は山地で占められている。
4. 映画によっては、益になるよりか、害になるものがある。
5. 姉妹が、ふたりともそのコンサートへ行ったのではない。
6. 「日本の映画は、お好きですか。」「好きな時もありますが、嫌いなときもあります。」
7. わたしは、彼らぜんぶは、知りませんでした。
8. 彼の作品中、もっとも有名なのは、何ですか。
9. わたしは彼に、なけなしの金を与えねばならなかった。
10. わたしは、集めただけの珍しい蝶を全部、わたしたちの学校に寄附した。
11. それのできる人は、きわめて少ない。
12. このクラスは、みな勤勉なの

1. **Some** boys cannot swim.
2. **Some** say that they like geometry, while **others** say that they like algebra.
3. About **three-fourths** of this country is mountainous.
4. **Some movies** will do more harm than good.
5. **Both** of the sisters did **not** go to the concert.[1]
6. "Do you like Japanese films?" "**Sometimes** I do, but **sometimes** I don't."
7. I was **not** acquainted with **all** of them.
8. **Of all his works**, what is the most popular?
9. I had to give him **what little money**[2] I had.
10. I gave our school **what rare butterflies**[3] I had collected.
11. There are **very few people** who can do it.
12. The students of this class

で学校を休む人はめったにない。	are so diligent that **very few** are absent from school.
13. この町で、彼を知らぬものはない。	13. There is **no man** in this town **but** knows him.
14. 走ることが、必ずしも健康によいとは限らない。	14 Running is **not always** good for the health.
15. 彼の理論が正しいということには、必ずしもならない。	15. It does **not necessarily follow** that his theory is right.
16. ぼくは、まだ、英語がほとんど話せません。	16. I can **hardly** speak English **as yet.**
17. 神戸は、近畿地方の西部にある。	17. Kobe lies **in the west** of the Kinki district.
18. アフリカの東北部には、サハラ砂漠という名の大きな砂漠がある。	18. **In the north-eastern parts** of Africa there is a great desert known as the Sahara Desert.
19. わたしは、半ば仕事のために、また半ば楽しみのために、小説を書いている。	19. I write novels **partly** for living and **partly** for pleasure.
20. 過労やら貧乏やらで彼はつかれ切っている。	20. **What with**[4] overwork **and what with** poverty, he is now tired out.

1. both, all, always, every, quite などの語に否定語がつくと部分否定となる。
2. what little money=all the little money that
3. what rare butterflies=all the rare butterflies that 2, 3 の what は共に関係形容詞である。
4. この what with A and what with B の what は partly の意味。with は「理由」。この熟語では2度目の what with は省略可能。

§470 2. 原因 (Cause)

1. うれしさのあまり、彼女の目から、涙が流れ落ちた。	1. She was glad, **and** tears streamed down her cheeks.
2. 彼女は、肺病で死んだ。	2. She **died**[1] **of** consumption.
3. 彼は、飲みすぎて死んだ。	3. He **died from** drinking too much.
4. 彼は、戦争で死んだ。	4. He **was killed in** the war.
5. わたしたちは、夏ごとに、暑さに苦しむ。	5. We **suffer from**[2] heat every summer.

6. 彼女は、その絵を見ると泣き出した。	6. She began to cry **at the sight of** the picture.
7. わたしは、病気で、きのう、学校を欠席した。	7. I was absent from school **because of** illness yesterday.
8. そのしらせを聞いて、わたしはおどろいた。	8. **I was surprised at** the news.
9. 教えるのが、嫌になった。	9. **I am weary of** teaching.
10. 病気のために、この冬は、スキーに行くことができなかった。	10. Illness **prevented** me **from** going skiing last winter.
11. 彼はその時のハズミでバカなまねをした。	11. He acted foolishly **on the impulse of** the moment.
12. 彼らは、交通事故のために、時間通りには来れなかった。	12. They could not come on time **on account of**[3] the traffic accident.
13. 彼の病気は、不節制が原因だ。	13. His illness is **due to** intemperance.
14. 彼は、失敗したために成功した類の人である。	14. He is one of those who succeeded **through** failure.
15. 彼女の忠告のおかげで、わたしたちは実験に成功した。	15. **Thanks to** her advice, we succeeded in the experiment.
16. 彼女の手指は、寒さでふるえていた。	16. Her fingers were shivering **with**[4] (*or* **from**) cold.
17. その少年は、好奇心から、いろいろな質問をぼくにたずねた。	17. The child asked me various questions **out of** curiosity.

1. die of は病気、老年、飢えで死ぬ場合、die from は不注意、衰弱で死ぬ場合、die by は剣、暴力などで死ぬ場合、die with は感情的原因で死ぬ場合に用いられるのが普通である。
2. ただし suffer pain（苦痛を受ける）は from を用いない。
3. on account of ～＝because of ～.
4. この with は「～のせいで」「～のために」をあらわす。

§471　3. 理由 (Reason) (その一)

1. 彼は、しばしば、何とか、かんとかと理くつをつけて、出て行こうとします。	1. He often tries to go out **on some pretext or other.**

2. もう遅いから、おいとま致します。おかげで、今夜は楽しいひとときを過しました。	2. **As** it is late now, I think I must be going. I've had a good time this evening, thank you.
3. 昨日が、水曜日だったから、あさっては、土曜日だろう。	3. Yesterday was Wednesday, **so** the day after tomorrow will be Saturday.
4.「まいた種なら、刈らねばならぬ。」〔諺〕	4. **As** you sow, **so** you must reap.
5. 彼が、そうしないのも、無理はない。	5. He **has a good reason not to** do so.
6. そんなわけで、時間通りには、来れなかったのです。	6. **Such being the case**[1], I could not come here on time.
7. そういうわけで(その理由で)、わたしは、ここに来た。	7. **That is why** I came here.
8. わたしたちは、もう少しガソリンが必要だったので、給油所に止まった。	8. We stopped at the filling station **because** we needed some more gasoline.
9. 雨のために、その試合は、延期になった。	9. The game was put off **because of** the rain.
10. きみは、17歳だから、今何をすべきかは、心得ているべきだ。	10. **Since**[2] you are seventeen, you ought to know what to do now.
11. 偶然に会ったのだから、ここで話そうじゃないか。	11. **Now that**[3] we have met by chance, let's have a talk here.
12. 女性もおられるから、アルコール抜きのパーティーにいたします。	12. **Considering**[4] that there are some ladies, we shall give a dinner party without alcohol.

1. この分詞構文は「事情がそんなふうだから」。はっきり「理由」なら that is why でよい。
2. since は「～である以上」つまり、「わたしも知っており、君も知っているとおり...だから」という気持ち。
3. now that... は「...という事態になったから」「...となった今では」
4. considering は「～を考慮に入れて」

§472　4. 理由 (その二)

1. わたしの承諾なしにそんなことをするので、彼に腹をたてた。	1. **I was angry** with him **for** doing such a thing without my agreement.

公式中心・「関係」の表現

2. 伊勢志摩国立公園は、その美しい海岸線で有名です。

2. The Ise-Shima National Park is **famous for** its beautiful coastal lines.

3. 彼は、しばしばなまけるという理由で、解雇された。

3. He was dismissed **on the ground**[1] **that** he was often idle.

4. それらは、文字を意味するから、当然、記号と見なされてよい。

4. **Inasmuch as**[2] they stand for letters, they may rightly be regarded as symbols.

5. 彼の英語のなまりからすると、彼は、イタリア人かもしれない。

5. **By**[3] the accent in his English, he may be an Italian.

1. ground は「根拠」。
2. 「そういうことがなり立つ限りにおいて」の気持。
3. Judging by ... ということ。

§473　5. 結果 (Result) (その一)

1. 彼の努力も、彼女の感情を害したにすぎなかった。

1. His efforts only **resulted in** hurting her feeling.

2. あれ程聡明な人なのに、彼の企ては、失敗に終わった。

2. **For all**[1] his wisdom, his attempt **ended in** failure.

3. あの大火のために、街は、焼け野原と化した。

3. **As the result** of that big fire, the town has been reduced to a stretch[2] of ruins.

4. 昨晩、余りにも眠たかったので、これを暗記することができなかった。

4. Last night I was **so** sleepy **that** I could not learn this by heart.

5. 彼は、懸命に勉強したので、試験に合格した。

5. He worked **so** hard **as to**[3] pass the examination.

6. 彼女は、いつも非常にこわそうな犬を連れて散歩しているので、誰もが、彼女に話しかけるのを、恐れています。

6. She takes a walk always with **such** a fierce-looking dog **that**[4] everyone is afraid to speak to her.

7. 彼は、その方面の権威として、世界的に認められるまで生き長らえた。

7. He **lived to** be internationally recognized as an authority in that field.

8. 彼は若いので、そんなむずか

8. He is **too** young **to** under-

しい理論は、わからない。 stand such a difficult theory. (=He is so young that he could not ...)

1. for all ~ (～にもかかわらず) は譲歩。
2. stretch (*n.*) は「長く伸びた場所」
3. so ~ as to-inf. は文脈によっては「目的」ともとれる。「結果」にとれるときは、ここを so hard that he passed と 4 の形にしてもよい。
4. such ~ that は so ~ that の変形と考えることができる。すなわち that ~ は fierce-looking の程度を言う。such ~ as とすれば、ここでは「犬」そのものの描写になる。*such* a dog *as* he had のように。

§474　6. 結果 (その二)

1. 彼女は、それを身にしみて、知っている。(こりている)
2. 非常にうれしかったことには、母は、無事だった。
3. その事故で、5人が、焼死した。
4. 餓死した兵士もあり、また、凍死した者もあった。
5. これをフランス語に翻訳することは、わたしには易しいことではない。
6. 綿から、多くの有用な品物が作られる。
7. 大麦からビールが作られる。
8. やっぱり〔結局のところ〕それは大して役に立たなかった。
9. 長い目でみれば君が勝つさ。
10. 結論として、わたしは、彼は天才だったと言いたい。

1. She knows it **to her cost.**
2. **Much to my joy,** mother was safe and sound.
3. Five persons were burned **to death** in that accident.
4. Some soldiers starved **to death**, and some were frozen **to death.**
5. It is not easy for me to put this **into** French.
6. Cotton is made **into** many useful things.
7. Barley is **made into** beer. =Beer is **made from** barley.
8. That was not very useful **after all.**
9. You will win **in the long run.**
20. **In conclusion,** I should say he was a genius.

§475　7. 目的 (**Purpose**) (その一)

1. わたしは、パーティーに間にあうように、夕方 6 時に、家を
1. I left home at six in the evening **so that** I **might** be in time

出た。 | for the party.
2. 彼らは、この夏休みに、北海道に行くために、金をためた。 | 2. They saved money **in order to** go to Hokkaido during this summer vacation.
3. 一番列車に乗るために、彼女は毎朝早く起きる。 | 3. She gets up early every morning **so as to** catch the first train.
4. 新大阪駅まで、友人を見送りに行ってきたところです。 | 4. I have been to Shin-Osaka Station **to** see my friend off.
5. 数学に熟達するには、できるだけ多くの問題を解くのが、一番です。 | 5. **The best way to** master mathematics is to solve as many problems as you can.
6. 何のために、君はここにきているのか。 | 6. **What** are you here **for**?
7. 約束の時間に遅れやしないかと心配だった。 | 7. I was afraid **lest I should** be late for the appointed time.
8. 彼は、数学の勉強のために、パリに行った。 | 8. He went to Paris **for the purpose of** studying mathematics.
9. わたしは、この国の歴史の研究を、唯一の目的として、ここに滞在しています。 | 9. I am staying here **with the sole object of** studying the history of this country.
10. 彼は、新しい資料を集める目的で、この島にやって来た。 | 10. He came to this island **with a view to** gathering new data.

§476　8. 目的（その二）

1. 原子力は、平和目的のために用いられねばならない。 | 1. Atomic energy must be utilized **for peaceful purposes.**
2. わが国のために、と思って彼らはそうしたのだ。 | 2. They did so **for the sake of** their country.
3. 彼らは、形式をつくろうために笑って別れた。 | 3. They parted good friends **for form's** (or **appearance'**) **sake.**
4. これらの本は、非売品です。 | 4. These books are not **for sale**[1].
5. 夕食後、彼は、散歩に出かけた。 | 5. After supper he **went for** a walk.
6. これは、子供向きのでは、最 | 6. This is one of the best movies

良の映画の一つです。
7. すぐ、彼女の夫を呼びにやらねばならぬ。
8. 彼の誕生日を祝って、祝賀会が催された。
9. きみに電話だよ。
10. この論文の目的は二つある。
11. この論文は、動名詞の研究を目的とする。

12. 目的と手段とはマッチしていなければならない。

for children.
7. We must **send for** her husband at once.
8. A celebration was given **in honour of** his birthday.
9. You are wanted **on the telephone.**
10. **The aim** of the present article is doublefold.
11. The present article **aims at** a discussion of the gerund. 〔英〕 The present article **aims to** discuss the gerund. 〔米〕
12. **Ends** and means must go together (*or* go hand in hand).

1. この種の for は「〜に供するために」の意。cf. be *for sale* (うりもの); be *on sale* (発売中)

§477　**9. 場合 (Occasion)**

1. この法則が、必ずしもあてはまらない場合だってよくある。
2. このような場合のほかは、女の子にプレゼントするものではありません。
3. 場合によっては、そうせざるを得ない。
4. 今の場合、彼の方が正しい、というにとどめておこう。
5. あの場合は、彼は少し酔っていた。
6. 必要な場合には、手紙を書きます。
7. 用のない場合には、入って来てはいけません。

1. There are **some cases** where this rule does not necessarily apply.
2. You should not send a young girl a present except **in**[1] **such circumstances.**
3. We cannot help doing so **in certain circumstances.**
4. **At the present moment**, suffice it to say that he is in the right.
5. **On that occasion** he was a little drunken.
6. If **circumstances demand**, I'll write to you.
7. You must not come in **where** you are not wanted.

8. 今は、そんなことをしている場合じゃない。	8. This is **no time for** doing such a thing.
9. 彼女の場合と、わたしの場合と比べてみると、わたしの方がずっと幸せだったと思う。	9. Comparing **her case** with that of mine, I must say I was happier than she.
10. 場合が場合だから、彼がそうするのも、無理はない。	10. **Such being the case**, he may well do so.

1. circumstances には in, under いずれを用いてもよい。

§478　　10. 対照¹ (Contrast)

1. 彼は、泳ぎのみならず、走るのも速い。	1. He is **not only** a good swimmer, **but also** a fast runner.
2. あの人は、わたしの父ではなくて、わたしたちの生物学の先生です。	2. He is **not** my father, **but** our teacher of biology².
3. 彼がそこへ行ったのは、彼が行きたかったからであって、行かねばならなかったからではない。	3. He went there **because** he wanted to go, **and not because**³ he was forced to go.
4. 彼女は、彼のもとを去った。彼を愛さなくなったからではなく、彼への愛をたしかめねばならなかったからである。	4. She deserted him; **not because** she had ceased to love, **but because** she had to confirm her love for him.
5. 「ねこの留守は、ねずみの天下」(「鬼の居ぬ間に洗濯」)〔諺〕	5. **When** the cat is away, the mice will play.
6. 彼からのたよりで、はじめて彼女の結婚を知った。	6. I did **not** know her marriage **till** I heard from him about it.
7. 彼女はそういうが、それももっともだ。	7. She says so, **and** well she may (=**and** she may well say so).
8. これは、緑色のかべと奇妙な対照をなしていた。	8. This **made a strange contrast with** the green wall.
9. その銅像は壮大でもあり、同時にまた、高貴でもあった。	9. The statue was **at once**⁴ grand **and** noble.
10. 「去るものは、日にうとし」〔諺〕	10. **Out of** sight, **out of** mind.

1. 「比較」による「対照」は XII の「比較」の項参照。
2, 3. "not A, but B"="B, and not A".
4. at once A and B=「A でもあり、B でもある」

§479　11. 条件・仮定 (Condition)

1. 精を出して勉強しなさい。さもないと、入学試験に失敗しますよ。
2. 彼に聞いてごらんなさい。そうしたらこの詩の意味がわかるでしょう。
3. 彼女の支えがなければ、彼は、失敗するでしょう。
4. あなたの支えがあれば、彼は、成功するでしょうが。
5. 母親の指導がなかったら、彼女は、あんなよい人にはなっていなかったでしょう。
6. もう5歳若ければ、わたしも洋行するのだが。
7. もしわたしが、あの電車に間に合っていたら、今頃は彼女と会えていたのに。
8. いったん約束をしたなら、それを忠実に守らねばならない。
9. 誠実な人なら、あなたを助けようとするでしょう。
10. この机、もうちょっと大きかったら良いのに。
11. もうすこし語学の勉強に、力を入れておいたらよかったのに。
12. すわったら〔どうです〕!
13. もし、彼が、それを認めたら、わたしたちはどうなることだろうか。
14. きみがそれについて何もいわぬというなら、ぼくも一緒に行くよ。

1. Work hard, **or** you will fail in the entrance examination.
2. Ask him, **and** you will see the meaning of this poem.
3. **But for** her support, he should fail.
4. **With** your support, he would succeed.
5. **Without** her mother's guidance, she might not have become such a nice woman.
6. **If I were** five years younger, **I would** go abroad, too.
7. **If I had been** in time for the electric train, **I should** now be with her.
8. **Once** you made a promise, you should keep it faithfully.
9. **A man of sincerity would** try to help you.
10. **I wish** this desk were a little larger.
11. **I wish** I had made more efforts in the study of foreign languages.
12. **Suppose**[1] you sit down!
13. **Suppose**[1] he admitted it, what would become of us?
14. I will go with you, **provided that**[2] you say nothing about that.

15. じゃましないなら、ここにいていいよ。

15. You may stay here **so long as** you are not in my way.

1. suppose は「軽い仮定」
2. provided that ～ は「必要条件」を示す。If /P/, /Q/ のときは /P/ は /Q/ に対して「十分条件」をあらわすことが多い。

§480　12.　譲歩 (**Concession**) (その一)

1. 彼女は美人かもしれないが、歌はうまくない。
2. 彼女はなるほど美人ではあるが、歌はうまくない。
3. 彼は熟練家だ、それなのに時々まちがえる。
4. あす、雨でも、われわれはピクニックに行く。
5. 彼は、でかけることは、あるにしても極めてまれだ。
6. その管の中には、水が残っているにしても少ないだろう。
7. 今どき、そんなことを信ずる人は、まずあるまい。

1. She **may be** beautiful, **but** she is not a good singer.
2. She is beautiful, **it is true**, **but** she is not a good singer.
3. He is an expert, **and yet** he sometimes makes mistakes.
4. **Even if** it rains tomorrow, we shall go on a picnic.
5. He **seldom, if ever**[1], goes out.
6. There will be **little** water left in that tube, **if at all**[1].
7. There are **few, if any**[1], who believe such things nowadays.

1. 「よしあるとしても少ない」の言い方：例文 5. は「時」について、6. は「量」について, 7. は「数」についての型である。

§481　13.　譲歩 (その二)

1. それが正しかろうが、正しくなかろうが、今は必ずそうせねばなりません。
2. どれほどむずかしかろうが、わたしは、それを成し遂げる決心だ。
3. 彼女は、貧乏だけれど、正直で勤勉です。
4. どんなに運がよくても、日々の勉強を怠るようでは、成功し

1. **Whether it is right or not**, you must do so now.
2. **However hard it may be**[1], I am determined to accomplish it.
3. **Although** she is poor, she is honest and diligent.
4. **Whatever luck he may have**, he cannot succeed, if he

ない。
5. 雨にもかかわらず、彼らは、その山へと出発した。
6. 彼は、能力があるにもかかわらず、いつも、のらりくらりと日を送っている。

5. **In spite of** the rain, they started for the mountain.
6. **For all** his ability, he always idles his time away.

1. however hard it may be=no matter how hard it may be

§482　14. 否定[1] (Negation)

1. 彼女が、だれと恋愛中であるか、わかったものでない。
2. 日本の秋の景色にまさる美しいものはない。
3. 「例外のない法則はない」〔諺〕
4. 彼ほどうまくピアノの弾ける人はいない。
5. 彼らは、1競技もせずに、自国へ帰らざるを得なかった。
6. よいものはいくらあっても多すぎることはない。
7. その事実は、いくら重視してもしすぎることはない。
8. 彼の言葉が正しいとは、必ずしも言えない。
9. 学校には、学生たちは、ほとんど残っていなかった。
10. いくら忙しいからといって、わたしにあいさつするひまがないことはない。
11. 彼は、家庭的には、決して恵まれた人ではなかった。
12. わたしは腹の痛みがひどくて、立ちあがることさえできなかった。

1. **There is no telling** whom she is in love with.
2. There is **nothing more beautiful than** the autumnal scenery of Japan.
3. There is **no rule that** has **not** exceptions[2].
4. **No one** can play the piano so well as he.
5. They **could not but** go home without playing a game.
6. You **cannot have too much** of a good thing.
7. The fact can **hardly** be **overestimated**.
8. His words are **not always** correct.
9. **Hardly any** of the students remained in the school.
10. He is **not so busy that** there is **no** time for greeting me[3].
11. His family life was **anything but** fortunate.
15. I had such a pain in my stomach that I could **not so much as** struggle to my feet.

1. 「否定と比較」(§§ 338-343) も参照。
2. There is no rule but has exceptions. ともなる。
3. He is not... の not は "so...that...no..." を否定する。

§483　15. 関連 (**Reference**) (その一)

1. あなたは彼について何か知っているか。
2. われわれは彼の立場について討議した。
3. 彼は英文法の本を2冊書いた。
4. 子供の生活に対する自然の影響はたしかに大きい。
5. その時計はこわれている。あなたはそれを何とかできないの？
6. わたしはその件に何も関係はない。
7. あなたは彼をどのように扱ったのか。
8. わたしに関する限りでは、わたしは満足しています。
9. そこまでは、それでよい。〔議論の途中で言う〕
10. 今までのところで何か質問はありませんか。
11. 何か、関連性のある適切なトピックをえらびなさい。
12. 彼は「関係ないよ」という顔をしている。

1. Do you know anything **about** him?
2. We had a discussion[1] **about** his position.
3. He wrote two books **on** English grammar.
4. The **influence** of Nature **on** children's life is certainly great.
5. The clock is out of order; can't you **do something with** it?
6. **I have nothing to do with** the matter.
7. How did you **deal with** him?
8. **So far as I am concerned**, I am quite satisfied.
9. **So far**, so good.
10. Any question **so far**?
11. Choose some **relevant** topics.
12. (A) He **stands aloof from** this matter.
　(B) He looks so **stand-offish** in this matter.

1. discussion *about* ～ とは言うが, discuss (*v.*) は他動詞で、discuss *about* ～ とは言わない: discuss his position のように言う。

§484

16. 関連 (その二)

1. わたし〔の方〕は、別に何も言うことはない。
2. 彼はいつも英語の構造に言及する。
3. 解析幾何は代数と密接な関係がある。
4. わたしは彼に賛成できなかった。
5. 関係当局は何をしているか。
6. この件では、わたしは第三者だ。
7. これとは別に、彼には自分のなやみがある。
8. 彼の理論とは無関係に、わたしはこの結論に達した。

1. **As for** me, I have nothing to say.
2. He always **refers to** the structure of English.
3. Analytic geometry is **closely related to** algebra.
4. I could not **agree with** him.
5. What are **the authorities concerned** doing?
6. I am **an outsider** in this matter.
7. **Apart from** this, he has some worries of his own.
8. I reached this conclusion, **independently of** his theory.

§485

17. 数量 (Number・Quantity) (その一)

1. 多くの女生徒たちが、ぼくらの仮装行列を見にきた。
2. 多数の労働者が、物価値上げに反対して、デモをやっている。
3. それについて、わたしたちは、多くの議論をした。
4. 中身のない議論に、多大の時間が費された。
5. きのう、おじさんから沢山のおもちゃをもらった。
6. 彼は、わたしたちのところに、2日間滞在した。

1. **Many** girl-students came to see our fancy-dress procession.
2. **Thousands of** workers are demonstrating against the rising cost of living.
3. We had **a good deal of** argument about it.
4. **A lot of** time was lost in making an argument of little substance.
5. My uncle gave me **a lot of** toys yesterday.
6. He stayed with us for **a couple of** days.

公式中心・「関係」の表現

7. むかしむかし、一人の大工が住んでいました。

7. **A great many**[1] years ago, there lived a carpenter.

8. 彼は、水を一杯くれと命じた。〔食堂で〕

8. He called for **a glass of** water.

9. 先生は、1本の白チョークと2本の赤チョークをとって来た。

9. Our teacher fetched **a piece of** white chalk and **two pieces of** red chalk.

10. その花びんは、微塵に砕けた。

10. The vase has been broken **into a dozen pieces.**

11. わたしは、20分待った。それが、わたしには、20時間ぐらいにも思えた。

11. I was waiting **for twenty minutes**, and they seemed **as many**[2] hours to me.

1. a great many years ago=once upon a time
2. as many は「同じぐらいの」の意。

§486　18. 数量（その二）

1. $3 \times 8 = 24$

1. **Three times**[1] eight is twenty-four.

2. $9 \div 3 = 3$

2. Nine **divided by** three makes three.

3. $3 : 9 = 6 : 18$

3. Three **is to nine as** six **is to eighteen.** = The ratio of three to nine equals the ratio of six to eighteen.

4. $x^2 + y^2 = 8$

4. x **square**[2] plus y **square** equals eight.

5. 「わたしたちは、今、どのくらいの高さにいますか。」「地上約100メートルです。」

5. "How high are we now?" "We are **100 meters above the ground level**[3]."

6. その包みは、きっと7ポンドはあるでしょう。

6. That package **weighs** at least **seven pounds**, I suppose.

7. ぼくたちは、ふたりで、もうコイを15匹も釣ったんです。

7. We have already caught **as many as** fifteen carp[4] between us.

8. 「合計はいくらになりますか。」「8,950円です。」

8. "What is **the total**?" "It is 8,950 yen."

9. 200マイルと言えば、その当時は、相当の距離であった。
9. Two hundred miles was **a good distance** in those days.

10. 1万円を、くずしていただけないかしら。1000円札8枚と、100円硬貨20枚欲しいんだけど。
10. I wonder if you could **change** a ten-thousand-yen note. I want it **in** eight thousand-yen bills and twenty hundred-yen coins.

11. 何人かご兄弟がおありですか。
11. Have you **any** brothers?

12. かごの中に、いくつ卵をお持ちですか。
12. **How many** eggs have you in your basket?

13. 彼は、ぼくの5倍も切手を持っている。
13. He has **five times as many** postage-stamps **as** I have.

14. この都市の人口は、東京の100分の1にすぎません。
14. The population of this city is only **one-hundredth** of that of Tokyo.

15. 最近の公式調査では、世界の人口は、1年に6500万人の割合で増えつつあるそうだ。
15. According to the latest official estimate, the population of the world are increasing **at the rate of** 65,000,000 **per year.**

16. これは量の問題でなく、その質が問題なのだ。〔仕事の成果などについて〕
16. This is not the question of **quantity**, but of **quality.**

17. その量産は軌道にのっている。
17. The **mass-production** is already under way.

1. cf. (×) は times または multiplied by, (+) は plus, (−) は minus.
2. cf. a^2 は a square, b^3 は b cube である。
3. cf. above the sea-level (海抜)
4. carp は単複同形。

§487

19. 手段・方法 (**Ways and Means**) (その一)

1. 文学は、言語によって表現された芸術である。
1. Literature is an art expressed **by means of** words.

2. スミス女史は、通訳をとおして、シェイクスピアについて講演した。
2. Miss Smith gave a lecture on Shakespeare **through** an interpreter.

3. わたしたちは、口でものを食べ、目でものを見る。
4. わたしは、きみのことを、彼から聞きました。
5. こんなやり方では、入学試験にパス出来ない。
6. わたしは、彼に、電報でその事実を報せた。
7. 毎朝、わたしは、湯で顔を洗います。
8. このレポートは青インキで書きなさい。
9. 鉛筆で書いても、ペンで書いてもよろしい。
10. 日本人は米を常食にしている。

3. We see things **with** our eyes, and eat **with** our mouth.
4. I heard of you **through** him.
5. That is not **the proper way to** succeed in the entrance examination.
6. I informed him of the fact **by telegram**[1].
7. I wash my face **in** hot water every morning.
8. You must write this report **in** blue ink.
9. You may write it either **with** a pencil or a pen.
10. The Japanese **live on** rice.

1. cf. by train, by letter, by ship, by airplane, etc.

§488 20. 手段・方法（その二）

1. ひょっとして、ギターの引き方をご存知じゃないですか。
2. わたしは、全く違った方法で、それを得ようと試みた。
3. 彼は、しばしば、わたしを妹あつかいする。
4. 「郷に入っては、郷に従え」〔諺〕
5. 突然その男は、彼の腕をつかまえた。
6. わたしは、どうにかして、この仕事を完成せねばならない。
7. きみは、この絵を、一人でかいたのですか。
8. 幸運にも、彼に会えた。

1. Do you know by any chance **how to play** the guitar?
2. I tried to get it **in an entirely different way.**
3. He often **treats** me **as** he would treat his younger sister.
4. **Do** in Rome **as** the Romans do. [While in Rome **do as** the Romans do.]
5. Suddenly the man **caught** him **by** the arm.
6. We must finish this work **by some means or other.**
7. Did you paint this picture **by yourself**[1]?
8. I could see him **by good luck.**

9. あなたは、学校へ、徒歩で通っていますか。
9. Do you attend school **on foot?**

10. この線の列車はみな、電気で動かされます。
10. The trains on this line are all driven **by electricity.**

1. by oneself=alone.

§489　21.　材料 (**Material**)

1. われわれ日本人は米から酒を作る。
1. We Japanese make *sake* **from** rice.

2. その家は石でできている。
2. The house is made **of** stone.

3. 村全体が雪でおおわれていた。
3. The whole village was covered **with** snow.

4. これらの通りは石だたみになっています。
4. These streets are paved **with** stone.

5. 天井は花で飾られていた。
5. The ceiling was decorated **with** flowers.

6. 彼はわたしをピアニストにしたいと思っていた。
6. He wanted to **make** a pianist **of** me.

7. 彼はいつもわたしをバカにする。
7. He always **makes a fool of** me.

8. 休日を最大限に利用すべきである。
8. You should **make the best of** your holidays.

9. このクラスは男子20人と女子30人とから成っている。
9. This class **consists of** twenty boys and thirty girls.

10. 今では原料がどんどん値上りしていきます。
10. Today **raw materials** are getting more and more expensive.

§490　22.　強調 (**Emphasis**)

1. 彼は、ひと目見ただけで、彼女が好きになった。
1. He fell in love with her **at first sight.**

2. 彼は、人生はばかげたことばかりだ、とさえ考えている。
2. He is **even** of opinion that life is full of absurdities.

3. 彼女が、そこにおりさえしたら、こんな結果にはならなかっ
3. **If only** she had been there, it would not lead to such a

た。
4. 彼は、えしゃくもせずに、通りすぎた。
5. どんなばかものでも、そんなことぐらいは知っているはずだ。
6. その山脈は、一番高いところでも、2000mぐらいしかない。
7. 彼は、断じて誠実ではない。
8. わたしが先日買った本は、これです。
9. 今朝、わたしを訪ねて来たのは、わたしの妹です。
10. その花は、この上もなく美しかった。
11. 「降れば、必ず土砂降り」〔諺〕
12. 誰が、あんな男の言うことを信頼出来ようか。(誰もできない。)
13. 彼は、とうていそんなところへ行くような人ではない。
14. その点が、ぼくと彼と意見が合わないところだ。
15. 彼女を見ただけで、わたしは幸福になります。
16. 知らないといったら知らない！
17. この景色はすばらしいの一語につきる。

result.
4. He passed on **without so much as** bowing slightly.
5. **The most foolish** fellow knows such a kind of thing.
6. The mountain range is **no more than** two thousand meters in its highest part.
7. **He is anything but**[1] faithful.
8. **It is** this book **that** I bought the other day.
9. **It was** my younger sister **who** came to see me this morning.
10. The flower was **as beautiful as beautiful could be.**
11. It **never** rains **but** it pours[2].
12. **Who can** rely on what a man like him says?
13. He **is the last man to** go to such a place.
14. **That's where** I disagree with him.
15. **The mere sight** of her makes me happy.
16. **When I say** " I don't know," **I mean** " I don't know."
17. This scenery is **simply** wonderful.

1. cf. nothing but=only. This is *nothing but* folly. (これは愚かさ以外の何物でもない)
2. It never rains without pouring. と同じ意味。

"EXERCISE" 解答

第 1 部

Exercise 1 (§17)

1. This is a box. That is a bag.
2. It is Wednesday today.
3. They were very strong.
4. Is this pencil yours?
5. There are a lot of flowers in the garden.
6. Where is his uncle now?
7. How many lessons do you have on Tuesday?
8. How slowly your aunt walks!
9. Your daughter looks happy.
10. I cannot keep silent.
11. Dick and Jack broke (*or* have broken) this window.
12. Do you know Mr. Tanaka?
13. Mr. Tanaka teaches us mathematics.
14. We call the (*or* that) day Christmas.
15. I heard the cars running.
16. John and Mary were always quarrelling.
17. Why are you crying? (*or* What are you crying for?)
18. Will you give me (*or* May I have) a cup of coffee?
19. You should (*or* ought to) get up earlier.
20. Shall I shut the window?

Exercise 2 (§28–§29)

(A) 1. May I go out?
2. He cannot be at home.
3. He used to say so.
4. You needn't say it once more.
5. Have you (ever) been to Switzerland?
6. He has been playing the piano (for) three hours.
7. The door was opened by the teacher.
8. Is French spoken in Switzerland?
9. The day is called Christmas.
10. Turning to the left, you will see the bank.

[290]

11. Living in a large city, I am always busy.
12. Strictly speaking, A is not equal to B.
13. Give them something to eat.
14. I am very sorry to hear that.
15. It is nice to get up early in the morning.
16. To tell the truth, I am older than he.
17. I remember reading it once somewhere.
18. These words are worth remembering.
19. He talks as if he were a teacher.
20. What is the highest mountain in Japan?

(B) 1. My name is ＿名＿ ＿姓＿.
2. I am ＿＿ years old.
3. Our school begins at ＿時刻＿.
4. Yes, I do. / No, I don't.
5. Yes, I am. / No, I am not.
6. I like English (*or* mathematics) better.
7. Yes, I have.
8. It is Washington. / Washington is.
9. I bought it yesterday (*or* on ＿日付＿).
10. I am reading page 21 now.

Exercise 3 (§ 46)

1. My aunt sat down in (*or* on) the chair comfortably.
2. He goes to bed at ten every night, but last night he went to bed at eleven.
3. The planets, such as the earth, Mars, and Jupiter, go round the sun.
4. The moon is the satellite of the earth.
5. We are much younger than they.
6. The keys are all in the drawer.
7. His house is in the suburbs of the town.
8. George was a very clever boy.
9. Democracy is the backbone of the U.S.A.
10. The plane arrived at 4 p.m. It was a jet-plane.

Exercise 4 (§ 57)

1. I bought a book of Japanese history yesterday, and I want to read it now.
2. Open the book at page fifteen. Read the first sentence on the page.

3. He has a strong will. / He is a man of strong will.
4. His father began to walk (*or* began walking) along the National Highway.
5. That child likes to sleep on that sofa.
6. The teacher wiped the blackboard with the (*or* an) eraser.
7. Go and get more sugar.
8. I sent him a telegram yesterday.
9. You lent her one thousand yen the day before yesterday.
10. I want to stay home on Sunday afternoons.

Exercise 5 (§70–§71)

(A) 1. Do you hear my wife coming upstairs?
2. I found the dog still alive.
3. My mother advised me to keep silent.
4. The master of the house believed me to be a poor labourer.
5. Let me read the letter again (*or* once more).
6. They elected Mr. Tanaka Chairman. They began to discuss the matter.
7. I saw John take up the bag and steal the money.
8. It is always wrong to keep others waiting.
9. I will make you happier, and more beautiful.
10. He regarded this as a kind of success.
(B) 1. taked → took
2. go → to go
3. struck → strike *or* striking
4. did break → broke
5. useful animal → a useful animal
6. have → has ; daughter → daughters
7. strong → stronger ; me → I
8. from → at
9. money very much → very much money
10. that tower's name → the name of that tower

Exercise 6 (§90)

1. The high school is in the east of the town.
2. The proof is on page fifty-three.
3. I want to be a diplomat.
4. Have you any question so far?
5. Did you have a good time yesterday?
6. I have no objection to the plan.

7. What have you in that pocket?
8. I have nothing to do tonight.
9. Why are you in such a hurry?
10. Mr. Tanaka is now on duty.
11. I have no money with me.
12. Haven't you any small change?

Exercise 7 (§ 98)

1. The cat is in the house. Take it out at once.
2. Take off your hat quickly.
3. Was the electric light on in the room then?
4. Who switched the light on?
5. My mother is out now. She will be back in half an hour or so.
6. Put more cotton on the wound.
7. The bird is now on a branch of the cherry-tree.
8. The peach-blossoms are out of bloom, but the cherry-blossoms are now in bloom.
9. This box is in the way. Put it under that table.
10. The ship has come into sight. It is still in sight—It is now out of sight.

Exercise 8 (§ 105)

1. When did the plane take off from Osaka Airport?
2. I am sorry, but time is up. Let's leave off here.
3. Keep off the engine-room.
4. It was a shadow, but I could not make out what it was.
5. At last he found out my secret.
6. Show Mr. Tanaka into my study.
7. Nobody came to see her off.
8. You need not show off your talent.
9. You had better pick up two or three important points.
10. We cannot carry out the plan without money.

Exercise 9 (§ 123–§ 124)

(A) 1. Three times eight is (*or* are) twenty-four.
2. I like German better than English.
3. Boys used to learn French at school.
4. The big tree fell down with a great noise.
5. Who found this first?
6. Saturdays are half-holidays.

7. I looked at my [wrist-]watch. It was a quarter past three.
8. He lives somewhere near Kobe.
9. You look pale. What's the matter with you?
10. The World War II lasted about five years.

(B) 1. His friends congratulated him on finishing his high-school course.
2. The two brothers discussed the matter between them.
3. Nowadays I am busy, and seldom go out among the hills, but I used to do so in order to have a talk with trees and flowers.
4. Are you brothers? You look so much alike.
5. We are great friends, and last night we went together to see the movies.
6. Neither she nor her father was present at the meeting.
Both she and her father were absent from the meeting.
7. How old were you when the great fire broke out in this city?
   I was thirteen years old. I was in the first year class of the middle school.
8. He celebrated his twenty-ninth birthday on the twenty-third of February.
9. We have ninety-seven leap years in four hundred years. A leap year has three hundred and sixty-six days.
10. Thousands of tourists visit Kyoto every year. Kyoto has a lot of noted places.

Exercise 10 (§138)

1. Shall we fetch more coal for you?
2. They will be happy hereafter.
3. Now I am going to ring up Mr. Tanaka.
4. Go quickly; she will be waiting for you.
5. He turned to the east. The moon was rising above the horizon.
6. Our [air]plane is now flying at four hundred kilo-meters an hour.
7. What is he doing now? He is [now] counting the money.
8. At that time he was watching the baseball game at the Kōshien Stadium.
9. We are having a party next Saturday. We shall be very happy, if you can come at 7 p.m.
10. What are you doing now? The bus is leaving in a minute.

Exercise 11 (§150)

1. I wrote him a letter at the beginning of last month, but I have

heard nothing from him [as] yet.
2. As I had nobody to talk to, I spent the evening in reading the newspapers I had bought.
3. I arrived at Aomori at eight in the morning. Mr. Tanaka was at the station to meet me. I had written to him about it previously.
4. " Have you much travelled abroad? " " Yes, very much. Last summer I made a round trip in the United States for two months. This time I am going to India. I shall celebrate the next New Year's Day in India." " I, too, wish to go abroad some day after my graduation from the university."
5. When I got up at six this morning it was raining, but fortunately it cleared up around ten o'clock. Now let's go on a hike.
6. Recently water-pipes have been laid in the capital of Laos with the technical aid of Japan.
7. Formerly the people of this city used to suffer from the serious shortage of water, although they had the great Mekong near by.
8. Japan is a rainy country. She has twenty times as much rain as Greece, where they say they have very little rain.

Exercise 12 (§ 166)

1. I cannot solve that problem.
2. Were you listening to the radio at that time?
3. Why did you not (*or* didn't you) tell him to come?
4. Who painted this door?
5. " Who decided this plan? " " I don't know."
6. Nowadays fountain-pens are not very expensive.
7. This book has very few misprints.
8. Some boys do not like tennis.
9. Then he is the author of this book, isn't he?
10. He will hardly succeed in his experiment.

Exercise 13 (§ 178)

1. You must keep your diary next year.
2. What a good idea! Write it down in your diary.
3. What a lot of books you have! How happy you must be!
4. How dark it is in this room!
5. " What a fool I was! " " Don't say such a thing. Try to do it over again."
6. Take good care of yourself. Success to you! Good-bye!
7. What a beautiful curtain this is!

8. You had better lie down a little.
9. I want some coffee. Will you boil some water for me?
10. Take your umbrella with you. It may rain in the afternoon. And remember to post this letter on the way.

Exercise 14 (§ 188)

1. If he were here now, how glad his mother would be!
2. If God had not given him power, he would not have succeeded in this way (*or* like this).
3. "How nice it would be, if we could fly in the air like birds!" Mankind had such a dream from the ancient times.
4. Today we can easily realize that dream, if only we take (*or* fly in) an airplane.
5. If I could speak English as well as he, I would try to get a chance of going abroad for study.
6. I would buy that dictionary at once (*or* right now), if it were not so expensive.
7. If you had been in time for that bus, you would be at Tokyo Station by now.
8. If I were you, I would not do such a foolish thing.
9. If I had gone to the dentist earlier, I should not be suffering from this toothache now.
10. As for that job, I could have done it, if I had tried. But I have decided to put it off till next year, as I have a lot of other things to do this year.

Exercise 15 (§ 204)

1. She ignores other people as if she knew everything.
2. There must have been some accident; otherwise they would have arrived here before this.
3. What would become of Japan's industry, if low-priced foreign goods should come into Japan in great quantities?
4. Unfortunately, he was out then. I wish I had asked him previously on the telephone if he would be home.
5. Were it not for the World War II, the Olympic games would have been held in Japan much earlier.
6. I wish I had worked harder in my school days.
7. I decided to do this first, because I thought I could not do the two things at the same time.
8. Although it looked like rain, he went out without an umbrella.

9. He spoke so slowly that his pupils might follow him.
10. While he was in Europe, he tried to visit as many museums as possible.

Exercise 16 (§ 219)

1. The book which you sent me yesterday is not the book (*or* the one) [which] I want to read.
2. I have never known anyone, Japanese or foreign, who has said that " The Autobiography of Yukichi Fukuzawa " is not interesting.
3. The number of [the people who can be called] readers in the true sense of the word is gradually decreasing, while more and more people are interested in low-class magazines or sixpenny (*or* cheap) novels.
4. The Englishmen do not usually write thier names and addresses on the envelope, which the Americans never fail to do, because in the United States, where people are constantly on the move, letters have to be sent back very often.
5. A friend of mine who lives in London has sent me a picture of the house in which I am to live on my arrival there.
6. Will the day soon come when we shall be able to visit Mars in a rocket?
7. The city plan which he drew up had a lot of defects in it, and that is why the people in that area are now experiencing troubles (*or* inconveniences) in their daily lives now.
8. I think that those who cannot express their thoughts properly in English can never understand what others say in that language.
9. Toward evening the wind which had been blowing all day had dropped, so my little (*or* younger) sister and I gathered the fallen leaves which lay scattered here and there in the garden and began to burn them.
10. Have you never told others carelessly what you have read in a book or heard from someone, as if it were your own idea? Very few people can give a negative answer to this question, I think.

Exercise 17 (§ 238)

1. This book is easy to read. So, I want to read it first.
2. Boys have a lot of things to do. They want to do what grown-ups do, and also to try their own abilities.
3. Some books should be read carefully, and others rapidly. Each man should know how to distinguish between these two for himself.
4. I walked for three hours without meeting anyone on the way.

5. By comparing these data carefully, you will get a hint for improving your method.

6. Having finished his homework, he sat before the television.

7. What is the use of reading such hard books?

8. You must form your own plan, instead of wasting your time in such matters.

9. You ought not to (*or* should not) have said such a thing in her presence.

10. He had no difficulty in translating this passage into Spanish.

Exercise 18 (§ 251)

1. (Simple) He is very modest in spite of his high position.
   (Complex) He is very modest although he is in a high position.
2. (Simple) My work has gone well because of your help.
   (Complex) My work has gone well because you [have] helped me.
3. (Simple) I could hardly walk because of the muddy road.
   (Complex) I could hardly walk because the road was [very] muddy.
4. (Simple) I was aware of Mr. K's presence in that room.
   (Complex) I was aware that Mr. K was [present] in that room.
5. (Simple) The rumour is said to be false.
   (Complex) They say (*or* It is said) that the rumour is false.
6. (Simple) He is said to have failed in the experiment.
   (Complex) They say (*or* It is said) that he has failed in the experiment.
7. (Simple) He was said to have failed in the experiment.
   (Complex) They said that he had failed in the experiment.
8. (Simple) That maid was believed to be honest.
   (Complex) It was believed that the maid was honest.
9. (Simple) Mr. A and Mr. B never meet without having a meal together.
   (Complex) Whenever Mr. A and Mr. B meet, they have a meal together.
10. a) I find it quite natural for them to hate their oppressors.
   b) He repents of his son having been idle in his youth.

Exercise 19 (§ 262–§ 263)

(A) 1. If you are late, you will be scolded by your teacher.

2. The door was locked inside.

3. Bacon said that a flying machine would be invented sooner or later.

4. What he imagined was not actually invented till more than three hundred years later.

5. The first Olympic games were held at Olympia in Greece in the eighth century B.C.

6. When I made a trip in the Seto Inland Sea in my boyhood, I was deeply impressed with the beauty of the islands appearing out of the morning mist one after another.

7. I had several mistakes pointed out by my teacher.

8. The door was shut. He was left alone in the dark room.

9. (Active) You must take good care of the boy.
(Passive) The boy must be taken good care of.

10. You should use Theorem No. 3 in solving this problem.
Theorem No. 3 should be used in solving this problem.

(B) 1. They brought the prisoner before the judge.

2. They sell butter by the pound.

3. Who broke the window?

4. This accident must not be forgotten.

5. The story cannot be told in a few words.

6. The day is known as Christmas Day.

7. He was helped by the twenty-one words to become the most famous physician of his generation.

Exercise 20 (§271–§272)

(A) 1. He said [to me], "I don't understand what you mean."

2. He said to me, "You had better consult the doctor."

3. When I met him at Enoshima, he asked me if I had been there before.

4. The doctor said to me, "You will be quite all right soon."

5. He said to me, "Have you ever been abroad?"

(B) 1. (Direct) He said to me, "I have been ill for more than a week."

(Indirect) He told me that he had been ill for more than a week.

2. (Direct) Why did you not say to them, "I cannot attend the party because I am ill"?

(Indirect) Why did you not tell them that you could not attend the party because you were ill?

3. (Direct) Mrs. Tanaka said in her letter to me: "I am taking lessons in piano recently just as you do."

(Indirect) Mrs. Tanaka wrote in her letter to me that recently she was taking lessons in piano just I did.

4. (Direct) He said to me, "Why didn't you print more pamphlets?"

(Indirect) He asked me why I had not printed more pamphlets.

Exercise 21 (§ 278–§ 280)

I. **1.** not, too **2.** lest, should **3.** on, paying **4.** There, no **5.** but, knows

II. **1.** weather permits **2.** you will succeed in the coming examination **3.** he was lost in thought **4.** he were learned in the law **5.** I had finished my homework **6.** it cannot be true **7.** I saw him somewhere before **8.** it not for air **9.** he must clean up his desk at once **10.** he had been brought up in a better family

III. **1.** of **2.** after **3.** our **4.** absence **5.** too **6.** anybody **7.** to **8.** keep **9.** like **10.** rain **11.** cleared **12.** after **13.** had **14.** I **15.** me **16.** on

IV. **1.** in case that **2.** While (*or* When) I was **3.** Had it not been

V. **1.** cannot have done **2.** could have gone **3.** is dead for these **4.** have never been told **5.** sudden disappearance surprised

VI. **1.** near enough **2.** you knew **3.** have been **4.** of you **5.** (a) taken (b) every

VII. **1.** She said to the doctor, "Will you come to see my son again tomorrow?"

2. I was surprised to find him blind of one eye.

3. I have eaten (*or* had) no food since yesterday.

4. Her beauty seems to have given delight to all who looked at her.

VIII. **1.** have seen **2.** of **3.** yourself **4.** if I

IX. **1.** I asked him if I might call on him the next day.

2. She said to him, "What do you have for supper?"

3. He was often seen to walk in the park.

4. As they were written in haste, these sentences have some faults.

Exercise 22 (§ 294–§ 295)

(A) **1.** What is the English word for 'neko'?

1. Write this letter in black ink.

3. He looked smaller than usual on the stage.

4. He was talking with Mr. A in a low voice.

5. I have no objection to the plan.

6. His red hair made a curious contrast with his blue coat.

7. It will not take more than ten minutes to walk from here to

that hospital.
8. The influence of television on school education is not so bad as is generally supposed.
9. He walked alone along the street in the rain.
10. At this rate the population of Tokyo will be more than ten million in a few years.
11. Japanese ships are known in foreign countries as "Maru ships". This is probably because almost all the ships have their names ending with "-maru".

(B) I. 1.—j 2.—i 3.—h 4.—f 5.—e 6.—c 7.—a
   II. 1.—for 2.—to 3.—to 4.—with 5.—of
   III. 1.—on 2.—to 3.—as 4.—with 5.—of
   IV. 1.—with 2.—of 3.—to 4.—for 5.—by
   V. 1. for, coming, all   2. for, your   3. key, to   4. to, for
      5. born, of
   VI. a—6 (in)   b—9 (to)   c—7 (of)   d—1 (at) [*or* 10 (with)]
       e—5 (from)   f—3 (beyond)

Exercise 23 (§ 300)

1. I will make a lady of you.
2. He praised me for my good penmanship.
3. That standard does not apply to your case.
4. That writer prefers adjectives to nouns.
5. Don't take it for granted that wrestlers are all fat.
6. By "Arbeit," we mean "side job."
7. Can we substitute *k* for this fraction?
8. This diary reminds me of the days when he was alive.
9. Suddenly someone patted me on the arm from behind.
10. His arrow missed the mark by three centimeters.
11. He speaks Japanese very well for an American.
12. At the year-end, we expected that it would be warm in January, but they say that this is the coldest winter that we have had in these twenty years.
13. The industrialization of coal is one of the most important problems for the industry of Japan.
14. The influence of smoke on man's health has come to be taken up as a major (*or* big) social problem recently.
15. The visit to Hawaii on my way home from the United States was not originally in my plan, but actually I went and stayed there for a week, and my stay there was a really fruitful one.

第 2 部

Exercise 24 (§ 319)

1. It is necessary for you to take outdoor exercises at least once a day.
2. The value of good health is known only after it is lost.
   One comes to know the value of good health only when one has lost it.
3. You can accomplish nothing without effort.
4. Applications should be addressed to the editor-in-chief.
5. Refusal only meant the ruin of the whole family.
6. A previous engagement prevents me from attending your Christmas party.
7. Your opinions (*or* comments) are always welcome.
8. He impressed me with his punctuality.
9. As is well known, (*or* It is widely known that) Hakucho Masamune was a great reader, and it was the Bible that he liked to read best of all.
10. It was not very long after that talk that the nurse came to us on her usual autumnal visit. She was much thinner then than before.
11. " Thought "—thinking, pondering. This is certainly the best of all the privileges of man. High thinking certainly adds to the beauty of man.
12. Of all the flowers, I like tulips best. Tulips remind me of my delightful childhood.
13. A true friend would not keep silent on such an occasion.
14. It is not too much to say that social life completely depends on friendship.

Exercise 25 (§ 329)

1. Evidently he has overlooked the errors of the players.
2. She cannot have been here yesterday.
3. She may have been ill, but she cannot have been seriously ill.
4. Fortunately his birthday fell on a Sunday.
5. That driver must have ignored the signal.
6. You needn't come, if you don't want to [come].
7. The accident must have happened in the afternoon of July the twentieth; at least, it is certain that it did not happen in the morning.
8. The present plan must be welcome to everybody.

9. It may start raining at any moment.

10. The sum cannot be more than a^2, can it?

Exercise 26 (§ 344)

1. He can not only speak English but also write letters in it just as well as she.

2. After reading through a book, you had better write down a summary of it together with your comments. By so doing, you will be better able to get a full understanding of the matter.

3. Many Japanese are now good speakers of foreign languages, but on the other hand, the Japanese language today is in more disorder, and in more neglect, than ever before.

4. We cannot overemphasize the importance of consulting a doctor as early as possible.

5. You might as well give up the plan right now as waste your time on useless things.

6. (i) Neither George nor Tom can have been ill.
   (ii) It cannot be true that both George and Tom were ill.
   (=Both George and Tom cannot have been ill.)

7. Today an air-trip to Honolulu takes less time than a railway-trip from Osaka to Sapporo. Evidently international relations tend to be closer.

8. (A) He is said to be good at description of human characters, especially of women, but we may rather say that it is children that are more vividly described in his works than women.

   (B) ..., but I should say children are more vividly depicted than women in his works.

9. The progress of science may be infinite. Let's try to put the peaceful utilization of science under the control of human wisdom for ever.

10. (A) That lazy Taro goes skiing with those heavy things on his shoulder in a crowded train. Evidently skiing must be much fun.

    (B) If it comes to skiing, Taro, that lazy boy, thinks nothing of those heavy things he has to carry or of a long trip in a crowded train. Such is the charm of skiing, I am sure.

11. Quick-silver is no more silver than a hotdog is a dog.

12. I found your letter all the more interesting because I have once had a similar experience.

Exercise 27 (§ 355)

1. I wonder what he is doing now.
2. **(A)** To be a good scholar is one thing; to be a good teacher is another.

   (B) High scholarship does not necessarily imply a good teaching-ability.
3. I wish the whole family had had a picture taken on that occasion.
4. The foreigner seemed to be at a loss, so I dared to talk to him.
5. Many young men complain that parents fail to understand the younger generation, and force their old ideas on them.
6. Good speeches are a relief, really. Bad writings may be ignored, but speeches come to force themselves upon our ear, whether we like them or not.
7. Today, I think it is not too much to say that sight-seeing buses are running all over Japan in a continuous string.
8. The streets of Tokyo have become quite clean. However, Tokyo has a lot of unsolved problems, such as water-service, housing, and so on.
9. Success in gardening depends on the amount of your care, and this is especially true of flowering plants.
10. Mountaineering has something mystic about it, which may be called, in a sense, a highly romantic element.
11. I expected as much. I have often told you to be careful, haven't I?

Exercise 28 (§ 366)

1. It is necessary that he should either pay the debt or return (*or* give back) the article at once.
2. My mother was fond of reading, and whenever she had time to spare she spent it in reading magazines and fictions intently, although of course she never tried to read anything difficult.
3. **(A)** We study foreign languages not only to understand foreign people and make ourselves understood, but also to come in touch with foreign cultures and introduce the Japanese culture to the peoples overseas.

   (B) The aim of foreign-language learning is not merely establishment of mutual understanding. It also aims at cultural exchanges so that we may take from the cultures of other peoples, and at the same time introduce to them the culture of our own country.

4. **(A)** On the speech-habit of everyone is reflected the social and economic environment in which he has been brought up.

(B) One's speech-habit is a mirror which reflects the social and economic background of one's past life.

5. **(A)** I was shown by my father, not in words but in deed, that the higher the tree grows, the more strongly the wind blows against it.

(B) The higher a tree is, the stronger the wind. My father taught this lesson to me, not in so many words, but by means of demonstration.

6. **(A)** I have just said that all men are equally endowed with reason, but if so, how is it that there are a lot of irrational things in the world?

(B) I have just pointed out that reason is a property equally shared by all. Then, I wonder, how comes it that we see lots of irrational things around us?

Exercise 29 (§ 376)

1. I mean to work hard, because I don't like to be poor.

2. Each man has, and may well have, a different thought from others. If all men have, or ought to have, one and the same thought, there will be no need of a discussion.

3. I hear there was once a man who went from Edo all the way to Nagasaki to find out the meaning of some Dutch words, only because he heard of a man who knew Dutch living there.

4. The Americans on first visiting England cannot help laughing at the life and the society of the British people which are so full of inconsistencies.

5. Needless to say, it is expected in this country hereafter that the young business men [who are] well equipped with international sense should strive after the policies for economic advancement of their mother country.

6. When you are confronted with various problems, it is quite natural that you should want to solve them as early as possible, but, the harder to solve a problem is, the more important it becomes—this is in the nature of all problems.

Exercise 30 (§ 386)

1. I said it would come to this, didn't I? And it has come to this. You are to blame.

2. He pretends to be innocent of the matter, but this is all his doing.

3. It's simply wonderful, that new dress of yours!
4. I have never heard of such a thing [before].
5. (A) Don't walk around me in that way.
   (B) Don't hang about me so.
6. He had to tell a lie as a makeshift.
7. Have your own way, then. I will have nothing to do with you any more.
8. I am willing to do that for you, but really I am too busy to do anything of the kind.
9. He got married to a girl whom he had known from a child.
10. It's irritating to me when you take it for granted that I will do it.
11. I should not have trusted him so carelessly. (=It was quite reckless of me to trust him. I should not have done so.)
12. He is not so old as he looks. About forty, I should guess.
13. He is usually strong, and yet he is sure to catch cold once or twice when it turns cold.
14. Town-dwellers and people living in apartment houses often wish they had a garden (*or* often say they miss the pleasure of having a garden). A space consisting of water, stone and trees. How much charm it can give to our daily life!
15. (A) To draw up a detailed schedule, to have the hotel rooms and seats reserved and to travel according to the program—this is something I hate most. In this case, you are not travelling at all, but just following the schedule mechanically.

   (B) I do not like to go on a pre-arranged travel, with a detailed plan including the reservation of the rooms, seats and everything. In my opinion a programed travel of this kind makes of you, not a genuine traveller, but a slave to the time-table.

Exercise 31 (§400–§401)

(A) **1.** (a), (0) **2.** (0) (a) **3.** (0) **4.** (0) (the) **5.** (0) **6.** (the) **7.** (The) (a) (a) **8.** (the) **9.** (a) (an) **10.** (the) (0)

(B) **1.** (A) Almost all people say so.
   (B) Almost everybody says so.
2. Are you going so soon, when everyone here wants to be with you longer?
3. He bought a new model to replace his car that was stolen last month.
4. The water in the bottle changed into vapour.
5. May I dry my hands on this towel?

6. His letters are always in bad writing, and I have great difficulties in reading them.
7. He lives in a world of his own.
8. The fire broke out on the morning of the fifth.
9. The bus was crowded, and I was kept standing as far as the school.
10. If we look about us carefully, we find various kinds of insects living around us. Many people first have their interest in Nature awakened by the existence of butterflies and moths.

Exercise 32 (§409–§415)

1. a. This suitcase is too heavy for me to take up.
   b. Use your dictionary lest you should make mistakes in spelling.
   c. Many books are published on this subject.
2. a. An art gallery will enable you to see a lot of wonderful pictures.
   b. The moment the ship started to sail, she got sick.
3. a. He does not keep his words.
   b. Keep him waiting.
   c. Keep the door open for a while.
4. (1) I went back two days later to find my dog waiting for me where I had left him.
   (2) Whenever I have time I go there, which is once a week at most.
   (3) On the platform he wondered when he should be seeing me next time, but I have never heard from him since then.
5. (1) I am getting a new house built in Kyoto.
   (2) I spoke in English, but I could not make myself understood.
   (3) He started to keep a diary on the New Year's Day of this year.
6. (1) Please remind me to post the letter before going out.
   (2) What prevented you from attending the meeting?
7. (1) (a) Not only he but also she is wrong.
       (b) She as well as he is wrong.
   (2) (a) He is the tallest boy in his class.
       (b) No boy in his class is taller than he.
   (3) (a) You cannot be too careful.
       (b) Too much care cannot be taken.
8. (1) in (2) stood (3) commanding (4) along (5) on (*or* over)
9. (1) Would you mind speaking more slowly?
   (2) If only he had been more careful!

(3) I would rather live in the country than in Tokyo.
10. (1) In the delightful season of spring, many people find it difficult to concentrate on their work.

(2) How many students do you think took the exam, and do you know how many of them passed it?

11. (1) worried, having, way
(2) whom, remember, have
(3) make, of, or, repent
(4) it, living, by

12. (1) ... carried out the plan without difficulty.
(2) ... I heard an interesting story about Africa.
(3) ... was sorry not to have come the day before.
(4) She does her work so fast that no one ...
(5) ... to do our best that we can under...

Exercise 33 (§426–§428)

1. I came up to Tokyo the other day to take the examination and I am now staying with my uncle. The examination ended on the fifth, and yesterday, my uncle kindly took me over Tokyo to see the sights. What surprised me most was that the capital is so much crowded. People and cars are everywhere! I am going home by the end of this month. (66 words)

2. Got back my test-paper in Japanese classics. I was quite disappointed, only 75 points—all because of the careless mistakes I have made. T called in the evening saying he (*or* she) got one ticket to spare for Miss B—'s Piano Recital. He (*or* she) said I could have it, if I liked. Asked Mother about it. Mother said I could as well go, because the Recital was to be held in the daytime. How lucky! Mother does not like me to go out at night. Betty died. The canary had been unwell rather long. Made a grave for her. Digging was a hard work. Now the lovely bird is in Heaven.

3. One of the most important features of communication in Japan is that the spoken language is more effective there than the written language as a mass-medium.

In farming villages news often spreads more quickly from mouth to mouth than through newspapers.

Take the case of advertising: many Japanese decide to see a cinema-film because their friends have recommended it or because it is well spoken of. (66 words)

Exercise 34 (§441–§450)

1. (A) " Why do you climb the mountain? " " Because the mountain is there." This question and answer is rather well-known. I am of opinion, however, that the answer does not really concern any geographical position, but that it rather stresses the obvious fact that the mountain actually exists on earth.

(B) " Why do you go mountain-climbing? " " Because the mountain is there." We have heard this often enough, and the reply above is generally supposed to indicate the location of the mountain in question. I may suggest, instead, that the reply practically amounts to saying: if there is a mountain, there *is* a mountain, and no mistake.

2. (A) During the last twenty years after the war, Japan's economy has recovered considerably, and the standard of living has gone up steadily. Year after year, our country has been winning more and more respect from abroad, and her international position has also been improved.

(B) During the past twenty years after the war, Japan has made a giant's stride in her economic rehabilitation, marking a steady rise in the standard of living for her people. With the increase of goodwill on the part of other countries, Japan's status in the international circles has been considerably improved.

3. (A) Little children want to do just what others are doing. By so doing they can acquire the knowledge of life.

(B) Small children are fond of imitating others; with children, indeed, this is the source of their wisdom of life.

4. (A) Children are very fond of watching the golden moon, which comes up above the hills in the east and go travelling the sky. They are yet too young to realize that the moon has no light of her own.

(B) Children are fond of watching the moon. It is fine fun seeing the golden moon, which first peeps above the eastern hills and then go gliding across the heavens. Of course they are yet too young to realize that the bright moon really has no light of her own.

5. (A) Generally speaking, hardly any man can hope to live to be one hundred years old, but culture has an eternal life. Men and women are born and die, one after another, but culture is handed down through the eternal course of time.

(B) Generally speaking, one hundred years is the limit of man's life, while culture lasts forever. Human beings come and go, each in his turn, but culture, as it is handed down from generation to generation, continues to live eternally.

6. (A) I like to take a walk along some back street, where very few people are to be seen. A woman leaning on the window sill, old men talking at the door—strange as it may seem, these are the things I always remember long afterwards.

(B) I am fond of strolling in some quiet quarters, say a back street, where I may happen to see a woman leaning on the window sill or old folks having a talk at the door—and it is strange how these things come to impress themselves upon my memory and stay there till long afterwards.

7. (A) I am in correspondence with a pen pal of mine, an American boy named John. He writes to me once a month, and his letters are so humorous that my whole family are always looking forward to reading them.

(B) I have a pen pal, an American boy named John. We write regularly to each other, and his monthly letters, always amusing and humourous, are a source of unfailing delight not only to me, but also to my whole family.

8. (A) I am a late riser. This habit has been with me ever since I was a small child. I used to oversleep myself every morning and leave for school without a breakfast, and my mother used to stop me, scold me and take me to the breakfast-table. On those occasions, I was just out of bed and also pressed for time, so, to me, this meal-taking was nothing but a severe trial.

(B) I am a late riser. This habit has been with me ever since I can remember. And as I look back on my childhood, I recall the following scene: I come down, rather late, and I am about to rush out for school, without a breakfast. My mother stops me and scolds me. She tells me to have breakfast properly. And how could I have it " properly "? I was just out of bed, and I was in a hurry. So to me the ceremony of breakfast-taking was nothing but a genuine torture.

9. (A) Usually I am at my desk at about nine in the morning, where I keep sitting till it gets dark outside my window, except for the lunch-time. But this does not mean that I do my work all the time. On the contrary, I spend the greater part of the time in playing with the pencils, cleaning my pipe, reading the newspapers over again, and so on.

(B) At nine each morning I am already at my desk, where I keep sitting all day long, except for a break for lunch, until it is twilight beyond the window. This does not mean, however, that the whole time is devoted to my work. On the contrary, I idle away most of the time in something or other; toying with a pencil, cleaning my pipe, taking up the morning papers over again and so on.

10. (A) It seems to me that the Japanese people have rather peculiar ways of expression for the sentiment they have in parting. It was they that thought of using paper-tapes when they see their friends off on a sea-voyage. They go in for an elaborate ceremony of farewell, even when a single good-bye seems to suffice.

(B) The Japanese seem to have a special view of farewell-bidding, which is well symbolized in the pomp and splendour with which they try to solemnize the occasion. The abundant use of paper tapes to adorn the departing ship is only one example. It was the Japanese that first hit upon the idea. A casual good-bye never suits their taste: they always wish to produce a really impressive scene of parting by means of an elaborate ceremony.

INDEX

索引中のアラビヤ数字 (1, 2, 3, ...) は、本文の中で太字で記されているセクションの番号を示し、ローマ数字 (I, II, III, ...) は章の番号を示す。"→" は「次の項も見よ」という意味をあらわす。

索引中の略字は次のとおりである。

adj. = adjective　　　　　*conj.* = conjunction　　*rel.* = relative
adv. = adverb　　　　　　*dat.* = dative　　　　　*v.* = verb
art. = article　　　　　　*n.* = noun　　　　　　*pron.* = pronoun
aux. v. = auxiliary verb　*prep.* = preposition

事 項 索 引

A

Adjective (形容詞) 33; → Modifier (M₁); 形容詞相当句 260; to-infinitive の形容詞的用法 223; 関係詞に導かれる節 206; 形容詞と p.p. 232; 述語的 (C として) のみの形容詞 315; low—high と cheap—expensive のつかいわけ 317; short supply 375.

Adverb (副詞) → Modifier (M₂); 副詞節 198–203; 副詞句 → Preposition; 文修飾副詞 321.

Anomalous finites (変則定動詞) [Non-anomalous も含めて] 154–156.

Antecedent (先行詞) → Relative.

Article (冠詞) a と an 71(5), *a* dozen (割合) 283, *a* third, etc. 420, look up from *a* book 384; *a* friend of mine 268, 358, 389; *a* world of his own 401(7); the 14, 89, 135; 間接話法で *the* next day, etc. 264, 266, 280; go to *the* hospital (建物の場合) 176; *a* question と *the* question 210; *The* sooner, *the* better. の型 332, 336, 366, 376(6); 冠詞の省略 14, from morning till night 285; 冠詞の吟味 388–389.

Auxiliary verb (助動詞) 73, 321; → Anomalous finites; ムード的

[313]

助動詞 326-328.

B

Body (身体) 459.

C

Cause (原因) [=従属節] 470.
Clause (節) VI, 1; 名詞節 It is 〜 that→it; その他 that-clause, etc. →Narration; 形容詞節[=関係詞によって導かれる節]→Relative; 副詞節 198-203; 主文と従属節との間のバランス 365; that-clause をさけて句にせよ 370; 節と句との書きかえ→Transformation; 節にすると前置詞がなくなる 248.
Clothes (衣服) 463.
Cognate object (同族目的語)→Object.
Colon 56, 364, 368.
Comma 324, 334.
Comparison (比較) 26, 330-343; not so 〜 as より more の好まれる場合(〜ほど〜なものはない、というとき) 164, 337, 382, 407; 比較級にすることを忘れない 186, 333; 比較級・最上級 331; 注意すべき比較文 332; 比較と否定 338-343; 絶対比較級 360, 432, 433.
Complement (補語) 31, 33; → Sentence pattern (S+V+C)(S+V+O+C); 主語と補語を入れかえた方がよい 365.
Concession (譲歩) 480.
Condition (条件) 479; →Subjunctive; 条件つき英作文 402-415.
Conjunction (接続詞) VI; 等位・従属 240; その吟味 395-397; → and, or, Clause.
Contrast (対照) 478; if による 440; when による 395, 478; while による 219(3), 445.
Culture (教養) 466.

D

Daily Life (日常生活) 461.
Dative verb (授与動詞)→Verb.
Day (日) 455; 曜日と日付 419.
Diary (日記) 418-420.
Dwelling (住居) 464.

E

Eating and Drinking (飲食) 462.
Ellipsis (省略) 172, 173, 199(8), 334, 360, 418; →Sentence.
Emphasis (強調) 233, 490.

F

Finite (定形) → Anomalous finites; 非定形 → Infinitive, Gerund, Participle.
Future (未来) →Tense.

G

Gerund (動名詞) 24, 50, **230**, 274; 動名詞か不定詞か 232; 動名詞と現在分詞 233; go swimming, etc. 230; 動名詞の時制 237.

I

Idiom (慣用語法) 4; きまり文句 →Sentence; 熟語 296-297.
Infinitive (不定詞) [=To-infinitive & Root] 23, **221-228**, 259; 不定詞と動名詞 50, 232; Root (命令文) 167; Root と現在分詞 66; to-inf. 50, 63; 結果をあらわす to-inf. 23, 473; stopped to look 115; [目的] (=in order to) 475; to-inf. の時制 23(12), **237**; if you want

事 項 索 引

to 460(4).

L

Letter writing (手紙文) 421-425.
Location (地域) 458.

M

Material (材料) 489.
Mind・Feeling (精神・感情) 460.
Modifier (修飾語) **33**; M_2 の諸問題 42, 109, 119, 140; M_1 としての分詞 313.
Mood (ムード的表現) 320, 321, 338-343; ムードの助動詞 326.

N

Nature (自然) 453.
Narration (話法) 264-272; その基本型 265; 話法 と shall, will 266; →Tense (時制の一致).
Negation (否定) 276, 277, **482**, too と not 277, not very と not too 327, 462(3); Why not? 132; → Sentence; → not, no; 部分否定 309, 339(13), 396, 469; 全体否定 339(14), 396; 否定と比較 **338-343**.
Noun (名詞) 動名詞と純然たる名詞 230; 名詞 thought を用いる方がよい 304; 普通名詞としての kindness 369; 複数の固有名詞 389; 文尾を名詞で 399; 抽象名詞 303, 350; 名詞中心構文 303, 372; He is a good swimmer. 4; have a swim, have a good time; have a command of English の型 303, 360, 383;「紳士がすわっている」→「すわっている紳士」の型 349; 節→句について 370; his nature を中心におく 372.
Number・Quantity (数量) 485-486.

O

Object (目的語) 31; →Sentence pattern (S+V+O) (S+V+O+O) (S+V+O+C); →Verb (他動詞); 同族目的語 12, 37.
Occasion (場合) 477.

P

Participle (分詞) **22, 231-232**; 現在分詞 → Tense; Root と現在分詞 66; 分詞構文 22, 121, **231-232**, 368; 分詞構文の時制 237; 分詞構文が不適 309, 315; どの部分を分詞構文にするか 363; 過去分詞 → Passive voice, Tense; have (or get)+O+p.p. 258, 260.
Passive voice (受動態) 252-259; have (or get)+O+p.p. (受動と使役) 258-259; laugh at ∼, etc. 254-257; 動作主 252; by us などの不要 252.
Past (過去[形]) →Tense.
Past participle (過去分詞) →Participle.
Pattern 5; →Sentence pattern.
Perfect form (完了形) →Tense.
Phrase (句) 1; 前置詞句(=前置詞+[代]名詞)→Preposition; 付帯状況 260, 288, 290, 341, 367, 459; 不定詞による句→Infinitive; 句と節との書きかえ → Transformation; that-clause をさけて句にせよ 370.
Place (場所) 457.
Predicate (述部) **XII**; 話者の立場をどう反映するか 321.
Predicate verb (述語動詞) 31; → Verb.
Preposition (前置詞) X, 53; その

持ち味 282-287, その吟味 392-394; 躍動的 288-293; 接触点 take her by the hand, etc. 297-6; 付帯状況 260, 290;「前置詞＋名詞」63, 99; 前置詞＋動名詞 233; 前置詞なしの M_2 119; 前置詞と関係代名詞 214; 前置詞の出没 248.

Present (現在[形]) →Tense.

Present participle (現在分詞) → Participle.

Progressive form (進行形) →Tense.

Pronoun (代名詞) 代名詞と名詞との与え方 368; it よりも this, that の方がよい 369; その吟味 390-391.

Purpose (目的) 475-476.

R

Reason (理由) 471-472.

Reference (関連) 483-484.

Relative (関係詞) VII; 関係代名詞 206-213; 先行詞 206, 207, 216, 314; その省略 206 N.B.; 関係副詞 214-219; 補足的説明のはたらき 215 N.B.; 関係代名詞と関係副詞 215; 関係詞としての but (=that ～ not) 278.

Result (結果) 473-474.

S

School and Learning (学校・学習) 465.

Semi-colon 348.

Sentence (文) 1; その要素 31, 33, そのデザイン 302; 単文・複文 220, 240, 297-5; その書きかえ → Transformation; 重文 240; 否定文 **152-165**, 276, 277; 疑問文 **152-165**, 付加疑問 158, 342; 感嘆文 171-173, 310; 命令文 167-169, 「you＋命令文」328; 依頼文 170; 省略[文] 172-173, 418; while [I was] in London の型 199(8), 381; 挿入的にして省略する技巧 334, 360; きまり文句 173; 潜在文 58, (節で) 180-181, (非定形で) 220, 290; 文の書きかえ → Transformation.

Sentence pattern S+V 34-37; S+V+C 38-45; S+V+O 47-52, 144; S+V+O+O 53-56; S+V+O+C 58-69; There is... 75.

Sports (スポーツ) 467.

Style (文体) 4; 人称文体 302; 非人称文体 302; 発想 XIII; 分析 XIV; バランス XV; →Diary, Letter writing, Emphasis.

Subject (主語) **XI**, 3, 31; 疑問詞 159; 意味上の主語 58, 180, 231, 290, 305; 無生物主語 279(V), 279 (VI-5 の書きかえ), 280 (VII-4), 309, **311-318**, 352, 353, 364; 主語と補語とを入れかえた方がよい 365; 主語のバランス 365; →it.

Subjunctive (仮定[文]) 25, **182-187**, **189-197**, 479.

Summary (大意) 416-417.

T

Tag-question (付加疑問) →Sentence.

Tense (時制) IV; 現在 107-112; 過去 113-122, 過去の習慣 120-122; 未来 125-132, 327 → go; 進行形 15, 107, **133-137**, そのあらわす感情 257, Shall I be seeing you? 266; 動作の中断 199(7), 202, 358, 374; 完了形 139-149; 現在完了の進行形 141; 時制の一致

事項索引

（同時性と時差性）191-192, 415；非定形の場合 237；歴史的事実 270；助動詞の場合 326；時制のずれ 86, 114, 142, (Where *do* you come from?) 236.

Time（時間）454.

Transformation（転換、書きかえ）(A) 否定、疑問、命令、感嘆の各文 V；(B) 単文↔複文 240-250；話法 264-270；態 252-257；その他の書きかえ 273-277.

Transportation（交通）468.

V

Verb（動詞）完全 34；不完全 39, 58；自動詞 34, 39, 73；他動詞 47, 58, 73, 311；数語で一つの他動詞 254, 280；授与動詞 54, 258；動作動詞 73, 107, would とともに 120, 完了進行形 141；状態動詞 73, 107, [連結、存在、感情] 74, 進行形との関係 73；思考動詞 58, 63；感覚動詞 58, 66, 225；使役動詞 58, 59, 225, 使役動詞をさける場合 313, 317；述語動詞 31, 237；本動詞と助動詞 73； 定[動詞]形と非定形 152；→Anomalous finites.

W

Ways and Means（手段・方法）487-488.

Weather（天候）453.

Whole and the parts, the（全体と部分）469.

Word（語、単語）1, 難語のこなし方 XVI；→Word-order.

Word-order（語順）II, 36, 171, 235；その吟味 398-399；three apples, etc. 49；excited more than でなく more excited than 382；put ～ on と put on ～ 93；M_2 について 109；hardly の位置 242；mix A with B 297-1；「A が B にかわる」の A, B 394；the room No. 4 という書き方 200；make A of B を make of B A とする例 318；not rather go でなくて rather not go 408(2)；「The + 比較級...」の文において 336；話法 265；文頭に否定語が来るときの倒置 382；as usual の位置 437.

Y

Year・Month（年月）456.

基本語法索引

A

a, an (*art.*) →Article.
able (*adj.*) be able to-inf. 187, 302, 430; be better able to-inf. 344.
ability (*n.*) 238, 350; cultivate an ability 430.
about (*prep.*) 483.
—— (*adv.*) 122, (ごろ、ぐらい) 146, 440.
above (*prep.*) above suspicion 288; above the ground [sea] level 486; above all 424.
abroad (*adv.*) go abroad 10; be abroad 271; while abroad 381.
absence (*n.*) during one's absence 165, 279, 406; after five years' absence 364.
accept (*v.*) accept the offer 224.
accident (*n.*) 16, 217, 432.
accomplish (*v.*) 319.
according (*adv.*) according to ~ 312, 453, 486.
account (*v.*) account for 295(V).
—— (*n.*) on account of 295, 470; no accounting 24.
accuse (*v.*) accuse ~ of 297-5.
acquaint (*v.*) be acquainted with 469.
acquire (*v.*) 295 (VI), 443.
across (*prep.*) across the sky 444.
act (*n.*) kind act 283.
actually (*adv.*) 262, 441.
add (*v.*) 267; add to ~ 319(11).
address (*n.*) 219, 464.
admire (*v.*) 24, 423.
admit (*v.*) 212, 338.
advancement (*n.*) 376.
advertisement (*n.*) 428.
advice (*n.*) 434.
advise (*v.*) 59.
afford (*v.*) 210, 463.
afraid (*pred. adj.*) (おそろしい) 279; (思う) I'm afraid... 200, 463; be afraid of ~ing 406.
after (*prep.*) mamed after 291; after all 354, 474.
afternoon 57.
again (*adv.*) 25; over again 178.
against (*prep.*) (〜に対して) 288, 406, 453; (もたれて) 459.
age (*n.*) 22, 436, 461(18); come of age 146.
aged (*adj.*) aged fifty 433.
ago (*adv.*) 27.
agree (*v.*) agree with him 484.
ahead (*adv.*) 468.
aid (*n.*) 150.
aim (*n.*) 341, 476.
aim (*v.*) aim to-inf. 430, 476; aim at 434, 476.
air (*n.*) 453.
airplane (*n.*) 468.
air-trip (*n.*) 344.
alike (*adj.*) 124.
alive (*pred. adj.*) 70, 352; [用法上の注意] 315.
all (*adj., pron., n. & adv.*) all the better for ~ 283, 332; all the more ~ because ~ 344; all the way 295(V), 376(3); That's all!

156; you all 185; all of us 197; all right [with me] 271(4), 437; for all [譲歩] 481.
allow (*v.*) Allow me to-inf. 425.
almost (*adv.*) almost every [all] 279(VI), 401, 436.
alone (*adj.*) 62, 460.
along (*prep.*) 69, 121, 351.
aloof (*adj.*) stand aloof 483.
already (*adv.*) 100, 437.
although (*conj.*) 150, 199, 481; although と in spite of 246, 452.
always (*adv.*) 15; not...always 309.
among (*prep.*) 124.
amount (*n.*) 112, 342; to the amount of 295; exact amount of 432.
—— (*v.*) practically amount to ～ 441.
ancestor (*n.*) 295(VI).
ancient (*adj.*) 188.
and (*conj.*) (そして) 20; (そうすれば) 479; and と or 396.
angry (*adj.*) 156; get angry with 283.
animal (*n.*) 71.
announce (*v.*) 213.
another (*adj.*) 126; one after another 262; A is one thing, B is another 350; another name of 466.
answer (*n.*) 219.
—— (*v.*) answer the question 29.
any 85, 161; some と any 161.
anything 227; anything but 482, 490.
anywhere (*adv.*) 119, 161.
apart (*adv.*) apart from this 484.
apparently (*adv.*) 322.

appeal (*v.*) appeal to ～ 295(V).
appear (*v.*) 262.
applicant (*n.*) 323.
application (*n.*) 319.
apply (*v.*) (つける) 297-2; apply to ～ (あてはまる) 297-2, 375, 434.
appoint (*v.*) be appointed to the post 408.
appreciate (*v.*) 430.
area (*n.*) midtown areas 435; industrial areas 458.
arm (*n.*) 459; under one's arm 80, 459; in one's arms 459; arm in arm 459.
around (*prep.*) around us 194, 366(6); (...ごろ) 150.
—— (*adv.*) skirt around 435.
arrive (*v.*) 16, 46.
arrow (*n.*) 434.
art (*n.*) 130, 343.
article (*n.*) (品物) 366; (論文) 476.
artificial (*adj.*) 292.
as (*rel. or conj. adv.*) as ～ as 26; not quite as bad as 431; as ～ as possible 176; as soon as 199, 464; as soon as と on ～ing 233; as much (そんなこと) 355; inasmuch as 472; as many (同数の) 486; as many as 323, 486; as good as 338; as well as 339, 410; as far as 401, 453; as ～ as could be 490; as if... 104, 192, 354; as for 188, 210, 484; as yet 469.
—— (*conj.*) 118, 471; ...as he does 371; strange as it may seem 446; child as he is 400; As you were! 422; come as you are 422; as..., so... 471; as it were 25.

ascent (*n.*) make the ascent of Mt. Fuji 467.

ask (*v.*) ask a question 18; [話法の用法] 27.

asleep (*adj.*) 83; [用法上の注意] 315.

astonish (*v.*) be astonished 232.

at (*prep.*) 283, [原因] 470, [目的] 476, [場合] 477, [対照] 478, [数量] 486; surprised at the news 232, 288; at that time 15; at this rate 294(10); at 400 km an hour 138(6); at once 21, 476(7); at once A and B 478; at least 319; at all (少しでも) 480; at last 105(5); not [...] at all 170, 351; Not at all! 173; be at a loss 355.

attend (*v.*) (〜へ出席する) 272.

attention (*n.*) Attention, please! 173.

auspice (*n.*) held under the auspices of 423.

author (*n.*) 166.

authority (*n.*) authorities concerned 484.

autobiography (*n.*) 219.

autumn (*n.*) 7.

autumnal (*adj.*) 319.

available (*adj.*) 197.

avoid (*v.*) 440.

awaken (*v.*) 401.

aware (*adj.*) be aware [of, that] 251, 295 (IV).

away (*adv.*) 478(10); → far.

B

B.C. 262(5).

back (*n.*) (せなか) 459; on one's back 9; (うしろ) at the back of 457.

backbone (*n.*) 46.

background (*n.*) 366.

bad (*adj.*) [That's] too bad! **172**; bad writing 355(6); be in bad health 249.

badly (*adv.*) badly off 456.

bag (*n.*) 8.

baggage (*n.*) 283.

ball (*n.*) 9.

bank (*n.*) (銀行) 28; (堤防) 435.

bare (*adj.*) bare-footed 225.

baseball (*n.*) play baseball 12.

basket (*n.*) 59.

bath (*n.*) have a bath 118.

bathe (*v.*) 313.

be **7–8, 74–83**; be to **127**, 437; be to be seen 446; were to 189, 195; I want to be 〜 11, 83, 383, 425; 文頭の being 231; → Passive voice, Tense (の中の「進行形」).

bear (*v.*) (たえしのぶ) 295; (〜に及ぶ) bear on 〜 434.

beauty (*n.*) 262(6).

beautiful (*adj.*) 26, 457, 482, 490.

because 245, 452, 471; because of (*prep.*) 51, 213, 245, 372, 452, 470; not...because 199, 463.

become (*v.*) What has become of ...? 159, 189, 197.

bed (*n.*) kept to bed 148; be in bed 459.

before (*prep.*) sit before... (の前に) 238(6); ago と before 27; before long 454.

—— (*conj.*) before I knew 454.

begin (*v.*) 29 (B); begin to-inf. 24; begin 〜ing 50.

beginner (*n.*) 434.

behind (*prep.*) 75, 260.

being (*n.*) human being 197.

belief (*n.*) 436.
believe (*v.*) 24, 63.
bell (*n.*) 374.
beside (*prep.*) 135; beside oneself 460.
best (*adv. & n.*) best suited 351; do one's best 48, 60, 415; make the best of 489.
betray (*v.*) (うらぎる) 149; (もらす) 278.
better (*adj. & adv.*) 129, 279 (II), 380; the better of the two 26, 380; all the better for 283, 332; you ought to know better 338.
between (*prep.*) 361, 364; between them 124; →distinguish.
beyond (*prep.*) 45; [比喩的用法] 295 (VI); beyond me 288; beyond one's means 461.
bicycle (*n.*) 8.
big (*adj.*) 9.
bird (*n.*) 10.
birthday (*n.*) 124; Happy birthday! 173; celebrate a birthday 422.
black (*adj.*) 294 (2).
blackboard (*n.*) 57.
blame (*v.*) blame A for B 297-1, 299; be to blame 386.
blind (*adj.*) blind of one eye 280.
blood (*n.*) 43.
bloom (*n.*) in bloom 97; out of bloom 97.
blossom (*n.*) 2, 98.
blue (*adj.*) 294; (信号の色→green).
body (*n.*) in a body 382.
book (*n.*) 13.
book-worm (*n.*) 52.
born 5, 295 (V).
both (*pron.*) 391; both (of them) 49; both...not 339.
bother (*n.*) What a bother! 172, 420.
bound (*adj.*) be bound for 468.
bow (*n. & v.*) [bau] 459, 490 (2).
bow (*n.*) [bou] 459.
box (*n.*) 8.
boyhood (*n.*) in my boyhood 262.
branch (*n.*) 98.
bread (*n.*) 47, 288.
break (*v.*) 12; Fire breaks out 124, 195; Influenza broke out 312; break up for 465.
breakfast (*n.*) 9, 448.
bring (*v.*) 396; bring up 279, 382, 461; bring home to us 313.
brother (*n.*) elder brother 425.
burn (*v.*) 219; be burnt out 464.
bury (*v.*) 352, 427.
bus (*n.*) 25, 138; take a bus 468.
business (*n.*) on business 295 (III).
busy (*adj.*) 28, 482; be busy preparing 232.
but (*conj.*) 18; [注意事項] 49, 147, 452; [but=that...not] 278, 482; but for 189, 479.
butter (*n.*) 50.
buy (*v.*) 12.
by (*prep.*) 283; (の近くに) 75; (までに) 83, 295 (IV); [理由] 472; [手段] 487; [差] 297-3, 454, 468; [基準] 297-3; by the pound 263, 283; by your watch 454; by=judging by 472; by day 455; by night 455; by yourself 488; by ～ing と ～ing 233; by way of 365, 436; by means of 366, 487.

C

call (*v.*) (訪問する) 420; call on＋人 280 (IX), 358; call～on the telephone 131; call for 485; (…と呼ぶ) 14.
calm (*adj.*) 453.
can (*aux. v.*) 18, 55, 302; cannot 326; cannot help ～ing 326, 355, 364, 385, 452; cannot but＋Root 326, 432, 452; can as well 427(2); could (仮定) 182; could not have と should not be able to 187; if you can come 422.
can (*n.*) 227.
capable (*adj.*) be capable of ～ 302.
capital (*n.*) (首都) 29, 270; (元金) 283.
car (*n.*) 27, 426.
care (*n.*) take care not to-inf. 359; take care of 178, 254, 437.
careful (*adj.*) be careful about 462.
carefully (*adv.*) 238.
careless (*adj.*) careless of you 279 (VI).
carelessly (*adv.*) 219.
carriage (*n.*) 374; railway carriage 437.
carry (*v.*) 59, 199(10), 227; carry memories 438; carry out 100, 415; carry with me the feeling of ～ 440.
case (*n.*) (場合) 297-2, 477; such being the case 471, 477; in case … 279; This is the case with 375.
castle (*n.*) 44.
cat (*n.*) 21.
catch (*n.*) play catch 467.
catch (*v.*) 225; catch him by the arm 488; catch the train 201; ～catching 438.
cause (*n.*) 470.
—— (*v.*) 59.
cease (*v.*) 197.
celebrate (*v.*) 124.
central (*adj.*) central parts 435.
century (*n.*) 262, 456.
ceremony (*n.*) elaborate ceremony 450.
certain (*adj.*) (たしかな) 243. (ある) 477.
certainly (*adv.*) 147; Yes, certainly. 374; certainly…but 452.
chairman (*n.*) 14.
chance (*n.*) give them full chance to-inf. 360.
change (*v.*) 202; A changes into B 394; →(のりかえる) 468; a changed man 405; (両がえ) 486.
change (*n.*) small change 90.
character (*n.*) 261.
characteristic (*adj.*) characteristic of 261.
charge (*v.*) charge for 463.
charm (*v.*) 439.
—— (*n.*) 386(14).
charming (*adj.*) 439.
cheap (*adj.*) 317; live cheaper 461.
check (*v.*) check on 437.
cherry (*n.*) 98.
child[ren] (*n.*) 305, 444, 461.
choke (*v.*) be choked with 460.
choose (*v.*) be chosen from 323.
church (*n.*) 13.
circle (*n.*) in a circle 293; international circles 442.
circumstance (*n.*) 415, 477.
city (*n.*) 28.

civilization (*n.*) 378.
class (*n.*) 26.
classical (*adj.*) [≒ classic] 425.
classify (*v.*) 458.
clean (*adj.*) 14; clean water 313.
―― (*v.*) clean up 279.
clear (*adj.*) (きれい) 313; (明白な) 380.
clear (*v.*) clear the table 59; clear up 150, 453.
clearly (*adv.*) 380.
clever (*adj.*) 26.
climate (*n.*) 79, 458.
climb (*v.*) 433.
clock (*n.*) 2, 367.
close (*v.*) 132.
clothes (*n.*) 297-1, 463.
coal (*n.*) 94; coal-mining districts 432.
coffee (*n.*) 17.
cold (*n.*) (かぜ) 148, catch cold 386(13); (さむさ) 470.
―― (*adj.*) 386(13).
collect (*v.*) 209.
collection (*n.*) 171.
come (*v.*) come running 322; come rushing 374; come back 10, 15; come from [出身] 236, 458; come over 147; come of age 146; come to see me 16, 406; come aboard a train 437; come out 97, 419. come to-inf. 199, 307, 310; come to a conclusion 233; come to myself 460.
comfortable (*adj.*) 317, 364, 374.
comfortably (*adv.*) 46.
coming (*adj.*) 279.
comma (*n.*) 252.
command (*n.*) a good command of English 303.
comment (*n.*) 344, 348.
commutation (*n.*) 431.
commuter (*n.*) 431.
company (*n.*) keep company with 461.
compare (*v.*) compare ∼ with 433, 466.
complain (*v.*) 15.
complete (*adj.*) complete rest 226.
―― (*v.*) 295 (IV).
compliment (*n.*) by way of compliments 365, 436.
composition (*n.*) 29, 231.
concentrate (*v.*) concentrate [∼] on 413, 434.
concerning (*prep.*) 316.
conclusion (*n.*) 233; in conclusion 474.
condition (*n.*) [条件] 479; [状態] 431.
confidence (*n.*) win confidence 361.
confront (*v.*) be confronted with 376.
congratulate (*v.*) congratulate ∼ on ∼ 124, 297-1, 298, 423.
congratulation (*n.*) 173.
consider (*v.*) 63.
consideration (*n.*) 337, 458(7).
considering (*prep.*) 22, 362; considering that... 471.
consist (*v.*) consist of 386(14), 489.
constantly (*adv.*) 219.
consult (*v.*) consult a doctor 271.
content (*adj.*) be content with 430.
contest (*n.*) oratorical contest 423, 424.
contrary (*n.*) on the contrary 449.
contrast (*n.*) 478; make a contrast

with 294.
continue (*v.*) (を続ける) 295 (VI); continue to-inf. 149.
continuous (*adj.*) in a continuous string 355.
control (*n.*) put ~ under the control of ~ 344.
conveniently (*adv.*) be conveniently situated 457.
conversation (*n.*) 122.
copy (*n.*) a complete copy of ~ 378.
correct (*adj.*) 22.
—— (*v.*) 279, 352.
correspondence (*n.*) be in correspondence with 447.
cotton (*n.*) 98.
count (*v.*) 138.
country (*n.*) (いなか) 22; into the country 189; country-born 458; (国) 39, 361, 381, 382; 国名を she で受ける 150(8), 361.
couple (*n.*) a couple of days 455, 485.
course (*n.*) (行程) 295 (VI); (課程) 124.
cousin (*n.*) 54, 145.
creature (*n.*) 279.
cross (*v.*) (よこぎる) 225; (組む) cross one's legs 459.
crowded 419, 431; be crowded with 285; overcrowded 431.
cry (*n.*) a loud cry for 430.
—— (*v.*) 17, 461.
culture (*n.*) (教養) 466.
cup (*n.*) 2.
cure (*v.*) cure ~ of ~ 297-4.
curious (*adj.*) 294, 363.
curtain (*n.*) 75.
customary (*adj.*) as was customary with him 437.
cycle (*n.*) 111.

D

daily (*n. & adv.*) 467.
dance (*v.*) 184.
dare (*v.*) 19, 355.
dark (*adj.*) 96.
darken (*v.*) 211.
data (*n.*) compare data 233.
daughter (*n.*) 17.
day (*n.*) 455; the day before 114; the day before yesterday 57, 462; every day 108; the other day 216; in those days 438, 454; good old days 247, 405, 438.
dead (*adj.*) 66.
deal (*n.*) a great deal 461; a good deal of 485.
—— (*v.*) deal with 417, 483.
dear (*adj.*) Dear [Saburo] 148, 424; Dear me! 172.
death (*n.*) 245; frozen [etc.] to death 22, 474.
debt (*n.*) pay one's debts 278.
decide (*v.*) 166.
declare (*v.*) (申告する) 227.
decrease (*v.*) 219.
deeply (*adv.*) 262.
defect (*n.*) 219.
delay (*v.*) be delayed 217.
delicious (*adj.*) 285.
delight (*n.*) unfailing delight 447; give delight to~ 280.
delightful (*adj.*) 413, 438
demand (*v.*) if circumstances demand 477.
—— (*n.*) Demand is large. 375.
democracy (*n.*) 46.
democratic (*adj.*) 39.

demonstration (*n.*) 366.
dentist (*n.*) 188.
departure (*n.*) 437, 455.
depend (*v.*) success depends on ~ 282, 355.
depict (*v.*) 344.
describe (*v.*) 344.
description (*n.*) 344.
deserve (*v.*) 424.
desirable (*adj.*) 303, 430.
desk (*n.*) 8, 279, 367.
develop (*v.*) 382; under-developed 466.
diary (*n.*) 178 keep a diary 178, 409.
dictionary (*n.*) 7.
die (*v.*) die [of, from] 283, 470; be dying 15; die と dead 113.
difference (*n.*) local difference 458.
different (*adj.*) A is different from B 353, 376 (2).
difficulty (*n.*) have no difficulty in ~ing 238; without difficulty 309.
digest (*v.*) 235.
dinner (*n.*) 251, 462.
diplomat (*n.*) 90.
direct (*v.*) directed to ~ 295.
disappear (*v.*) 279.
disappearance (*n.*) 279.
disappointment (*n.*) to one's disappointment 287; with much disappointment 440.
discover (*v.*) 116.
discuss (*v.*) 70, 483.
discussion 376, 483.
dish (*n.*) 462.
disorder (*n.*) be in disorder 344.
dispense (*v.*) dispense with 210.
distance (*n.*) a good distance 486.

distinguish (*v.*) distinguish A from B 292; distinguish between A and B 238, 292, 297-2.
divide (*v.*) be divided by 486.
do (*v.*) (する) 15; do something with 483; do one's best 48, 60; That will do. 16, 348; do well 424, 465; do without 210; in doing so 51; do (Anomalous Use) 154–155; Don't... (命令文) 283; do harm [good] 305, 469.
doctor (*n.*) 7.
dog (*n.*) 12.
dollar (*n.*) 283.
door (*n.*) 21.
downstairs 96.
dozen (*n.*) a dozen [pieces, etc.] 283, 485.
draw (*v.*) draw up a plan 219; easy to draw 224.
drawer (*n.*) 46.
dream (*n.*) 188.
—— (*v.*) 160.
drench (*v.*) be drenched to the skin 453.
dress (*n.*) 202.
dress (*v.*) 463.
drink (*v.*) 23.
drink (*n.*) 462.
drive (*v.*) 13. What are you driving at? 283; be driven by electricity 488.
drop (*v.*) The wind drops. 219; drop into 459.
dry (*v.*) 47.
due (*adj.*) due to Kobe 295 (II); due to~ (理由) 379, 470.
dull (*adj.*) 277.
during (*prep.*) 165, 295 (I).
dusty (*adj.*) 351.

duty (*n.*) on duty 90(10).
dwelling (*n.*) 464.
dysentery (*n.*) 283.

E

each 9; each other 230.
ear (*n.*) [ears よりも ear とする方がよい] 355; reach the ear 432.
earnest (*n.*) in good earnest 318.
earth (*n.*) (地球) 46; on earth 197, 400(10).
earthquake (*n.*) feel the earthquake 453.
easily (*adv.*) 156.
east (*n.*) 34, 458.
eastern (*adj.*) 361.
easy (*adj.*) easy to draw 224; easier said than done 332.
eat (*v.*) 28, 228.
economic (*adj.*) 136; economic cooperation 313.
economical (*adj.*) 136.
editor[-in-chief] 319.
education (*n.*) 294, 465; compulsory education 465; co-education 465.
effort (*n.*) 282.
either (*conj.*) either A or B 316, 372, 487.
elder (*adj.*) elderbr other 26.
elect (*v.*) 14, 60.
electric (*adj.*) electric light 95.
empty (*adj.*) 464.
encourage (*v.*) 382.
encouraging (*adj.*) 436.
end (*v.*) end with 294; end in 473.
end (*n.*) (おわり) by the end of the month 426; (目的) ends and means 476.

endow (*v.*) be endowed with reason 366.
energy (*n.*) waste one's energy 433; atomic energy 476.
engine (*n.*) engine-room 105.
English (*adj.*) 9.
enjoy (*v.*) 316, 430.
enough (*adv.*) not long enough (=too short) 277.
ensure (*v.*) 317.
enter (*v.*) 23, 384.
entirely (*adv.*) 379.
envelope (*n.*) 68, 368.
environment (*n.*) 366.
equal (*adj.*) 28.
—— (*v.*) 486.
equip (*v.*) be equipped with ~ 376.
eraser (*n.*) 57.
especially (*adv.*) 375, 465.
estimate (*n.*) official estimate 486.
eternal (*adj.*) 445.
even (*adv.*) 373; even if 480.
even (*adj.*) even month 456.
evening (*n.*) evening walk 279; in the evening 420.
ever (*adv.*) (=at any time) 20.
every (*adj.*) every morning 36; every と all 279 (VI).
everybody (*n.*) 21.
everyone (*n.*) 228, 317.
evidently (*adv.*) 322, 344(7), (10).
evil (*n.*) necessary evil 110, 362.
exactly (*adv.*) 353.
examination (*n.*) 110, 426; pass the examination 243; take the examination 413; entrance examination 425, 460.
example (*n.*) for example 435.
except (*prep.*) 432, 477.

exception (*n.*) no exception 438.
excite (*v.*) excited 336; exciting 419.
exercise (*n.*) (運動) take exercises 249; outdoor excercises 319; (課業) 279.
exhibition (*n.*) 130.
expect (*v.*) 60, 303; (と思う) 300 (11).
expense (*n.*) school expenses 465.
expensive (*adj.*) 166, 317.
experience (*n.*) 219; have a similar experience 344, 370.
—— (*v.*) 219 (7).
experiment (*n.*) 166.
explain (*v.*) 302.
explanation (*n.*) 302.
express (*v.*) (言葉で表わす) 219.
express (*n.*) (急行) super-express 420.
express (*adj.*) express highway 435.
extent (*n.*) to some extent 440.
eye (*n.*) blind of one eye 280; with your eyes closed 290; have an eye for 466.

F

face (*v.*) face south 373.
—— (*n.*) 487 (7).
fact (*n.*) 441.
fail (*n.*) fail in ~ 251 (6); never fail to-inf. 219; fail to-inf. 355.
fair (*adv.*) play fair 467.
faith (*n.*) 149.
fall (*v.*) (落ちる) 123; fall sick 11; fall on a Sunday 329; fall over ~ 408.
familiar (*adj.*) be familiar with (知っている) 295 (IV).

family (*n.*) 145.
famous (*adj.*) be famous for 215, 285, 425.
fan (*n.*) electric fan 394.
far (*adv.*) far away 279(VI), 440; far from [否定] 436; so far 483.
fare (*n.*) 317.
farewell (*n.*) 450.
farmer (*n.*) 297–1.
fast (*adv.*) fast asleep 83.
—— (*adj.*) 10.
fat (*adj.*) 267.
father (*n.*) 7.
fault (*n.*) (欠点) 280(IX), 283; find fault with 280(VIII), 283.
favour (*n.*) in favour of 295.
favourite (*adj.*) favourite book 133, 399; favourite pastime 425.
fear (*n.*) for fear of 278.
feel (*v.*) feel hungry の型 11, 374; I feel like ~ing... 24, 406, 460.
feeling (*n.*) 460.
fetch (*v.*) 138.
few (*adj. & pron.*) very few people 219 (10), 469; few, if any 480; a few 48.
find (*v.*) (と思う) 14, 22; (さがしだす) 279; find out 100, 214, 376 (3).
fine (*adj.*) (りっぱな) 463; fine collection 171; (晴れ) 25, 453.
finish (*v.*) 20.
fire (*n.*) 94.
first (*adj.*) at first 117; from the first 286; for the first time 117; first-class 193.
fish (*n.*) 26, 375.
—— (*v.*) go fishing 230.
fit (*v.*) be fitted with 461.
—— (*adj.*) fit for 458.

flatter (v.) I flatter myself that... 365.
flattering (adj.) 436.
flow (v.) 457.
flower (n.) 2.
fly (v.) Birds fly. 32; (=go quickly) 25.
follow (v.) 204; the following 230; It does not necessarily follow that... 350.
fond (adj.) be fond of [smoking, etc.] 24, 279 (VI), 366, 457; fondness for 279 (VI).
fool (n.) 23; make a fool of 256, 489.
foolish (adj.) 278.
foot (n.) bare-footed 225; on foot 488.
for (prep.) **283**, 288, 289, **295**; [理由] 472; [目的] 475-476; [場合] 477; [条件・仮定] 479; (〜にしては) 300(11); for oneself (独力で) 279; for pleasure 295 (III), 469; for living 469; for supper 280 (IX); for ever 344, 445; famous for 215, 285; word for 'neko' 294; Where is this train for? 468; slow down for the station 288; be in for it 288; but for 189, 479; were it not for, etc. 189, 192, 279; for all→all; [意味上の主語] 241, 305.
force (v.) force 〜 on 〜 355.
forgotten 22.
form (n.) for form's sake 476.
—— (v.) 238.
formation (n.) 211.
formerly (adv.) 150.
fortunate (adj.) 323, 425.
fortunately (adv.) 149, 323.

fountain-pen (n.) 8.
France (n.) 20.
freeze (v.) frozen to death 22, 474.
French (n.) 18.
fresh (adj.) 453.
friend (n.) 121; great friend 124; a friend of mine 268, 358, 389; be friends with 400; part good freinds 476.
frighten (v.) be frightened 232.
from (prep.) 10, 71; [since の代わりに] 386, 439; from morning till night 10, 285; from place to place 457; [区別] 292; [原因] 470; [関連] 483-484; [原料] 474, 489.
front (n.) in front of 457; front door 457.
fruit (n.) 375.
fruitful (adj.) 300.
full (adj.) full of 438, 490(2).
fun (n.) 344, 438; for the fun of 383; make fun of 254, 295 (III); meant for fun 295 (IV).
further (adv.) be further promoted 361.
future (n.) 121.

G

gain (v.) (すすむ) 454; (得る) 461.
game (n.) baseball game 138, 230; the Olympic games 204; have some games 422.
garden (n.) 17.
gardening (n.) 355, 419.
gate (n.) 283.
gather (v.) 22.
gaze (v.) gaze at 460.
general (adj.) general populations

361.

generally (*adv.*) 445; generally speaking 231, 343, 445.

generation (*n.*) 263; the younger generation 355(5).

gentle (*adj.*) 37, 297-1.

gently (*adv.*) 37.

genuine (*adj.*) 292, 386(15).

German (*n.*) 123.

get (*v.*) (買う) 56; (タクシーを呼ぶ) 56; [使役] 59, 410(5); get along 461; get on 383; get off 468; get into 24; get back 427; get up 17, 36; get rid of ~ 297-4.

giraffe (*n.*) 224.

give (*v.*) 21; give a lecture 487(2); (渡す) 209; give back 366(1); give up 344.

glad (*pred. adj.*) 23, 424; [用法上の注意] 314, 315.

glass (*n.*) (コップ) 2, 485(8); another glass of beer 462.

go (*v.*) go abroad 10; go for the doctor 288; go in for 450, 467; go to bed 25, 46; go to school 10; go well 251, 379; go right 434; go bad 279, 370; go out 91; go up 375; go through (通読する) 348; (通過する) 433; go on (つづける) 456; go on a picnic の型 25, 383; go fishing [etc.] 230; go running [etc.] 322; be going to-inf. 10, **126**, 163, 371; find all my money gone 283; A proverb goes... 369.

goal (*n.*) 203.

good (*adj.*) good for the health 305; good old days 247, 405, 438; good swimmer 4; be good at 344.

good-bye (*interj.*) 178.

goodwill (*n.*) 149, 385.

graduation (*n.*) 150.

grant (*v.*) take it for granted 297-1, 386(10), 467.

gratitude (*n.*) overwhelmed with gratitude 437.

grave (*adj.*) 372.

grave (*n.*) make a grave 427.

gravitation (*n.*) 116.

great (*adj.*) 279; great friends 124; a great many 485.

greatly (*adv.*) 279.

green (*n.*) 231; (信号の色) 394.

greet (*v.*) greet ~ with a bow 459.

ground (*n.*) (土地) under the ground 432; (根拠) on the ground that 472.

grow (*v.*) (なる) 26; (のびる) 136; in growing cities 362; (ふえる) 283.

grownup (*n.*) 238, 438.

growth (*n.*) 362.

guarantee (*v.*) 309.

guess (*v.*) I should guess 386.

H

habit (*n.*) 210; habit with him 261.

hair (*n.*) have my hair cut 258; 419.

half (*adj.*) half an hour 98, 358; half-holiday 123, 425; not half as thick 334; half-heartedly 434.

hand (*n.*) 9; on the other hand 344(3); on his hands 43; go hand in hand 417, 459, 476.

—— (*v.*) be handed down 445.

hang (*v.*) 82; hang about 386.

happen (*v.*) 16, 217, 432; It happened that he... と He happened... 244; I happened to-inf. 439.

happy (*adj.*) 7; happy news 147; Many happy returns [of the day]! 173.

happily (*adv.*) 323.

hard (*adj.*) a hard question 13; hard exercises 249; hard of hearing 459; hard of access 468.
────(*adv.*) work hard 25, 425; hard working 11.

hardly (*adv.*) 160, 365; →Negation; hardly...before 199.

haste (*n.*) make haste 400.

hat (*n.*) 98.

hate (*v.*) 110, 460.

have (*v.*) **9, 74–81, 155**; have a talk 124, 337; have a look 185, 420; have a good time 9, 431, 471; have a hard time of it 431; have a good idea 89; have no objection to 90; have on 92, 463; [使役] 59, 155, 304; (される) 155; have to 18, 458; have ～ to do 283, 286, 295 (III), 483; had better 25, **169**, 462; had best 434; You shall have 16; We are having a party [未来] 138, 422.

head (*v.*) head for ～ 453.

headache (*n.*) 459.

health (*n.*) 164, 467; in good [bad] health 249; To your health! 173; good for the health 305.

hear (*v.*) I hear (だそうだ) 457; I hear him singing と I hear him sing との違い 66, 452; hear from 150, 409; hear from の tense 147; hear of a man ～ing 370, 376 (3).

heart (*n.*) from the bottom of my heart 423; heart of the city 435; Her heart almost broke. 460.

heaven (*n.*) 232; Good heavens! 172.

heavy (*adj.*) (重い) 241; (はげしい) 246.

help (*n.*) 379.

help (*v.*) 51, 59; help him climb up の to の有無 [態] 263; help＋人＋with ～ 295, 437; help oneself to ～ 462.

her (*pron.*) [＝of Japan] 361, 442; [＝of the moon] 444.

here (*adv.*) 8; here and there 219, 364; [話法] 264; Here he comes! Here's another 440.

hereafter (*adv.*) 138.

hero (*n.*) 64.

heroine (*n.*) 400.

high (*adj.*) 28; high position 251; high school 90, 439; [値段] 317.

highway (*n.*) 57; express highway [＝expressway] 435.

hike, hiking (*n.*) 24, 150 (5).

hill (*n.*) 10.

hint (*v.*) hint for ～ing 238.

history (*n.*) 57.

hit (*n.*) in a hit-or-miss fashion 434.

hobby (*n.*) 316, 365, 425.

hold (*v.*) 82, 204, 213.

holiday (*n.*) 489; half-holiday 123, 425.

home (*n.*) at home (＝in my house) 28; There's no place like home. 364; home country 440.
────(*adv.*) be home 87; come home 109; go home 426; stay home 57.

homeless (*adj.*) 464.
hometown (*n.*) 437.
homework (*n.*) 142, 238.
honest (*adj.*) 14.
honestly (*adv.*) [文修飾] 365.
honour (*n.*) in honour of 476.
hope (*v.*) 200, 453; I hope to-inf. 425.
—— (*n.*) getting a new hope 370.
horizon (*n.*) above the horizon 138, 457.
horse (*n.*) 26.
hospital (*n.*) 176.
hotdog (*n.*) 344.
hour (*n.*) 28, 77, 420.
house (*n.*) 26.
housing (*n.*) 355.
how (*adv.*) (=in what way) 265; how to-inf. 12, 279(VI), 433, 488; How am I...? 127; How are you? 173; How do you do? 173; How do you like? 390; How far? 290; How many? 486; That is how... 217; How about...? 462, 467; How is it that...? 366(6); How comes it that...? 366(6).
however (しかし) 145, 364; [譲歩の型] 481.
human (*adj.*) 149, 458; human beings 197.
humanism (*n.*) 430.
hungry (*adj.*) 11, 459.
hurry (*n.*) in a hurry 90, 322.

I

icecream (*n.*) 85.
idea (*n.*) good idea 89, 172; convey the idea 353.
idle (*adj.*) 251.
if (*conj.*) [条件・仮定] **182-200**, 479;
[対照] 440; (=whether: 話法) 27, 265; if と when 397.
ignore (*v.*) 204.
ignorance (*n.*) 381.
ill (*adj.*) 11, 329(3).
——(*adv.*) ill-bred 466.
illness (*n.*) in spite of illness 246.
image (*n.*) give the image 353.
imagine (*v.*) 262.
imitation (*n.*) 343.
imply (*v.*) 350.
important (*adj.*) 105, 226.
impose (*v.*) impose A on B 297-1.
impossible (*adj.*) 274.
impress (*v.*) impress 人 with ~ 262, 297-1, 319, 404.
improve (*v.*) (他) 238, 423; (自) 148.
in (*prep.*) 5, **283**; [原因] 470; [結果] 473-474; [目的] 476; [場合] 477; [手段] 487; (たてば) 98, 294 (10), 454; in the long run 474; in a circle 293; in twos and threes 293; in the presence of 284; in ink 294; in deed 366; in common 435; in so far as 348; in と into **91**, 94; in と to 393; in と on 401(8); in order that...may 199; in order to-inf. 475.
—— (*adv.*) be in for it 288.
inconsistency (*n.*) 376.
inconvenience (*n.*) 219.
increase (*v.*) 219.
indeed (*adv.*) 435, 437; indeed... but 359, 452.
independently (*adv.*) independently of 484.
industrial (*adj.*) 361, 458.
industry (*n.*) (勤勉) 359; (産業)

204.

inevitable (*adj.*) 362.
inexpensive (*adj.*) 317.
influence (*n.*) influence of ~ on ~ 294, 300(14), 483.
inform (*v.*) inform 人 [of, fhat...] 297-5.
ink (*n.*) write in ink 294.
innocent (*adj.*) be innocent of 386; innocent days 438.
inquiry (*n.*) 233.
inside (*adv.*) 262.
insist (*v.*) insist on ~ と insist that... 248.
instead (*adv.*) 441; instead of ~ing 238.
intelligence (*n.*) 436.
intently (*adv.*) 366.
interest (*n.*) (利子) 283; (興味) 286, 401, 438.
interest (*v.*) interested in... 286.
interesting (*adj.*) 14.
into (*prep.*) come into the room 91; [結果] 474.
intolerable (*adj.*) 267.
introduce (*v.*) introduce myself 425.
introduction (*n.*) (前おき) 297-2; (紹介) 425.
invent (*v.*) 21, 116.
investigation (*n.*) conduct an investigation 316.
invitation (*n.*) 422.
invite (*v.*) 226.
irrational (*adj.*) 366.
it (*pron.*) carry it としない 241; It is fine, five o'clock の型 452; It is three years since... 405; It is ~ to-inf. 222, 226, 452; It is not too much to say 319; It takes me to-inf. の型 433, 452, 454; It is kind of you to-inf. の型 308, 358, 452; It is reckless of me to-inf. 308; It is impolite of me to-inf. 358; It is careless of you to-inf. 279 (VI); It is ~ that... 241, 270, 452; It is true..., but... 354, 385, 452; It is fine fun seeing... 444; It is irritating when... 386; If it comes to ~ 344(10); [強調] It is ~ that [who]... 306, 307, 319(9), 452, 490.

J

jazz-song (*n.*) 66.
Jet-plane (*n.*) 46.
job (*n.*) a hard job 431.
join (*v.*) join you 297-2; join us [in] 422, 467.
joy (*n.*) inward joy 399.
judge (*n.*) 263.
jump (*v.*) 96.
junior (*adj.*) 439, 466(10).
Jupiter (*n.*) (木星) 46.
just (*adv.*) (時) 140, 454.
justice (*n.*) do full justice to ~ 360.

K

keep (*v.*) keep a promise 16; keep one's words 409; keep hot 59; keep silent 11; keep＋人＋waiting 59; keep off the grass 100; keep up with 279(III).
key (*n.*) 46; key to 295 (V).
kick (*v.*) 73; kick ~ in the stomach 297-6.
kill (*v.*) 12; be killed 470.
kind (*n.*) kind of ~ 70, 110, 462; ~ of this kind 340.

―― (*adj.*) kind of you 279 (III), 283; at a stranger's kind word 370; be kind to me 437.
kindness (*n.*) 430; small kindnesses 369; thoughtful kindness 437.
king (*n.*) 74.
kitchen (*n.*) 3.
knife (*n.*) 8.
knit (*v.*) 135.
knock (*n.*) 202.
know (*v.*) 17; know her 12; know how to-inf. 12; know...as... 263, 294; know ～ from a child (子供のときから) 386; you know 461.
knowledge (*n.*) 295 (VI), 350.

L

labourer (*n.*) 70.
lady (*n.*) 21.
lake (*n.*) 75.
land (*n.*) (土地) 143; (国) 440; (陸) land creature 279.
language (*n.*) 344, 366, 479(11); spoken [written] language 428.
large (*adj.*) 26.
last (*adj.*) last [night, etc.] 46, 406, 460(10); He is the last man to-inf. 490.
―― (*v.*) 123.
late (*adj.*) late for school 117, 262.
―― (*adv.*) later 262; sooner or later 262.
latest (*adj.*) 486.
laugh (*n.*) side-splitting laugh 459.
―― (*v.*) 23; laugh at 254.
law (*n.*) 116.
lay (*v.*) 150; lay up 455; [lie の過去形] 219(9).
lazy (*adj.*) 344.

lead (*v.*) lead into ～ 435.
leadership (*n.*) take the leadership 223.
leaf (*n.*) leaves 11; fallen leaves 219.
leap (*n.*) leap year 124.
learn (*v.*) [learn の tense] 147.
learned (*adj.*) learned in 279.
learning (*n.*) 465.
leave (*v.*) (わすれる) 208, 279 (VI); (あずける) 283; (残す) 460(13); (出発する) [start とのちがい] 15, 437; leave it open 14; leave ～ as it is 362; leave off 100.
leisure (*n.*) 316.
left (*adj.*) 9.
leg (*n.*) cross one's legs 459.
lend (*v.*) 13.
less (*adj.*) less than fifty 436.
lesson (*n.*) (授業) 9; (教訓) 434; take lessons in piano 272; take piano lessons 465; We have six lessons 425.
lest (*conj.*) lest...should 276, 278, 279, 475.
let (*v.*) 59, 305; Let's... 150; let me know 397, 425; let me tell you 148; Let me tell you about myself. 425; Let it be done. 21; Well, let me see. 131; let go 434; Don't let... 280 (VIII); This house is to let. 23.
letter (*n.*) the letter says 4.
level (*n.*) heighten the level 466; level-crossing 468.
liable (*adj.*) be liable to-inf. 372, 434, 436.
library (*n.*) 78.
lie (*n.*) tell a lie 386(6).
lie (*v.*) 82, 351, 457; lie down 178;

lie scattered 219.
life (*n.*) 211, 461; live a ~ life 12; daily lives 219(7); spend my whole life 308.
light (*n.*) 444; electric light 95.
light (*adj.*) light readings 459.
like (*v.*) 12; like to と like ~ing 50; I should like [*or* I'd like] to-inf. 185, 466; like ~ better 331, 407; like ~ best 425, 453.
likely (*adj.*) 321.
line (*n.*) (つな) on the line 43; (鉄道) on this line 488.
linguist (*n.*) make better linguists 343.
lip (*n.*) 280.
listen (*v.*) listen to ~ 20, 316, 425.
literature (*n.*) 224; classical literature 430.
little 160; How little we know 381; little, if at all 480.
live (*v.*) (生きる) 12, 279; (住む) 10; live a ~ life 12; live on rice 487; live with 310.
living (*n.*) for living 469.
location (*n.*) 458.
lock (*v.*) 262.
long (*adj.*) 333; before long 380, 454.
look (*v.*) 15; (ごらん!) 94; look back on 438; look at ~ 349; look up at ~ 354; look after ~ 21, 279; look for ~ 297-2; look forword to ~ 295 (II), 295 (III), 295 (IV), 447; look ~ in the face 297-6; Look out! 172; look over 276; He looks as old as he is 436; what he looks like 353; look pale 11; look smaller 294; look like rain 204, 279 (III, C).

—— (*n.*) have a look at 185, 420; surprised look 232.
lose (*v.*) (なくす) 142; (おくれる) 454.
lost (*adj.*) lost in thought 279.
lot (*n.*) a lot of 8, 485.
loud (*adj.*) 362; (はでな) 463.
love (*v.*) 12, 460.
love (*n.*) be in love with 482.
low (*adj.*) in a low voice 294; low intelligence 436; low-class 219(3); [値段] 204, 317.
luck (*n.*) by good luck 488.
luckily (*adj.*) 323, 453.
lucky (*adj.*) 172, 424.
lunch (*n.*) have lunch 48.

M

machine (*n.*) 197, 262(3).
magazine (*n.*) 219.
magic (*adj.*) 25.
maid (*n.*) 89.
maintain (*v.*) 279, 318.
major (*adj.*) major countries 382; major accidents 432.
make (*v.*) (つくる) 474, 489; make her a doll 13; made of stone 489; made from barley 474; make a man of him (の型) 283, 318, 461, 489; make a model of you 423; (なる) 343, 453; [使役] 58, 59, 211; make out 100.

—— (*n.*) of Japanese make 391.
makeshift (*n.*) as a makeshift 386.
mankind (*n.*) 188.
many (*adj.*) 8; How many...? 9, 85.
map-maker (*n.*) 338.
mark (*n.*) miss the mark 300(10); hit the mark 341; face the mark

434.
market (*n.*) 45.
marmalade (*n.*) 47.
marriage (*n.*) 279 (VI).
marry (*v.*) be married 461.
Mars (*n.*) (火星) 46.
mass-production (*n.*) 486.
master (*n.*) 54.
mat (*n.*) 47.
material (*n.*) 489.
mathematics (*n.*) 17, 420, 425.
matter (*n.*) 278, 286, 434; daily matters 417.
may (might) (*aux. v.*) 18, 169, 326; "May I?" 374; may as well 261, 338; may well 321, 376, 478; may と can 169; may...but 480; 仮定の might 182; might as well 338, 341.
mayor (*n.*) 21.
meal (*n.*) 88, 251(9).
mean (*v.*) 271, 490; mean...for~ 295 (IV), 436; meant for 十人 417; mean A by B 297-3; mean to-inf. 308, 371.
meaning (*n.*) 391.
means (*n.*) a means of transportation 307; within [beyond] one's means 461; by means of 366.
meat (*n.*) 375.
mechanically (*adv.*) 386.
medicine (*n.*) take medicine 342.
meet (*n.*) 467.
—— (*v.*) 349.
meeting (*n.*) first meeting 145.
melodrama (*n.*) 52.
mend (*v.*) 362.
mention (*v.*) Don't mention it! 173.
memory (*n.*) delightful memories 438.
merchant (*n.*) 14.
mere 197, 343; the mere thought [sight] of 460, 490.
merely (*adv.*) 316.
merrily (*adv.*) 10.
method (*n.*) 238.
middle (*n.*) in the middle of 122.
mild (*adj.*) 79.
milk (*n.*) 24.
million (*n.*) 294.
mind (*n.*) 460.
mind (*v.*) 172, 412.
minor (*adj.*) minor accidents 432.
minute (*n.*) in a minute 138.
misprint (*n.*) 166.
miss (*v.*) (はずれる) 278, 300(10); miss the train 297-3, 454; miss the pleasure of 386(14).
mistake (*n.*) ...and no mistake 441; make a mistake 48, 406; There must be some mistake. 328; careless mistakes 427.
mix (*v.*) mix A with B 297-1.
model (*n.*) 423; model [jet-] plane 54, 84, 420.
moderate (*adj.*) 317.
modest (*adj.*) 251.
moment (*n.*) in a moment 83; at any moment 329(9).
—— (*conj.*) The moment... 199, 409, 461.
money (*n.*) 70; Money makes the mare to go. 385.
month (*n.*) 456.
monthly (*n. & adv.*) 456.
moon (*n.*) 46, 444.
more 26; more than... 270; more A than B (B よりむしろ A) 332; more... than ever before 344.

morning (*n.*) this morning 36; every morning 36; from morning till night 10, 285; (午前中) 329.
moss (*n.*) 22.
most (*pron.*) most of us 432.
most (*adv.*) [最上級] 337; at most 409.
mostly (*adv.*) 297-1.
mother (*n.*) 3; mother country 376(5).
mountain (*n.*) 28.
mouth (*n.*) 428.
move (*v.*) (自) 16, 371, 464; (他) 369.
—— (*n.*) on the move 219.
movie (*n.*) 124.
much 148, 173; so much for 297-2; much younger 46; much higher 354; much to my disappointment 287; He is much of a painter. 365.
muddy (*adj.*) 251.
music (*n.*) 49; classical music 425.
must (*aux. v.*) 18, 167, 326; must と have to 168.

N

name (*n.*) 71.
—— (*v.*) 291.
namely (*adv.*) 435.
national (*adj.*) national highway 57, 69.
native (*adj.*) native town 458; → hometown.
natural (*adj.*) 321, 376(6).
naturally (*adv.*) 321, 423.
nature (*n.*) (人または動物の性質) 261, 372, 376(6); (自然) 453.
nearly (*adv.*) 408.
neat (*adj.*) neat and tidy 463.
necessarily (*adv.*) 350, 469.
necessary (*adj.*) 222; necessary evil 112.
need (*v.*) 19; need not 18, 417; [本動詞] (必要とする) 471.
need (*n.*) needless to say 376.
negation (*n.*) 482.
negative (*adj.*) 219.
neighbourhood (*n.*) 195.
neglect (*n.*) be in neglect 344.
neither (*adv.*) neither...nor... 124, 160, 339.
never (*adv.*) 20; never...without 247, 461; never...but 490.
nevertheless 432.
new (*adj.*) New Year's Day 150.
news (*n.*) 147; news value 432; have good news for you 268; No news is good news. 400.
newspaper (*n.*) 29.
next (*adj.*) next to ~ 374, 464.
—— (*adv.*) Next comes English. 425.
nice (*adj.*) 82, 104, 266.
no **338–343**, 482; He is no scholar. 338; no accounting の型 24, 274, 405, 482; no more than 490; no more...than 26, 338, 343; no less beautiful 26; no longer 438; no sooner...than 199; No Smoking! 175; no use crying 24; no matter... [譲歩] 481; I have no money 85; Would you mind ~ing...? の答えとしての No 170; →not, Negation.
nobody (*n.*) 160.
noise (*n.*) 194 make a noise 27.
none (*pron.*) 160.

northwards (*adv.*) 231.

not (*adv.*) 338, 339, 482; not always 309; not necessarily 350; not so much...as 26, 482, 490; not ...without 247, 440; not very 166, 327; not A or [and] B 396; not A but B 452, 478; not only A but also B 339, 366, 430, 452, 467; →no, Negation.

note (*n.*) (音) 439.

noted (*adj.*) noted places 124.

nothing (*pron.*) 164, 227; for nothing (ただで) 297-2; nothing else 462; nothing but 448, 490.

notice (*n.*) (通知) 230, 468.

―― (*v.*) 242.

notice board (*n.*) 175.

novel (*n.*) 15.

now (*adv.*) (いま) 7, 142, 253; just now 463; right now 188(6), 344(5); (さあ) 83, 84, 349; Now about~ 425; now that... 471.

nowadays (*adv.*) 430, 431.

number (*n.*) 485; a large [good] number of 78.

O

obey (*v.*) 19.

object (*n.*) with the sole object of 475.

objection (*n.*) have no objection [to~] 90, 294.

occasion (*n.*) 477; on ~ occasion 381, 385, 477.

occupy (*v.*) 200.

odd (*adj.*) 363; odd month 456.

of (*prep.*) 283, 393; [同格] 413; [原因] 470; [関連] 484; [材料] 489; a man of sincerity 479; ask ~ of 54; very kind of you→ it; smell of 295 (II); blind of an eye 280; be born of 295(V); pictures of my painting 365; that cardigan of yours 463; that new dress of yours 386(3).

off (*adv.*, *prep.*) 92; days off 455.

offer (*n.*) 224.

office (*n.*) 360; office building (いわゆるビル) 362.

often (*adv.*) 16.

old (*adj.*) 29.

on (*prep.*) 5, **92**, 282, 288; [理由] 471-472; [目的] 476; [場合] 477; [関連] 483; [手段] 488; on 「...で」 47, 401(5), 419; on ~ing 24, 432; on ~ing と ~ing 233; on the surface of 111; on business 295; on duty 90(10); influence of ~ on ~ 294; be on 98(3).

once (*adv.*) once more 28; (~すれば) 22, 479; (かつて) 376; once upon a time 485.

one (*pron.*, *adj.*, *n.*) one of ~ 380; one and all 382; one (人) 235; this one 177; a longer one 333; this red one 97; artificial ones 292; one thing ...another 350.

only (*adv.*) if only 412, 438, 490; only by ~ing 235; only after ~ 319.

only (*conj.*) (ただちがうところは) 373.

only (*adj.*) the only trouble is that... 373; the only thing 435; the only vacant seat 374.

open (*adj.*) 14; open corner 354.

―― (*v.*) 16; open the door for him 289.

opinion (*n.*) be of opinion that... 430, 490(2).

oppressor (*n.*) 251(10).
or (*conj.*) and と or 396; (さもないと) 414, 479; (言いかえ) 383.
orange (*n.*) 112.
order (*v.*) (注文する) 463.
order (*n.*) in good order 283; out of order 461, 483; in order to-inf. 124(3), 475; in order that... 199.
originally (*adv.*) 286.
other (*pron.*) **391**; the other 380. others 70, 337.
otherwise (*conj.*) 204.
ought (*aux. v.*) 19, 363, 376.
out (*adv.*) **91, 92**; out of reach 45; out of order 461, 483; out of curiosity 470; Out of sight, out of mind. 478.
outlook (*n.*) 372.
outside (*adv.*) 137.
over (*prep.*) get excited over ~ 382.
over (*adv.*) (=finished) 7; over there 175; over again 178.
overemphasize (*v.*) 344, **408**.
overlook (*v.*) 329.
oversleep (*v.*) 461.
overwork (*v.*) overwork oneself 359.
owing (*adj.*) owing to ~ 379.
own (*adj.*) 211, 310, 381.

P

page (*n.*) 29.
pain (*n.*) 482.
paint (*v.*) 365, 488(7).
painter (*n.*) 284, 365.
pair (*n.*) pair of shoes 47.
pale (*adj.*) 11.
paper (*n.*) (書類) 276.

parent (*n.*) 12.
park (*n.*) 130, 305.
part (*v.*) (わかれる) part good friends 476.
—— (*n.*) (部分) 458, 469, 490(6); take part in 467.
particular (*adj.*) particular about 462.
parting (*n.*) 450.
partly (*adv.*) 469.
party (*n.*) 138, 422.
pass (*v.*) (すぎゆく) pass on 490; (時がたつ) 440; pass an examination 243; pass my lips 280; (わたす) 389.
passage (*n.*) this passage 162.
pat (*v.*) pat ~ on the ~ 297-6, 300 (9), 459.
pay (*v.*) pay a debt 278; pay for 283, 463.
peace (*n.*) in peace 228.
peach (*n.*) peach blossoms 98.
pearl (*n.*) 292.
pen (*n.*) 16; pen pal 425, 447.
pencil (*n.*) 17.
per (*prep.*) per year 486.
perhaps (*adv.*) 325, 436.
period (*n.*) 465.
permit (*v.*) If the weather permits 279.
personality (*n.*) 261.
photograph (*n.*) 43.
physician (*n.*) 263.
piano (*n.*) 133; → lesson.
pick (*v.*) pick up 100.
picnic (*n.*) 25.
picture (*n.*) 43; (映画) 277; (写真) 355(3).
piece (*n.*) a piece of chalk 485.
pity (*n.*) It's a [great] pity that

... 148, 279 (VI); What a pity! 172.
place (*n.*) take one's place 394; take place 432, 467.
plain (*n.*) 82.
plan (*n.*) 11; draw up a city-plan 219; form a plan 238.
plane (*n.*) airplane 46, 138(6); by plane 420.
planet (*n.*) 46.
plaster (*n.*) 297-2.
plate (*n.*) 253.
play (*v.*) play baseball 12; play the piano 133; play on others' feelings 460.
player (*n.*) 329.
pleasant (*adj.*) 460.
please (*v.*) (どうぞ) 13, 422.
pleasure (*n.*) for pleasure 295 (III), 469.
pocket (*n.*) 76.
point (*n.*) 105, 278, 427.
—— (*v.*) point out 100, 102, 262(7).
policeman (*n.*) 225.
policy (*n.*) 376.
pond (*n.*) 50.
ponder (*v.*) 319.
pool (*n.*) 50.
poor (*adj.*) 70; poor cat! 172; (貧しい) 376.
popular (*adj.*) 467.
population (*n.*) 294(10), 456.
position (*n.*) (地位) 251.
possible (*adj.*) as～as possible 176.
post (*v.*) to post a letter 24.
post (*n.*) 408; (郵便) post office 22, 457.
pound (*n.*) by the pound 263, 283.
poverty (*n.*) 376.
power (*n.*) 136.

practical (*adj.*) "Practical English" 430.
practically (*adv.*) 338, 342.
praise (*v.*) praise A for B 297-1, 365.
prefecture (*n.*) 425.
prefer (*v.*) 459; prefer A to B 297-3.
premier (*n.*) 108.
prepare (*v.*) prepare for 232, 423, 425.
presence (*n.*) in her presence 238 (9); in the presence of 284.
present (*n.*) birthday present 461.
present (*adj.*) (＝not absent) 7; (今の) 295(VI); the present [plan, article] 329, 476.
president (*n.*) 60.
pretend (*v.*) 279.
pretext (*n.*) on some pretext or other 471.
pretty (*adv.*) (かなり) 431.
prevent (*v.*) prevent A from B 297-2, 370, 410.
previously (*adv.*) 150.
price (*n.*) 295 (I); low-priced 204; [形容詞のつけ方] 317.
pride (*n.*) feel pride in 297-1.
princess (*n.*) 89.
print (*v.*) 272.
prisoner (*n.*) 263.
private (*adj.*) 297-2; private college 465.
prize (*n.*) win a prize 423.
probable (*adj.*) 321.
probably (*adv.*) 294, 321, 433.
problem (*n.*) 166, 376(6).
producer (*n.*) 193.
professional (*adj.*) 461.
programed (*adj.*) 386(15).

progress (*n.*) make progress 235.
promise (*n.*) →keep.
proof (*n.*) 90.
proper (*adj.*) proper way 461, 487.
properly (*adv.*) [一般] 219; [文修飾] 324.
proportion (*n.*) in proportion to 283; ill-proportioned 372.
proud (*adj.*) be proud of 297-1, 423.
proverb (*n.*) 364, 369.
provided that (=if) 479.
public (*adj.*) 297-2, 432.
publish (*v.*) 231.
pull (*v.*) pull out 68.
punctual (*adj.*) 319.
punctuality (*n.*) 319.
purpose (*n.*) 475–476; with the purpose of 295; without a purpose 383.
purse (*n.*) 258.
put (*v.*) 91; put on 92; put off 100, 101, 188(10), 213, 471.

Q

quality (*n.*) 486.
quantity (*n.*) 486; in great quantities 204(3).
quarrel (*n.*) 15.
quarter (*n.*) (15 分) quarter of an hour 123; (地域) residential quarter 316.
question (*n.*) (質問) 13; (問題) 210, 486(16).
quick-silver (*n.*) 344.
quickly (*adv.*) 98.
quite (*adv.*) 271, 355.

R

radio (*n.*) listen to the radio 20, 316, 415.
rain (*n.*) 150(8); in the rain 294 (9); opened in a pouring rain 437.
—— (*v.*) 10.
rainbow (*n.*) 457.
rainstorm (*n.*) 213
rainy (*adj.*) 150(8); rainy season 100, 437.
rank (*n.*) in higher ranks 360.
rank (*v.*) rank high 436.
rapidly (*adv.*) 136.
rarely (*adv.*) 22.
rate (*n.*) at the rate [of] 294, 486.
rather (*adv.*) 372; I would rather +Root 408, 412.
reach (*v.*) 199.
—— (*n.*) 45.
read (*v.*) 15; be widely read [p.p.] 466.
reader (*n.*) a great reader 319.
ready (*adj.*) 83; ready to ~ 224; ready-to-wear clothes 463.
real (*adj.*) 149, 318.
realize (*v.*) 188, 354, 444.
really (*adv.*) 342.
reason (*n.*) (理由) 214, 471; there is every reason to think 295(VI); (理性) 366.
recall (*v.*) 440.
receive (*v.*) 140.
recital (*n.*) 427, 466.
reckless (*adj.*) 308.
recklessly (*adv.*) 309.
recommendable (*adj.*) 231.
record (*n.*) (成績) 297-1; (録音) 439.
recover (*v.*) 442.
red (*adj.*) 11.
refer (*v.*) refer to 247, 484.

reference (*n.*) 483.
reflect (*v.*) reflect ～ on ～ 366.
refusal (*n.*) 319.
refuse (*v.*) 319.
regard (*v.*) regard ～ as 63, 295, 307.
regardless (*adj.*) regardless of 457.
relate (*v.*) be closely related to ～ 484.
relief (*n.*) 355.
rely (*v.*) rely on ～ 434, 490.
remarkably (*adv.*) 375.
remember (*v.*) 24, 178(10), 226, 349.
remind (*v.*) remind ～ of ～ 297-5, 353, 364, 405, 438; remind ～ to-inf. 410; be reminded that 354.
rent (*n.*) monthly rent 464.
repent (*v.*) repent of [*or* that] 251(10).
repetition (*n.*) 343.
replace (*v.*) replace A by B 297-3, 394.
report (*n.*) 48.
—— (*v.*) 111.
rescue (*n.*) come to one's rescue 187.
reserve (*v.*) have ～ reserved 386.
responsible (*adj.*) responsible for 250.
rest (*n.*) (のこり) 404; (休養) take a complete rest 226.
result (*n.*) 460, 473.
—— (*v.*) result in 473.
return (*n.*) Many happy returns! 173; returntrip 218.
reward (*n.*) 423.
rich (*adj.*) 11.
ride (*n.*) have a ride 383, 468.
right (*adj.*) all right 271; (正しい) 469.

—— (*n.*) (権利) 228; (右) turn to the right 22.
rightly (*adv.*) 360.
ring (*v.*) (鳴る) 199(7); ring [a person] up [on the telephone] 131, 138(3).
rise (*v.*) 34, 138.
road (*n.*) no royal road 423.
rob (*v.*) rob ～ of ～ 297-4.
rocket (*n.*) 219.
roll (*v.*) rolling stone 22.
room (*n.*) (へや) 23; (スペース) make room for 457.
round 435; →around.
ruin (*v.*) be ruined 279(IV).
rule (*n.*) 297-2; make it a rule to-inf. 456.
rumour (*n.*) 251.
run (*v.*) 10; run over (a boy) 21.
rush (*v.*) 96, 246.

S

safely (*adv.*) (=in safety) 309.
sake (*n.*) for the sake of 476.
salary (*n.*) 297-1.
sale (*n.*) for sale 476; on sale 476.
salesman (*n.*) 65.
same (*adj.*) 204, 350; at the same time 204(6), 366(3), 396; one and the same 376(2).
sandwich (*n.*) 285.
satellite (*n.*) 46.
satisfy (*v.*) be satisfied [with ～] 261, 364.
save (*v.*) (ためる) 144; (セーブする) 433.
say (*v.*) 19; What do you say to ～? 230; He is said to-inf. の型 251; they say 150(8); say ～ to-inf. は不可 251.

scarcely (*adv.*) scarcely...when 199, 279.
scatter (*v.*) lay scattered 219.
scholar (*n.*) 26.
school (*n.*) 7, 465; in school 457; after school 420; school days 204; school education 294; have no school 163; night school 109; schoolboy 7; middle school (旧制中) 439; [junior] high school 90, 439.
science (*n.*) 382.
scientist (*n.*) 343, 382.
scold (*v.*) 262.
search (*v.*) search A for B 297-2.
season (*n.*) 453; skiing-season 148; rainy season 100, 437.
seat (*n.*) take a seat 374, 420.
second-hand (*adj.*) 115.
secret (*n.*) 105.
see (*v.*) 14, 16; I saw him coming の型と I saw him come の型とのちがい 66; see off 100, 103, 105, 437, 450; Now I see! 349; see that... 437.
seem (*v.*) 11, 353; It seems that he... と He seems to... 242.
seldom (*adv.*) 124, 160; seldom, if ever 480.
self (*n.*) self-conceited 460; self-introduction 425.
sell (*v.*) 263, 283.
send (*v.*) send a present 13; send a telegram 13; send for ~ 288, 476; send back 219(4).
sense (*n.*) in [a, the] sense 388; sense of humour 372.
sentence (*n.*) 57.
serious (*adj.*) 102.
seriously (*adv.*) 174, 329.

servant (*n.*) 59.
set (*v.*) set in 100, 437; The sun sets. 34.
several (*adj.*) 48.
shadow (*n.*) 105.
shall (*aux. v.*) 16, **125**–**132**; [転換] 266; 義務の should 16, 359; 仮定の should 182; It is...that... should 241, 321.
shelf (*n.*) 177.
ship (*n.*) 294(11).
shirt (*n.*) 43.
shoe (*n.*) 47.
shoot (*v.*) shooting 434.
shop (*v.*) go shopping 230.
short (*adj.*) 26.
shortage (*n.*) 150.
shortly (*adv.*) (近いうちに) 371.
shot (*n.*) 434.
should →shall.
show (*n.*) 454.
show (*v.*) 13, 184; show in; show out 100; show ~ into ~ 358; show off 100, 105, 404; show me how to dance 184.
shun (*v.*) 440.
shut (*v.*) 17; shut up 100.
sick (*adj.*) 11; get sick (船によう) 409(2).
side (*n.*) on one side 260, 288.
sigh (*n.*) with a sigh of relief 374.
sight (*n.*) catch sight of 255; in sight; out of sight 98, 478; the sight of ~ 313, 459; at first sight 489.
sign (*n.*) a sign of rain 279.
sign-board (*n.*) 115.
significance (*n.*) 313; social significance 432.
silent (*adj.*) keep silent 11, 278.

simply (*adv.*) (単に) 383; [強意] 385, 386(3).

since (*prep.*) 140; (*conj.*) ever since 399; since I can remember 448; [理由] 471.

sing (*v.*) Birds are singing 10.

single (*adj.*) (=one only) 218, 434, 440.

sister (*n.*) 2; little (*or* younger) sister 219(9), 425.

sit (*v.*) sit up 455.

situated (*adj.*) be situated 457.

skiing (*n.*) 148.

skill (*n.*) display the skill 365; better skilled 433.

skillfully (*adv.*) 433.

skirt (*v.*) skirt around 435.

sky (*n.*) across the sky 444; against the dark sky 453.

slave (*n.*) a slave to ~ 386.

sleep (*v.*) 57; not slept in 257.

slow (*adj.*) slow walker 171.
—— (*v.*) slow down for 288.

smell (*n.*) 267.
—— (*v.*) smell of 295.

smile (*n. & v.*) 37.

smoke (*v.*) No Smoking. 175.

snow (*n.*) have much snow 456.

snow-storm (*n.*) 246.

so (*adv.*) ~or so 98(5); so far 90, 483; so far as 348, 483; so long as 479; so...that (結果) 118, 199, 473; so...that と too...to 241; not so...that の注意 277 N.B., 482; so that...may 129, 276, 475; so that...may not と lest should 276, 451; so...as to-inf. (結果) 473; so as to-inf. (目的) 475; not [without] so much as 482, 490; not so...as 26, 294(8), 330; [この形よりも比較級が好まれる場合] 164, 337, 382, 407; not as ~ as 330.

society (*n.*) (=a group) 283.

socks (*n.*) 2.

sofa (*n.*) 57.

solve (*v.*) 166.

some (*adj. & pron.*) **469**; some と any 161; some day 150(4).

someone (*n.*) 161.

something (*pron.*) something mystic 355.

sometimes (*adv.*) 352, 365, 469.

somewhere (*adv.*) 123, 161.

son (*n.*) 14.

soon (*adv.*) 16; as soon as 199; sooner or later 262, 380; no sooner...than 199; would sooner ~ than 332.

sorry (*adj.*) 105; I am sorry と I wish 275.

sort (*n.*) the sort of work 324; sort と kind 340.

soup (*n.*) 59.

source (*n.*) 399, 443.

space-time (*n.*) 420.

spare (*v.*) have ~ to spare 427.

speak (*v.*) 12; speak of ~ 430; speak of ~ing 232, 370; speak well of 428.

special (*adj.*) 317.

speech (*n.*) make a speech 247.

speech-habit (*n.*) 366.

speed (*n.*) 279.

spelling (*n.*) 409.

spend (*v.*) spend [on, in] 297-1; spend money 144; spend evening, etc. 150(2), 308.

spill (*v.*) spilt milk 24.

spirit (*n.*) 230.

spite (*n.*) in spite of 246, 452, 481.
spoil (*v.*) 461.
sports (*n.*) 467.
sports-day (*n.*) 101.
spring (*n.*) (春) 20.
square (*n.*) 329, 486.
stadium (*n.*) 138.
stage (*n.*) on the stage 294.
staircase (*n.*) 96.
stand (*v.*) 82; (立つ) 10; stand up 35, 82; stand-offish 483; stand aloof from 483.
standard (*n.*) 461.
star (*n.*) (星) 453; (スター) TV star 11.
stare (*v.*) 22.
start (*v.*) 374, 410(5); start for 481; start inquiry 233; start raining 329, 437.
station (*n.*) 55.
stay (*n.*) 300.
stay (*v.*) 27; stay home 57; stay with 464, 485.
steal (*v.*) 70; had my purse stolen 258.
still (*adv.*) 454.
stimulate (*v.*) 432.
stockings (*n.*) 2.
stone (*n.*) rolling stone 22.
stop (*v.*) stop to look at 115.
store (*n.*) (=shop) 40.
stove (*n.*) 94.
strange (*adj.*) 363, 446; stranger in the strange land 440.
street (*n.*) 225.
street-corner (*n.*) 244.
stress (*v.*) It stresses the obvious fact that... 441.
strictly (*adv.*) strictly speaking 22, 231.

strive (*v.*) strive after 376.
strong (*adj.*) 17.
student (*n.*) 295 (II).
study (*v.*) 20, 224, 341.
—— (*n.*) (研究) 343; (書斉) 358.
style (*n.*) 231; in an easier style 417; in the European style 464; improve one's style 423.
subject (*n.*) 223; (学科) 425.
substitute (*v.*) substitute A for B 297-3, 394.
suburbs (*n.*) in the suburbs 46, 216.
succeed (*v.*) 166(10), 470.
success (*n.*) 70, 355, 423; Success to you! 173, 178(6).
such (*adj.*) such a ~ 19; such as 46, 375; such...that 199, 473.
sudden (*adj.*) 279.
suddenly (*adv.*) 279.
suffer (*v.*) suffer from ~ 150(7), 470; suffer [pain, annoyances] 188, 362.
sufficient (*adj.*) 112.
sugar (*n.*) 57.
suggest (*v.*) 353.
suggestive (*adj.*) suggestive of 437.
suicide (*n.*) commit suicide 342,
suit (*v.*) suited to ~ 295; suited for 351.
—— (*n.*) 128.
sum (*n.*) 329.
summary (*n.*) 344, 348.
sun (*n.*) 34.
sunrise (*n.*) 201.
supper (*n.*) 9; have ~ for supper 280 (IX).
supply (*n.*) supply is short 375.
supply (*v.*) supply ~ with 465.

suppose (*v.*) 279; be supposed to-inf. 417.
suppose (*conj.*) (=if) 479.
sure (*adj.*) He is sure to-inf. と He is sure of ～ing 243; sure of と sure that... 248, 279; make sure 328.
surface (*n.*) 111.
surprise (*v.*) 342; be surprised [at, to-inf.] 232, 288, 381, 452; surprised look 232.
surprising (*adj.*) 232.
suspicion (*n.*) above suspicion 288.
swim (*v.*) 12; go swimming 230.
switch (*v.*) switch on 95.

T

table (*n.*) 8.
take (*v.*) It takes three minutes to-inf. の型 54, 433, 452; (たべる) 462; (=bring, carry) 127; take up 68, 70; take down 177; take from 366(3); take out 91; take off 92; take off (出発) 100; take ～ for ～ 63, 297-1; take for granted 297-1, 386(10), 467; take ～ by the hand 297-6, 298; take ～ with you 178(10).
talent (*n.*) 105; special talents 360.
talk (*v.*) 25; talk about 145, 284; talk to ～ 150(2).
—— (*n.*) have a talk 124, 337; there's much talk about 430.
tall (*adj.*) 26.
tamper (*v.*) tamper with 257.
task (*n.*) 295 (IV).
taste (*n.*) (趣味) 24, 316; suit one's taste 450.
—— (*v.*) taste nice 47; taste nice on bread 288.

teach (*v.*) 109, 366(5).
teacher (*n.*) 420.
teaching (*n.*) 434.
tear (*n.*) 459.
technical (*adj.*) 150.
telegram (*n.*) by telegram 487.
telephone (*n.*) 131; wanted on the telephone 476.
—— (*v.*) 196.
telescope (*n.*) 116.
television; TV (*n.*) 11, 193, 419.
tell (*v.*) [話法] 27; tell a lie 19; to tell the truth 23; There is no telling 274, 405, 482; tell ～ from ～ 292.
temperature (*n.*) 111.
tend (*v.*) tend to-inf. 211, 344(7).
tennis (*n.*) 160.
test (*v.*) 297-3; test-paper in ～ 427.
textbook (*n.*) 231.
thanks (*n.*) 287; thanks to 470.
thank (*v.*) Thank you. 173, 424; thank you for ～ 296, 392; thank you in ～ 392.
that (*pron.*) that of ～ (～のそれ) 331; [その複数 those] 354; that is (すなわち) 197; That's all. 156; That's him. 349; [関係代名詞] 144, 209; (最上級のあと) 335.
—— (*conj.*) that の繰り返し 27.
the →Article.
then (*adv.*) just then 244.
theory (*n.*) 484.
theoretically (*adv.*) 338.
there (*adv.*) I'll be there 83; What is there? 159; "There is" の型 8, 82.
therefore (*adv.*) 385.
thin (*adj.*) 319.

thing (*n.*) 19; this state of things 362; things [go well] 379, 431.
think (*v.*) 63; think it over 232; think of ～ 265, 304; think of ～ing 234; think to-inf. は誤り 234; think him... 14; high thinking 319(11).
this (*pron. & adj.*) this or that 437; angry for this 156; This is for you. 283; this red one 97; [話法] 264; come to this 386(1).
those (*pron.*) (人々) 149, 211.
though (*conj.*) →although
thought (*n.*) 460; lost in thought 279; idle thought 460.
thousand (*n.*) thousands of 124, 485.
threaten (*v.*) It threatens to rain. 453.
through (*prep.*) [原因] 352, 470; [手段] 487.
throw (*v.*) throw away 368.
ticket (*n.*) 56, 420.
tie (*v.*) 260.
till, until (*prep.*) 262, 461.
—— (*conj.*) 265, 478.
time (*n.*) 454, 456 (12); plenty of time 454; take one's time 408; kill time 316, 454; time is up 105; at that time 15, 308; all the time 11; be in time 25, 186, 479(7); It's time... 25; This is no time for 476; for the first time 405; lapse of time 352; be pressed for time 448; one at a time 283; at the same time 396; (倍) 123, 334, 486; appointed time 475; on time 454; keep good time 454.

tired (*adj.*) 118, 328.
to (*prep.*) 283; [原因] 470; [結果] 474; [関連] 484; [数量] 486; to と for 54; known to ～ と by ～ 21; unbelievable to ～ 295 (VI); to one's surprise, etc. 279, 280, 287, 474; to one's cost 474.
to-infinitive →Infinitive.
today (*adv.*) 9, 419; (こんにちでは、現代) 197, 430.
together (*adv.*) 251, 348.
tomorrow (*adv.*) 10; [話法] 264.
too (*adv.*) (～もまた) 21; too ～ for 332; too ～ to 241, 332, 452, 473; too と not 277; That's too bad! 172; It is not too much to say 319; cannot be too careful 332, 340, 410.
toothache (*n.*) 188.
top (*n.*) at the top 203.
topic (*n.*) relevant topics 483.
total (*n.*) 486.
touch (*n.*) come in touch with 366.
touching (*adj.*) 279.
tourist (*n.*) 124.
tower (*n.*) 71.
town (*n.*) 46; town kids 438.
trade (*n.*) 361.
traffic (*adj.*) 309; traffic signals 309; traffic facilities 431.
tragic (*adj.*) 372.
train (*n.*) 201, 431.
translate (*v.*) 162, 238(10).
transportation (*n.*) 468; a means of transportation 307.
travel (*v.*) 150, 349.
treasure (*n.*) cherished treasure 439.
treat (*v.*) 488.

trial (*n.*) (試練) 448.
trip (*n.*) 144; round trip 150(4); make a return trip 218; a comfortable trip 317.
trouble (*n.*) 373.
true (*adj.*) 369; be true of 375, 434; →it [の中の It is true...]; A true friend would... 319.
truth (*n.*) betray the truth 278; to tell the truth 23; there is some truth 436.
try (*v.*) 50.
tulip (*n.*) 107.
turn (*v.*) (曲がる) 22; turn out [to be] 279, 380, 405; turn on a record 439; turn up 100, 104; turn red 11.
—— (*n.*) 25-meter turn 203.
twice (*ad.*) 168, 465.

U

umbrella (*n.*) 178.
unbalanced (*adj.*) 372.
uncle (*n.*) 4, 17.
under (*prep.*) 8, 477; work under ~ 360; under one's arm 80, 459; under the same roof 461.
underground (*n.*) (地下鉄) 468.
understand (*v.*) 127, 304, 460; make oneself understood 236, 366, 410(5).
understanding (*n.*) mutual understanding 366.
unfit (*adj.*) 318.
unfortunately (*adv.*) 204.
unhappy (*adj.*) 21.
university (*n.*) 150, 425.
unless (*conj.*) =if...not 432.
unwell (*adj.*) 467.
up (*adv.*) up to now 209; time is up 105.
upstairs (*adv.*) 70.
upstart (*n.*) 52.
U.S.A. (*n.*) 39.
use (*n.*) What's the use of...? 238.
—— (*v.*) used to 19, **120**, 150(7), 154, 383, 438, 452, 457.
useful (*adj.*) 71.
useless (*adj.*) 11, 318.
usual (*adj.*) more than usual 294; as usual 437.
usually (*adv.*) 460.
ulitize (*v.*) utilize ~ for 476.

V

vacation (*n.*) 456, 465.
vain (*adj.*) in vain 295 (V).
valuable (*adj.*) 385.
vase (*n.*) 283.
very (*adv.*) not very 166, 327, 436.
view (*n.*) (ながめ) command a view of ~ 411; have a view of 453; in view of 295 (VI); (考え方、人生観など) have a view of life 372; with a view to ~ 475.
village (*n.*) 5.
villain (*n.*) 149.
visit (*n.*) pay a visit 437.
—— (*v.*) 108.
visitor (*n.*) 22.
vitamin (*n.*) 112.
vogue (*n.*) be in vogue 463.
voice (*n.*) be in good voice 283; in a low voice 294.

W

wait (*v.*) keep one waiting 14; wait for 456.
wake (*v.*) 432.
walk (*v.*) 17; walk about 122;

walking dictionary 25; slow walker 171.
—— (n.) 351; go for a walk 48, 279; take a walk 48; ten minutes' walk 45.
wall (n.) be on the wall 43.
want (v.) 11; where you are not wanted 477.
war (n.) The World War II 123.
wash (v.) 253.
waste (v.) 316; waste one's time [away] 51, 316.
watch (v.) watch the game 138 (8); watch the television 316; (=look after) 279.
—— (n.) 2; wrist-watch 391.
water (n.) waters 315; hot water 487; waterproof 391.
water-pipe (n.) 150.
water-service (n.) 355.
way (n.) 2; on the way 178; on my way [home, to school] 420, 453; in the way 98; stand in one's way 176; in this way 188, 256; the way you have worked 423; This is the way with him. 261; have one's way 386; by way of 365, 436.
weary (adj.) be weary of 470.
weather (n.) 453; weather permitting 279; weather forecast 453.
week (n.) 77, 455.
weekly (n. & adv.) 456.
weigh (v.) 486.
welcome (adj.) 329(8); Your comments are always welcome. 319 (7).
well (adv.) go well 251; well-to-do 295 (V); be well to do 456;

well off 456.
—— (interj.) Well, let me see. 131.
west (n.) 34.
western (adj.) 364, 378.
whale (n.) 26.
what (pron., adj. & adv.) 疑問詞か関係代名詞か 207; [関係代名詞] 353; What's the matter with ～? 123, 174, 363; What time...? 131; What do you think...? 390; What...for? 475; what little money の型 469; what with A and B 469.
whatever [譲歩] 481.
when (rel. adv.) 214; [時] 199; [対照] 395, 478; ..., when 358, 374.
whenever (conj.) 247.
where (adv.) 3; Where to? 468.
—— (rel.) 214, 449, 477; Stay where you are. 422; That's where... 490.
whether (conj.) whether...or not 355, 481.
which (pron.) Which do you like better...? の型 29, 462.
—— (rel. pron.) 206.
while (conj.) 199, 464(10); while in Rome... 488.
while (n.) for a while 409.
whisky (n.) 297-1.
whole (adj.) 45, 469, 489(3).
whom (interro., pron.) 103.
—— (rel. pron.) 149.
why (adv.) Why not? 132; this [that] is why 436, 471.
will, would (aux. v.) 16, **125**–**132**, 478(5); [転換] 266; [命令文] 169-170; Will you...? 16(7), 55; 過去の習慣の would 120, 452; 仮定

の would 182, 479(9).
—— (n.) 57.
willing (adj.) be willing to-inf. 386.
wind (n.) 219.
window (n.) 12.
wing (n.) 25.
winter (n.) 20.
wipe (v.) 47, 57.
wise (adj.) 265.
wish (v.) I wish... 25, 196, 275, 479; I wish you were! 347.
wish (n.) 347.
with (prep.) 18, 283; [原因] 470; [目的] 475; [対照] 478; [条件・仮定] 479; [関連] 483–484; [手段・方法] 487; [材料] 489; [付帯状況] 260, 288, 290, 341, 367, 459; the way with＋人の型 261, 437, 448; have ～ with me 90; end with ～ 294; help ～ with ～ 295.
within (prep.) 45; within one's means 461.
without (～がなかったら) 279, 479; →not, never.
wolf (n.) 14.
wonder (v.) I wonder 355, 363, 365, 425, 466.
wonderful (adj.) 172, 409, 439.
wood (n.) 231.
word (n.) keep one's words 409; a word of thanks 287; in other words 428; in words 366; in so many words 366.
work (v.) 359, 464; work at his books 367.
work (n.) construction work 362; going to work 431; works (作品) 344(8), 466.
world (n.) 295(VI), 401; The World War II 123; a world of his own 401(7); in this world 149; world-famous 425.
worry (v.) be worried over 414.
worse (adj.) much the worse for wear 463.
worth (adj.) 24.
would →will.
wound (v.) [wu:nd] be wounded 174.
write (v.) 15, 147; well-written 231; write＝write a letter 150(3).
writer (n.) 212.
wrong (adj.) 23, 70.

Y

year (n.) 456; this year 20; next year 16; the year before last 349; year after year 362.
yellow (n.) 97.
yes (adv.) 18.
yesterday (n. & adv.) 7; [話法] 264.
yet (adv.) not yet 235, 431; and yet 386, 452.
you (pron.) you を yourself に直す場合 280.
young (adj.) 25.
yours (pron.) yours sincerely 425.
youth (n.) in one's youth 251.